本书出版受安徽大学创新发展战略研究院资助

李嘉树

著

风起山南

安徽
农村改革溯源

社会科学文献出版社
SOCIAL SCIENCES ACADEMIC PRESS (CHINA)

一部出色的农村改革史新著

——读《风起山南：安徽农村改革溯源》

　　说起中国的农村改革，几乎所有人都会提到小岗。有著者甚至如亲历现场般细腻描述过冬天的一个寒夜，小岗生产队 18 户社员在昏暗的灯光下，在包产到户的"契约"上摁下手印的场景。这个故事让默默无闻的皖东北小村成了农村改革典型，甚至被誉为"中国农村改革第一村"。

　　安徽农村改革的一大重镇——肥西山南——的情况，长期以来却鲜为人知。山南是皖中肥西县辖的一个区，因地处大别山余脉大潜山南麓而得名。1978 年秋，区委书记汤茂林得到县委负责人默许，在山南区柿树公社黄花大队试点包产到户。包产到户当时尚属禁忌，黄花大队党支部拟定的生产责任制叫"四定一奖"，即定土地、定工本费、定工分、定上缴和奖惩。"四定一奖"就是包产到户，说法不同而已。山南的故事如果就讲到这里，充其量不过是小岗故事的翻版，既不如小岗生动，也没有多少意蕴。

　　然而，山南的故事有后续，后续的故事充满曲折。山南的包产到户引起了从山南区到肥西县，再到安徽省内的关注和争议，在争议中得到安徽省委同意。20 世纪 70 年代末，省委常委会决定在一个农村公社试点包产到户，在全国实属首例。毕竟既不合法又不合规（政策），安徽的包产到户又引起省外乃至中央的分歧。省委常委会的决定墨迹未干，《人民日报》头版的文章和中共中央批转的一纸纪要，就明确宣布了包产到户的"非法"。这个时候压力已经远不在肥西山南，而在安徽省委了。安徽省委负责人在稳定包产到组办法的基础上，顶住压力，不仅坚持在山南的包产到户试点，而且支持超出山南的省内其他一些地方试行包产到户。但是关于包产到户的争论没有消弭，甚至没有减弱，反而扩大了。包产到户实践中发生的一些问题，也使得事情更为复杂。山南试点第一年粮食大幅度增产，安徽省委以"一号文件"的形式，肯定包产到户是"联系产量责任制的形式之一"，而不是分田单干，在一个省的范围内明确了它的合法地位。而在全国范围内，关于包产到户仍争论不休，一直延续到 1980 年秋天。1981 年底，以包产到户为标志的中国农村改革，由高层正式作出决策，1982 年开始在广袤的全国农村全面推开。从这个角度说，山南包产到户试点的意义远远超出了一县一省，而覆盖到了全国。

详尽讲述这个故事的，是青年学者李嘉树。他的这本专著《风起山南》，第一次细致入微地叙述了山南包产到户的由来和经过，特别是从山南试点到安徽省内渐次推开再到高层决策的过程。有关农村改革历史的著述已经十分丰富，嘉树的这本书却有独到之处。

几乎所有的相关研究都肯定，农村改革是一个自下而上的过程，最初是农民的自发行为，然后才从农民的自发行为变成国家政策。这个自下而上的过程本来是非常曲折和复杂的，既有许多研究的叙述却失之笼统、粗疏。实际上，农村改革从乡村一隅的试点到京城的高层决策，贯穿了多层级的博弈。它不只是同一层级的循环，还牵涉此一层级与上一层级和下一层级的关系；它也不是从底层到上层单一向度的演进，而包括了自下而上和自上而下的双向度运行；多向度的博弈，也不是一次完成，而是多次往复，有进有退，起伏不已。多层、双向和往复的博弈渗透着多方面的复杂因素，制度、观念、利益甚至人际关系的矛盾深刻左右和影响了农村改革的进程。包产到户说起来不过是一种生产责任制，却与长期定型的"三级所有，队为基础"的公社体制，奉为圭臬的"一大二公"理念，重国家、轻集体更轻个人的分配机制不合，在实践中引发了一系列冲突。与现有相关研究不同，《风起山南》恰好还原了被许多研究者疏漏的自下而上、自上而下的历史细节。读者读到的不再是宏大叙事和抽象结论，而是具象的历史场景。要说该书特点，此其一。

农村改革的参与者是农民、基层干部和地方党政负责人直至高层领导人，围绕这场变革的博弈者也有各个层级的人物。与所有的历史研究一样，研究农村改革的历史同样离不开对人的关注，特别是对起了重要作用、产生很大影响的人物的关注。该书讲述了在农村变革中发挥作用、产生影响的许多人物，无论层级，也不管高低。说到作用和影响，本与职级和职位没有直接关联。山南区委书记汤茂林、肥西县委书记常振英、安徽省农办调研处处长周曰礼，论职务都不高，有的还是基层干部，但都是山南包产到户最早的推动者和支持者。尤其是周曰礼，由于其身份可以连通山南与省里的信息，为省委做决策起了足可称为"参谋"的作用。提到对安徽农村改革的作用，无疑首推省委第一书记万里，当年流传的民谣"要吃米，找万里"是最好的证明。不过，推动和力主安徽农村改革的省一级负责人又不止万里，而是一个群体。省委书记顾卓新、赵守一、王光宇都是山南和全省包产到户的决策者，分管农业的王光宇作为万里的副手，作用更为突出。书里叙述的不少人物，是其他著述里不大见得到甚至完全见不到的。该书不仅还原了过去被忽略甚或被遮蔽的人物，而且让农村改革的历史真正成为人物活动的舞台。该书的特点，此其二。

一场涉及全国最大多数人口的农村改革，影响却不限于农村。围绕包产到户的争论，还波及了其他领域。前述《人民日报》头版的文章，就是一位机关干部写的批评包产到组（户）的来信。既有批评，当然也有为包产到户鸣不平的反批评，或者支持包产到户的呼声。既有关于农村改革历史的著述极少关注这个方面，本书作者却颇花笔墨。关于那封给《人民日报》的来信，书里不仅叙述了事情的来由，更详述了事情的后续。来信发表后，《安徽日报》发表文章"软着陆"。省农办政策研究室还收到了一些反批评的来信，来信作者身份各异，有社员，有知青，也有部队战士、民办教师、大学教师。最令人感兴趣的，是该书讲述的三位人物：《安徽日报》记者汪言海、安徽省参事室参事郭崇毅、中国社会科学院研究人员陆学艺。一位媒体人，一位党外人士，一位学者，都不直接从事农村工作。三人互不认识，却不谋而合，各自的报告分别刊登《人民日报》内刊和中国社会科学院内刊，为肥西和山南的包产到户陈情，使有关方面和负责人更多了解了肥西和山南包产到户的真相。该书在一个广阔的背景下，还原了包产到户博弈的多个侧面。该书的特点，此其三。

同嘉树认识的时间不长，但我从他发表的相关论文，了解到他这些年一直在持续做安徽地方的农村改革史研究，花费极多功夫，对这一段历史相当熟悉。写作本书，除了利用公开文献、报刊杂志和研究著述外，他还查阅和搜集了大量省、地、县级政府档案、内刊和资料，甚至到基层纪念馆搜集资料，利用了未刊文稿、来信，做了一些口述访谈。因此本书具有扎实的史料基础，是一部出色的农村改革史的新著。我就是读了这部书稿，了解了许多过去不曾了解的史实，获得不少新知的。

承嘉树诚心邀约，写下这么一篇简短的文字。不算是序，就当作读后感吧。

韩　钢

2021 年 1 月 8 日

如何认定中国农村改革的源头

嘉树 2015 年考入南京大学历史系攻读博士学位，我是他的专业导师。我和系里其他老师一致同意录取他，主要基于他纯粹的学术研究志向、勇于探索的闯劲和较为系统扎实的资料积累工作。

嘉树熟悉安徽农村、钟爱历史研究。因而他提出将"安徽省'责任田'研究"作为博士论文选题，得到我和其他老师的支持——由他来做这样的专题研究，可谓"天时、地利、人和"。在其博士学习阶段，我对他的指导主要是帮助他了解史学研究的理论方法和学术规范，促成其知识结构和论述方式的转型。在博士论文的研究和写作阶段，他表现出极大的研究激情、卓越的资料搜集能力和勤奋的工作态度。在不长的时间里，他获得了大量的系统性的地方档案资料和其他历史文献，走访了很多熟悉 20 世纪 60 年代初安徽"责任田"决策和实践内幕并在 70 年代末中国农村改革"破冰"中发挥了重要作用的亲历者，对那段历史形成了较为系统的独特见解。到 2018 年，他按期完成了博士论文写作，并顺利通过论文答辩。而我也在指导其博士论文和几篇期刊论文的过程中，大大深化了对中国"三农"问题的认知。

博士毕业以后，嘉树专职从事研究工作，同时有机会在复旦大学进行博士后深造。在此期间，他在国内权威期刊上发表了几篇较有影响的研究论文，在中国当代史研究领域——特别是在农村问题研究方面——崭露头角。所以得知他将有新书出版，我并不感到突然。他嘱我为新书作序，我当然义不容辞。

拿到书稿清样后，我用了一天时间认真读完，觉得十分精彩，富有新意。这首先与该书的写作风格有关。从书名"风起山南"，到书中各章节内容，再到资料文献征引方式，都借鉴了新闻报道的笔法，读起来十分生动有趣。尤其是一些来自民间的顺口溜，既能真实反映农村基层的实际情况，又不失俏皮诙谐，常常令人哑然失笑——例如谈到集体化时期社员的生产态度时，他引用了顺口溜"上工一条线，干活人成堆，收工跑断腿，评工就吵嘴"和"头遍哨子不买账，二遍哨子伸头望，三遍哨子慢慢晃"；再如谈到上级部门阻止基层社队包产到户时，他引用了顺口溜"早也盼，晚也盼，盼到现在搞了'两个不许干'"和"先到户，后划组，大家都不干，少收三万五"。同样生动有趣的是，在一些章节完整引用史料中的对话记录——既有各级干部之间的对话，也有省委领导与社员群众的对话。这些对话语言朴实，就事论事，很少空话套话，真实反映了干部群众的现实关切，对话者的神态表情、喜怒哀乐跃然纸上。

当然更重要的，还是该书的主要论点和叙述内容。这本新书是嘉树博士论文的后续之作，反映了他对相关议题的进一步思考。其核心论点是，如何认定1980年前后中国农村改革的源头，关键不在于各地包产到户现象出现时间的先后，而在于其包产到户能否得到地方当局的支持，并最终形成"政策扩散效应"。因而与一些现有论著的看法不同，嘉树认为中国农村改革的源头不在其他省份，而在农业大省安徽；与人们耳熟能详的凤阳县小岗生产队相比较，肥西县山南区或许更值得关注。本书的叙述内容涉及1978年秋山南在怎样的历史背景下进行包产到户实践；这个改革尝试如何得到省委领导的支持；这个地方性的试验如何引发省内外社会各界的关注，以至于最终引起中央高层的重视；这样的改革实践在各级干部中引发了怎样的争议，以及经验理性如何逐步突破僵化的意识形态桎梏，最终促成农村改革的大潮。

从本书叙述内容看，认定中国农村改革起源于安徽自有其道理。与地处沿海一带、经济结构多元、工业基础较好的江苏、上海等地相比，安徽是一个贫穷的内陆农业省。在集体化时期，当地很多农民"生产靠贷款、吃粮靠返销、生活靠救济"，遇到灾荒则情况更糟。常年在饥饿线上挣扎的广大基层干部群众，迫切要求对农业生产的经营管理体制作出变革和创新。换言之，中国农村的改革实践，是广大基层干部群众穷则思变的产物。

然而当时中国的农业省、农业县不止一个。为什么是安徽省？为什么是肥西县？嘉树在书中告诉我们，肥西山南的包产到户试验能够形成政策扩散效应，关键在于当地有一批不忘初心、实事求是、敢于突破僵化意识形态桎梏的领导干部——如山南区委书记汤茂林、肥西县委书记常振英、安徽省农办调研处处长周曰礼、安徽省委书记王光宇和1977年6月调任安徽省委第一书记的万里。同时还有一批仗义执言、支持改革的省内外记者、学者和民主人士——如安徽日报记者汪言海、安徽省政协委员郭崇毅、中国社会科学院学者陆学艺、新华社记者张广友。本书通过全面回溯始于农村基层的改革历程，向读者呈现了一幅支持改革的地方干部的群体肖像，同时也揭示了基层改革实践的显著成效如何通过多种渠道传递到中央高层。我们不难据此推断，其他省份的包产到户之所以没有形成政策扩散效应，主要是因为他们对这样的改革实践不如安徽省委积极。这其实也呼应了嘉树的另一个重要观点——即干部群体在农村改革中具有决定性的作用。始于基层民众的改革实践只有得到干部的支持，才有可能获得政治合法性。

本书关于肥西山南改革试验的缘起和政策扩散效应的形成，叙述脉络是清晰的，主要论点是能够成立的。不过书中多处大量引述官方档案资料和记者调查报告，显得冗长和沉闷，直接影响到读者的阅读体验。一些在当事人看来十分重要的概念之争和义理之辩，今天看来则十分琐屑，近乎废话。这实际上从一个侧面反映了当时改革面临的巨大阻力，以至于"改革派"不得不采用渐进的方式和策略性的话语，求得改革举措的政治合法性。

从书中反映的情况看，当时对改革抱有疑虑的主要包括一些坚持国家本位、固守僵化意识形态的官员，一些不了解农村基层实际情况的局外人，一些既得利益受损的基层干部，一些依托集体经济的农村"五保户"和军烈属等。所以，支持改革的干部们不得不采用各种策略，在持续的争议中不断将改革落到实处，用大量雄辩的事实反驳各种反对改革的谬论，同时采取相应措施（如扶贫工作等）解决一些现实问题，解除某些社会弱势群体的后顾之忧。由此可见，改革不但需要实事求是的精神和敢于担责的勇气，而且需要化解难题的智慧和耐心。

在读完前面几章之后，我们对一些省内干部和支持当地改革实践的"旁观者"的心路历程不难理解——他们要么是本地人，要么是在本地工作生活三十多年的南下干部，要么是身在外地、心系家乡的热心人。其中王光宇和周曰礼等人曾在20世纪60年代初深度参与"责任田"，算是早有"前科"。但对新任省委第一书记万里所表现出的积极姿态和责任担当，我们多多少少会感到难以理解。这个问题终于在全书的最后一章水落石出。

概要说来，1978年安徽省遭遇百年不遇的严重旱灾，农民生计受到严重威胁。万里作为省委一把手，显然意识到让老百姓有饭吃、活下去是其职责所在（这与曾希圣当年面临的局势和作出的反应如出一辙）。所以他在1978年9月召开的省委常委会议上明确主张"非常时期必须打破常规"，支持王光宇提出的"借地种麦"建议——该建议直接催生了肥西县山南区的包产到户。然而更重要的历史背景是，1978年爆发的"真理标准问题讨论"对僵化的意识形态形成巨大冲击。过去三十年反复折腾的经验教训，中国农村长期贫困落后的现实状况，促使人们思考社会主义的要义是什么？贫穷是不是社会主义的应有之义？这样的思考不仅限于基层一线的干部群众，还包括省级领导和中央领导，以及党内元老邓小平和陈云。换言之，在20世纪70年代末至80年代初，全党上下已经出现了一大批支持改革的干部。在他们看来，固守僵化的意识形态和现行的管理体制，不但不能实现社会主义倡导的共同富裕目标，而且会引发基层群众的严重不满，危害到社会主义的信誉。由此可见，思想观念的解放是经济体制改革的重要前提。中央高层的开明姿态对省级领导产生了积极影响。

本书很好地阐释了以下几个主题：为什么曾希圣、万里等安徽省内各级干部会在特定时期尊重农民群众的创造和选择，为什么安徽省委1961年的"责任田"和 1979 年的包产到户试验会有两种截然不同的结果，为什么一个农业县在 1978 年秋季以后的包产到户会迅速在全国范围形成政策扩散效应。我觉得每一个关心当代中国"三农"问题的朋友都应该读一读这本书。

董国强

2020 年 12 月 10 日

目录
CONTENTS

导　言

　　20 世纪 70 年代末 80 年代初，安徽是中国农村改革当之无愧的先行者。肥西县、凤阳县是安徽农村改革的两大重镇。①

　　肥西、凤阳的农村改革，均进入了决策层的视线。1980 年 5 月 31 日，邓小平就农村政策问题有过一段著名的言论。他说："农村政策放宽以后，一些适宜搞包产到户的地方搞了包产到户，效果很好，变化很快。安徽肥西县绝大多数生产队搞了包产到户，增产幅度很大。'凤阳花鼓'中唱的那个凤阳县，绝大多数生产队搞了大包干，也是一年翻身，改变面貌。"②

　　之所以重点关注肥西农村改革，是因为笔者深感这段历史如此重大却又如此寂静。一些常识甚至有被颠覆的危险。近年来，相关人士通过不懈地田野调查，发现一些地方早在安徽、四川启动农村改革前，就已有包产到户的实例。③ 这些"发现"确实很能吸引人们的眼球，但是否就可以据此撼动安徽、四川农村改革的先锋地位，甚至得出改革源头在其他地方的

---

① 安徽农村改革涌现出多种形式的农业生产责任制，这里先对几个概念加以说明。（1）包产到户，指将集体土地交给社员家庭耕作，包产部分仍由集体统一分配。（2）包产到组，指生产队将土地、生产资料等分包给作业组，作业组上交一定的农产品后，再由生产队统一分配。（3）包干到组，性质上与包产到组相同，具体做法则是在包产到组的基础上突破由生产队统一分配这个环节，改由作业组主导分配。（4）包干到户，指在包产到户的基础上，进一步打破集体分配，社员家庭完成国家、集体的任务后，可自行分配。

② 《邓小平文选》第二卷，人民出版社，1994，第 315 页。

③ 参见高王凌《"包产到户"起始点考据》，《华夏时报》2013 年 12 月 26 日，第 18 版；陈晓、常广春、袁季勇《山东东明"大包干"始末》，《中国档案》2019 年第 1 期；李锦《深度》，中国言实出版社，2015；张全有《红崖湾的秘密：1978 年陇西率先实行包产到户实录》，甘肃人民出版社，2010。

结论呢？如果以不断向前推进改革的时间点为研究旨趣，在农业合作化后并不缺乏零星的、个别的包产到户之举。但与包产到户引发的政策扩散效应相比较，某地包产到户发生的时间先后其实并不是最重要的。安徽"双包到户"（包产到户、包干到户）比肥西、凤阳更早的县域，仅笔者目力所及就至少有三个地方。① 尽管如此，我们仍不认为这些地方在安徽农村改革中发挥过什么重大作用。原因就在于，这些地方的包产到户要么未被上报，要么虽被上报但未引发政治决策或被扼杀于萌芽状态，因而没能形成任何政策扩散效应。所以农村改革史研究不应只局限于基层的视角，一时一地的率先实践固然有其价值，但更适宜的检验标尺应当是该地的实践是否形成了政策扩散效应。

如果以后来风行全国的"家庭联产承包责任制"为评判标尺，可以肯定的是：肥西县的包产到户，在安徽最早产生了政策扩散效应。正是此地包产到户的风潮，引发了安徽省委的高度关注，促成了安徽省委的果敢决策。轰轰烈烈的农村改革，由此拉开帷幕。以包产到户为突破口的农村改革，有重大的现实意义和深远的历史意义。包产到户推动了农村体制的全面改革，促进了城市改革的蓬勃兴起。② 可以说，农村改革为中国的全面改革提供了经验、树立了样板、鼓舞了志气。陈云、邓小平高度肯定农村改革的成就。1982 年 11 月 22 日，陈云在中央政治局会议上说："现在的责任制大大超过了我那个时候的意见。所以，我说打破'铁饭碗'是一场革命，其意义不下于公私合营。吃公家'大锅饭'，好坏一个样，干不干一个样，怎么得了！……万里同志在农村搞责任制，说多劳多得，少劳少得，不劳不得，这三句话一句不能少。"③ 1984 年 11 月 20 日，邓小平在会见外宾时说："我们五年前确定改革从农村开始。我们叫改革，实际也是一

---

① 参见中共安徽省委农村工作部编《安徽省农业生产责任制资料选编》，内部资料，1983，第 288 页；《中共阜阳地委派在农村的机关干部回家"探亲"作调查，掌握了大量的农村的较为真实的材料》，《情况反映》1978 年 7 月 11 日；《池州落实农村经济政策出现的问题》，《情况反映》1978 年 7 月 19 日；中共安徽省委《转发阜南县委关于部分社队出现资本主义自发倾向的通报》，1978 年 5 月 5 日。

② 孙方明：《潮聚潮散——记中国农村发展问题研究组》，大风出版社，2011，第 15 页。

③ 《陈云文集》第三卷，中央文献出版社，2005，第 521～522 页。

场革命，是一场解放生产力的革命。……农村改革，我们搞联产责任制，允许农民有更多的经营管理权，使农民有积极性搞多种经营。这个决定一下去，百分之八十的农民积极性大大提高，见效非常快。因为在这三年的时间里，有的农村一年翻了身，有的两年翻身，摆脱了贫困状态。……农村改革见效鼓舞了我们，说明我们的路子走对了，使我们对进行全面改革增加了信心，也给我们进行全面改革创造了条件，提出了新的要求。"①

还是让我们回到历史的现场，领略从山南吹来的改革之风……

---

① 中共中央文献研究室编《邓小平年谱（1975—1997）》下，中央文献出版社，2004，第1015～1016页。

第一章

改革先驱

中国改革从农村率先突破，农村改革又肇始于先行县域。安徽是中国农村改革的重要发源地，安徽农村改革则发轫于肥西等先行县域。轰轰烈烈的农村改革大幕之所以从肥西山南拉开，离不开时任山南区委书记汤茂林、肥西县委书记常振英和安徽省农办调研处处长周曰礼等改革先驱的积极推动。

第一节　汤茂林主持包产到户

肥西山南，因地处大别山的余脉大潜山南麓而得名。山南虽早在宋代就已设镇，但一直默默无闻，更谈不上名扬天下。直到1978年，山南一跃而迈进时代前列，改写了中国农村改革发展的历史。当时的山南区有七社一镇，分别是山南公社、袁店公社、洪桥公社、柿树公社、界河公社、防虎公社、金牛公社和山南镇。

时任山南区委书记汤茂林，是安徽农村改革的重要启动者之一。汤茂林是肥西聚星[1]人，人称"汤大胆"。1978年秋，面对前来检查工作的县委主要负责人，汤茂林大胆提议搞包产到户。[2] 得到默许后，汤茂林随即

---

[1] 肥西县1949年设聚星乡，此地1958年属官亭公社，1961年属众兴公社，1965年析置聚星公社，1968年更名巨新公社，1983年改称巨新乡，1985年复称聚星乡。参见肥西县地名委员会编《安徽省肥西县地名录》，内部资料，1986，第118页。

[2] 中共安徽省委党史研究室编《安徽农村改革口述史》，中共党史出版社，2006，第260页。

在柿树公社黄花大队组织试点，举世闻名的农村改革由此揭开序幕。

1978 年，汤茂林长时间地在肥西县山南区柿树公社黄花大队蹲点。1978 年 9 月 15 日，肥西县委书记常振英来山南区检查工作，看到汤茂林不在区委，便派车将他从黄花大队接回区委。常振英问，今年旱情严重，麦子种不上，明年怎么办？汤茂林如实回答，安徽省委作出"借地"的决策固然很好，但又规定每人不超过 3 分地，这尚不足以调动社员的积极性。常振英追问，那该怎么办？汤茂林于是大胆提议："要想调动千家万户的积极性，就要按原省委书记曾希圣 1961 年在安徽推行的包产到户，把麦、油菜种上。"常振英则答复："你在黄花大队蹲点，就在黄花大队搞包产到户试点试试看吧。"①

得到县委书记"试试看"的表态，汤茂林马不停蹄地部署包产到户试点工作。他于当天下午赶回黄花大队，并于当晚召集大队党支部成员开会商议。汤茂林组织学习了"省委六条"②的精神，传达了常振英的意见，然后组织大家讨论。黄花大队党支部一致表示，希望按照"责任田"的方法办，把保命麦、油菜都种上。③根据党支部的意见，这次支部会议制定出"四定一奖"的办法，规定：

（1）定土地：全大队每人包一亩地种麦，半亩油菜。

（2）定工本费：每种一亩地生产队补贴五元，用于买种子、化肥。

（3）定工分：每种一亩地记工 200 分。

（4）定上缴：每种一亩地小麦上缴队 200 斤，油菜每亩 100 斤。

（5）奖惩：超产全奖，减产全赔。④

---

① 中共安徽省委党史研究室编《安徽农村改革口述史》，中共党史出版社，2006，第 260 页。
② 1977 年 11 月 20 日，安徽省委农村工作会议讨论通过《关于当前农村经济政策几个问题的规定（试行草案）》，简称"省委六条"，其主要内容有：（1）搞好人民公社的经营管理工作；（2）积极地有计划地发展社会主义大农业；（3）减轻生产队和社员的负担；（4）分配要兑现；（5）粮食分配要兼顾国家、集体和个人利益；（6）允许和鼓励社员经营正当的家庭副业。
③ 中共安徽省委党史研究室编《安徽农村改革口述史》，中共党史出版社，2006，第 260 页。
④ 中共肥西县委党史研究室编《中国农村改革发端》，内部资料，第 194 页。

在当时的历史条件下，"包产到户"之名当然不便直接提出。仔细分析"四定一奖"的内容，可以看出，其不但超出了每人借3分地的界限，而且规定超产全奖、减产全赔，其实质就是包产到户。"四定一奖"在今天看来好像没有什么过人之处，在当时却有着十分重大的意义。它是全国范围内自1962年批判"单干风"以来，第一个由基层党支部正式作出的包产到户的决定。

1978年9月16日上午，山南区党委召开会议专题研究黄花大队的"四定一奖"办法。先由汤茂林介绍黄花大队"四定一奖"的做法，经过讨论，全体委员同意在黄花大队进行"四定一奖"试点工作。[1] 这意味着黄花大队的包产到户在区委这一级获得了有限的合法性，这也是1962年以来的全国首例。看到"四定一奖"受到如此热烈的拥护，山南区委决定在黄花大队召开全体社员大会。9月17日，在黄花大队油厂车间的大会上，参会的群众对"四定一奖"拍手称快，都说："照这样下去我们就有饭吃了，有好日子过了！"[2] 当天下午，黄花大队就以生产队为单位分组讨论包产到户事宜。全大队997人，将麦地、油菜地于9月18日全部包产到户。此后，社员的积极性空前高涨，田地里一片繁忙劳碌的景象。9月19日，山南区委还在黄花大队召开了现场会。现场会原定参会人员为3个公社的党委书记和9个大队的支部书记，结果其他公社的干部也都闻讯赶到了黄花大队。这样一来，黄花大队的包产到户闻名全区。在不准搞包产到户的社队，一些群众也私下实行了包产到户。秋种时节，山南区约77.3%的生产队施行了包产到户。[3] 到1978年11月10日，山南区共种小麦8万亩、大麦2万亩、油菜4.7万亩——这一数字，约是正常年景的2倍。[4] 大旱之年，粮油种植面积不但没有缩减，反而大幅扩大，这确实振奋人心。

---

[1] 中共肥西县委党史研究室编《中国农村改革发端》，内部资料，第195页。
[2] 中共安徽省委党史研究室编《安徽农村改革口述史》，中共党史出版社，2006，第261页。
[3] 周曰礼：《农村改革理论与实践》，中共党史出版社，1998，第121页。
[4] 中共安徽省委党史研究室编《安徽农村改革口述史》，中共党史出版社，2006，第261页。

但是山南包产到户的风潮，显然有违当时的大政方针。"责任田"受到的批判仍历历在目，县委领导中有人默许山南的做法，但也有人表示反对。①有反对者向上级领导写信，状告汤茂林离经叛道。来自柿树公社黑龙大队杨邦生产队的一封"人民来信"，便揭发汤茂林"走资本主义道路"。②信中指出：

> 山南干部社员正在分田到户，搞单干，破坏人民公社所有制，并且得到汤茂林和山南区委的怂恿、支持。……（汤茂林中了）"三自一包"的毒害。照他这样干下去，整个山南区不是走社会主义道路搞集体经济，而是走资本主义道路，搞私有经济，变成"小香港"了……汤茂林究竟把10万山南人民带向何处去？看他的所作所为，不是昭然若揭吗？③

肥西县委书记常振英接到"人民来信"后，约谈了汤茂林。汤茂林汇报了"四定一奖"的具体情况，常振英听后表示赞成。不过，常振英建议"改一下"，不能联系产量，"只能奖励工分，不能奖励粮食"。但是，汤茂林内心还是坚持奖励粮食，因为实打实地奖励粮食更能调动社员的积极性。④回到山南区后，汤茂林立即召开区委会议，传达了常振英的意见。区委会讨论后决定，维持原办法。

当时，安徽省委的主要领导也收到了"人民来信"，并指派安徽省农办工作人员赴肥西调查。结果，汤茂林不仅没有受到批评，还获得了某种程度的肯定。⑤

汤茂林在黄花大队主持包产到户的试点工作，在安徽农村改革初期有着重大的历史意义。作为安徽农村改革的先驱，汤茂林之名永载史册。

---

① 黄雅玲：《肥西：中国农村改革的发源地》，人民日报出版社，2008，第53页。
② 中共安徽省委党史研究室编《安徽农村改革口述史》，中共党史出版社，2006，第261页。
③ 肥西县小井庄中国包产到户纪念馆藏资料。
④ 中共安徽省委党史研究室编《安徽农村改革口述史》，中共党史出版社，2006，第262页。
⑤ 中共安徽省委党史研究室编《安徽农村改革口述史》，中共党史出版社，2006，第263页。

第二节　常振英保护山南试点

作为区委书记，汤茂林毕竟权力有限。黄花大队的包产到户得以顺利实施，与汤茂林的直接领导、时任肥西县委书记常振英的保护密不可分。

常振英是河北省涉县人，1947年随军南下至皖西。1970年任肥西县革委会副主任兼生产组组长。1973年3月至1976年10月，任肥西县委书记（当时设有第一书记）。1976年10月至1978年11月，任肥西县委书记。[①]常振英比较注重研究当地的农村工作。

1978年8月24日，《安徽日报》刊发了常振英的《政策落实，五业俱兴——英雄大队开展多种经营情况的调查》（见图1-1）。常振英深入肥西县巨新公社英雄大队调研，撰文介绍其坚持以粮为纲、全面发展、落实政策、搞好管理，实现粮丰林茂、五业俱兴，成为"农业学大寨先进单位"的经验。文章介绍，1977年，英雄大队的粮食总产量达到249万斤，比1969年增长67%，平均亩产935斤；1977年英雄大队向国家提供商品粮90万斤，比1969年增长96.7%。在狠抓粮食生产的同时，英雄大队还积极发展林业、牧业、副业和渔业。1977年，整个大队的林业、牧业、副业和渔业总产值达84700元，比1969年增长了13倍，占农业总产值的30%。多种经营的大发展，有着极为重要的意义。（1）大大加快了农业机械化的步伐。大队近五年购置了大型拖拉机2台、手扶拖拉机7台等。（2）有力地支援了农业生产。大队自力更生新建了2座电灌站，兴办小型农田基本建设工程56处，架设农用电线5公里。（3）大大减轻了生产队的负担。近五年来，大队直接承担了民办教师、赤脚医生、"五保户"和"四属户"的生活补贴，还为社员解决了部分合作医疗费用。（4）充分显示了集体经济的优越性，极大鼓舞了广大干部和群众。[②]

---

① 中共肥西县委党史研究室：《中国共产党肥西地方史》第1卷，安徽人民出版社，2008，第333页。

② 常振英：《政策落实，五业俱兴——英雄大队开展多种经营情况的调查》，《安徽日报》1978年8月24日，第2~3版。

图 1–1 《安徽日报》刊发常振英的调查报告

常振英分析，英雄大队多种经营之所以成绩显著，重要原因是实行了定额管理、责任到人的岗位责任制和分配在队、超产在厂（场）的计酬办法。文章指出，前几年人民公社的经营管理制度被搞乱了，一度出现出勤不出力、企业增产不增收的现象。经大队党支部研究，决定实行定额管理。从 1974 年起，大队的林场首先实行"五定"（定面积、定指标、定措施、定工分、定奖惩），确定后 5 年不变。"省委六条"下达后，大队在猪场、林场、电灌站、窑厂、油厂等全面推行定额管理，受到了广泛好评。大家称赞："定额管理办法好，一年任务早知道，干部好领导，职工干劲高，抓纲治队见成效。"①

在调查报告中，常振英指出，英雄大队的经验证明，抓好经营管理，根本靠路线、靠政策，而政策落实，关键在领导。（1）要不断提高落实政策的自觉性。大队党支部在落实政策、加强经营管理的过程中，经历了一

① 常振英：《政策落实，五业俱兴——英雄大队开展多种经营情况的调查》，《安徽日报》1978 年 8 月 24 日，第 2～3 版。

个由不自觉到比较自觉的过程。从 1974 年起，首先在林业生产上试行定额管理办法，取得了比较显著的效果。事实教育了他们，提高了落实政策的自觉性。党支部书记陈本山带头蹲点、总结经验，由点到面、逐步铺开，大大推动了多种经营的发展。（2）要坚决排除干扰。英雄大队落实政策、实行定额管理，并不是一帆风顺的，有人歪曲说这是"只算经济账，不算政治账"，"（有）方向路线问题"。大队党支部经过反复讨论，统一了思想，认定"干社会主义，搞多种经营，光空喊口号不行，总要生产出东西来"。直到"省委六条"下达，他们才舒了一口气，理直气壮地抓政策落实、搞定额管理。（3）要坚持兑现。经过群众讨论的规章制度，一成决议就要认真执行，坚持兑现。大队党支部坚持一月一检查，一季一评比，年终总结兑现。1974 年以来，除精神奖励外，先后以物质奖励 34 人次。执行制度，坚持兑现，干部以身作则。自实行大队核算以来，大队党支部委员 11 人坚持参加集体劳动，同社员一样评工记分，不另外提取补助。①

当时的肥西县，隶属六安地区。1978 年 8 月 1 日，六安地委转发了常振英的调查报告，肯定英雄大队的经验是可取的，"值得各地学习和推广"。六安地委指出，六安地区社员的收入水平不高，1977 年人均收入仅有 65 元，且队与队之间很不平衡，约四分之一的核算单位人均年收入在 50 元以下，集体的家底也比较空。这种状况很不适应高速度发展农业的需要，很不适应实现农业机械化的需要。六安地委认为，英雄大队开展多种经营的实践给人以很大的启示。"抓农业生产不能单抓粮食一项，而要注意全面发展，多种经营，田少山多的山区，尤其要因地制宜，抓好多种经营，只有以粮为纲，'五业'兴旺，才能改变现状。请各县、区、社的领导同志，参照英雄大队的经验，结合你们那里的实际情况好好想一想，议一议，应该怎样办。与群众商量一下如何把多种经营开展起来，制订切实可行的规划，不说空话，多做实事，扎扎实实地、一步一步地去组织实施，力争在三年内大见成效。"六安地委指出，认真落实按劳分配的政策，是调动群众社会主义积极性，促进农林牧副渔全面发展的关键。英雄大队

① 常振英：《政策落实，五业俱兴——英雄大队开展多种经营情况的调查》，《安徽日报》1978 年 8 月 24 日，第 2～3 版。

发展林业生产，由一开始的管理制度不健全、经济政策不落实，到实行定额管理后，在护林员人数减少的情况下，将林木管理得更见成效。这一事例说明，落实党的农村经济政策十分重要。否则，用"大呼隆"的形式、用"一平二调"的办法，是办不好多种经营的，即使暂时搞起来了，也难以巩固和发展。六安地委认为，常振英"亲自下去作调查，这种作风是很好的，必须大力提倡"，同时要求各级领导干部"迈开双脚，下到农村，亲自动手，解剖典型，从中总结出规律性的东西，取得领导生产的主动权，为落实'以粮为纲，全面发展'的方针，促进农业高速度发展作出贡献"。①

1978 年 8 月 24 日《安徽日报》在刊发常振英文章的同时，还配发了"编者按"，赞扬他实地调查的做法：

> 中共肥西县委书记常振英同志写的"英雄大队开展多种经营情况的调查"很好，值得大家认真读一读。
>
> 当前，各地正在深入贯彻党中央两个重要文件，落实党的经济政策，解决干部作风问题。各级领导干部亲自下去作调查，就是发扬党的优良传统和优良作风的一个具体表现。在农业学大寨的群众运动中，各地区都有一些好典型；各地领导同志应像常振英同志那样，亲自动手，解剖麻雀，取得第一手材料。只有这样，才能逐步加深对客观规律的认识，掌握好领导生产的主动权，为促进农业的高速度发展作出新贡献。②

受时代和认识的影响，常振英对"大队核算"等仍然给予了肯定。但是，这份调查报告折射出常振英对农业问题的关注、对安徽"省委六条"的拥护，反映出他对农业政策拨乱反正的积极态度。

通过这份调查报告，我们不难理解，在农村改革的关键时刻，像常振

---

① 中共六安地委：《转发常振英同志关于〈英雄大队开展多种经营情况的调查〉》，1978 年 8 月 1 日。
② 常振英：《政策落实，五业俱兴——英雄大队开展多种经营情况的调查》，《安徽日报》1978 年 8 月 24 日，第 2 版。

英这样的共产党人为何能够顺应时代发展的潮流。所以汤茂林大胆提出包产到户的方案时，常振英没有固执己见，坚持"大队核算"，而是表示可以在黄花大队"试试看"。① 在收到"人民来信"后，常振英也没有将山南试点的包产到户废止。没有常振英等人的支持，山南试点工作也许就会被扼杀于萌芽状态。

第三节 周曰礼倡言农村改革

周曰礼是安徽农村改革中的关键人物，是著名的"省委六条"的主要制定者，并对扩大肥西包产到户的正面影响发挥了巨大作用。

一 "省委六条"的重要制定者

安徽省委推出的"省委六条"，吹响了农村改革的号角。如果说以万里为首的安徽省委领导是"省委六条"的决策者，那么，周曰礼则是举足轻重的政策制定者。周曰礼是江苏建湖人，出生于 1930 年 8 月，1947 年10 月加入中国共产党，1948 年 4 月参加革命工作。他曾任安徽省委第一书记曾希圣的秘书，于 1961 年参与制定了"责任田"政策。后来，他长期"靠边站"。万里赴安徽任职时，周曰礼的职务不过是正处级的安徽省农办调研处处长。②

1977 年 6 月，万里出任安徽省委第一书记。当时全国从上到下都在号召"农业学大寨"，安徽的农业学大寨办公室很有实权，安徽省农办则处于边缘地位。万里刚到安徽，要了解农业、农村情况，主要的渠道是农业学大寨办公室和省农办上报的材料。农业学大寨办公室的简报刊载的内容有"报喜不报忧"的倾向。万里经常深入农村调研，他很快就发现农业学

---

① 中共安徽省委党史研究室编《安徽农村改革口述史》，中共党史出版社，2006，第 260 页。
② 李嘉树对吴昭仁的采访笔记，2017 年 9 月 21 日。吴昭仁是时任安徽省委书记王光宇的秘书。安徽省农办调研处在万里出任省委第一书记后不久改为省农办政策研究室。1979 年 5 月 25 日，安徽省委、省革委会发出《关于安徽省农业委员会的任务和机构的通知》，指出："为了加强对我省社会主义农业现代化的领导，决定设立安徽省农业委员会。"

大寨办公室提供的材料水分甚大，与实际情况相差甚远。① 安徽省委书记王光宇向万里举荐了周曰礼，并安排周曰礼向万里汇报工作。

1977 年 8 月 21 日，周曰礼在合肥市稻香楼西苑会议室向省委第一书记万里和省委领导赵守一、王光宇全面汇报了农村的严峻形势。据周曰礼回忆，他反映的主要是生产上的"大呼隆"、分配上的"大锅饭"、瞎指挥、大搞形式主义、浮夸风、农民负担重以及农业学大寨、农业机械化等方面的内容。他列举了大量事实，揭露"四人帮"在农村推行极左政策，把人的思想搞乱了、把理论和政策搞乱了、把人民公社经营管理搞乱了、把人的积极性搞没了，给农村造成了灾难性后果。"文革"十年，安徽粮食总产量一直徘徊在 200 亿斤左右，农民人均年纯收入不到 60 元，受价格因素影响，农民实际生活水平比"文革"前下降了 30%。全省 70 个县中有大量的"后进县"，即著名的三大片十个县，包括：滁县地区的定远、凤阳、嘉山（今明光市），宿县地区的泗县、五河、灵璧、固镇，芜湖地区的宣城、郎溪、广德。全省有 28 万多个生产队，人均年收入在 100 元以上的仅有10%；60% 左右的生产队只有 60 元左右；40 元以下的，约占 25%；还有5% 的生产队，约 300 万人常年在饥饿线上挣扎。很多生产队是"三靠队"，即生产靠贷款、吃粮靠返销、生活靠救济。还有不少生产队即使把资产（耕牛、农具、房屋等）全部变卖，也还不清国家的贷款和扶持款。这些生产队名义上顶着集体经济的招牌，实际上已经是一无所有的空壳，连简单再生产都不能维持。周曰礼汇报了 4 个多小时，对万里的触动很大。万里深刻地意识到，"生产力最活跃的因素是人，我们要发展农业，实现农业的现代化，没有人的高度积极性，一切都是空谈"，"看来，经济上的拨乱反正，要比政治上的拨乱反正更艰巨、更复杂；不搞好经济上的拨乱反正，政治上的拨乱反正也很难搞好"。万里还说，要拿 80% 的时间和精力来研究解决农村问题，省委的其他领导同志都要下去搞调查研究，省农办的同志要进一步调查研究，帮助省委搞出几条切实可行的办法。②

万里身体力行、率先垂范，将大部分工作交给顾卓新和赵守一后，他有

---

① 中共安徽省委党史研究室编《安徽农村改革口述史》，中共党史出版社，2006，第 228 页。
② 孟富林等：《农村改革创新亲历记》，安徽人民出版社，2008，第 172～173 页。

时与王光宇一道，有时则只带上司机和警卫员深入农村调查。万里曾回顾这段下乡见闻，他说："我这个长期在城市工作的干部，虽然不能说对农村的贫困毫无所闻，但是到农村一具体接触，还是非常受刺激。原来农民的生活水平这么低啊，吃不饱，穿不暖，住的房子不像个房子的样子。"① 1977年秋后，万里和王光宇一起花了20多天时间跑了近20个县，接触了最基层的干部群众。安徽大部分农村当时还很贫穷，沿淮的行蓄洪地区和大别山区的水库淹没区的农民生活尤其困苦。万里走访金寨的一户农家时，农妇吓得往灶台底下躲。因为没有衣服穿，她只能拿柴禾遮盖身体。看到此情此景，万里眼睛都湿润了。他对随行人员说："想不到我们国家建国快30年了，还有这样贫困的地方。"②

按照万里的指示，一方面省农办通知各地派人调查农村存在的问题，提出解决的办法，另一方面则由周曰礼带队到不同类型的地区、社队，就如何加速农业发展问题征求干部和群众的意见。1977年9月20日至24日，周曰礼等人在滁县地委招待所召开了一次农村政策座谈会。经过充分讨论，会议起草了《关于当前农村经济政策几个问题的规定（草稿）》（以下简称"草稿"），这是"省委六条"的最初版本。"草稿"被送到安徽省委后，顾卓新于10月6日首先批示："这个规定很好，文件也写得明确，可以考虑转批各地执行。但是，一是这些办法是否真能做到？有多大把握？二是各地区的社队收入分配情况如何？每个劳动日多少钱？能否分到现金？三是真正贯彻这个政策，须经过社队彻底整顿，现在下面很乱，没有保证。应考虑明年派社教工作队下去结合完成这个任务。"万里看后，通过工作人员打电话告诉周曰礼："这个'六条'如果能贯彻下去，确实很好，是对农村工作中的极'左'路线敲响了警钟。问题是广大干部群众如何看待，还有没有新的要求，这个意见是否能代表他们的意愿。总之，这事关全省广大农民的切身利益，万里和省委其他领导同志，要下去直接听取群众的意见。"③

---

① 中共安徽省委党史研究室编《安徽农村改革口述史》，中共党史出版社，2006，第72页。
② 吴昭仁：《吴昭仁发言录音整理稿》，未刊文稿。
③ 孟富林等：《农村改革创新亲历记》，安徽人民出版社，2008，第173~174页。

不久，万里、顾卓新、赵守一和王光宇在合肥附近条件较好的肥东县解集公社青春大队和条件较差的长丰县吴山公社四里墩大队，分别听取了生产大队干部、生产队干部和社员代表的意见。肥东县青春大队作为农业合作化的典型，曾得到过毛泽东的肯定。1955 年 6 月 11 日，安徽省委农村工作部编印的《农村工作通讯》第 58 期，刊发了《肥东芦陈乡青春、陈祠农业生产合作社对多余劳动力的解决办法》。这篇文章介绍了青春农业生产合作社成立后，一度出现"社员要活干、社干部想活干、社主任无法办"的现象。为了解决这个问题，青春社首先算了劳动力账，然后召开社员大会，采取多加工施肥、多种技术作物、多植果木树等办法，让多余的劳动力基本上有了出路，人人有活干，调动了社员的生产积极性。① 看到这篇文章后，毛泽东认为此举为合作化以后的"多余劳动力找到了出路"，并作出批示：

> 这也是一个带普遍性的问题。根据这两个合作社的情况，按照现在的生产条件，就已经多余了差不多三分之一的劳动力。过去三个人做的工作，合作化以后，两个人做就行了，表示了社会主义的优越性。多余的三分之一甚至更多的劳动力向哪里找出路呢？主要地还是在农村。社会主义不仅从旧社会解放了劳动者和生产资料，也解放了旧社会所无法利用的广大的自然界。人民群众有无限的创造力。他们可以组织起来，向一切可以发挥自己力量的地方和部门进军，向生产的深度和广度进军，替自己创造日益增多的福利事业。这里还没有涉及农业机械化。机械化以后，劳动力更会大量节省，是不是有出路呢？根据一些机耕农场的经验仍然是有出路的，因为生产的范围大了，部门多了，工作细了，这就不怕有力无处使。②

面对问计于民的省委书记们，基层干部和群众踊跃发言，主要包括：

---

① 中共中央办公厅编《中国农村的社会主义高潮》中册，人民出版社，1956，第 578 ~ 580 页。
② 《毛泽东文集》第六卷，人民出版社，1999，第 457 页。

（1）对允许社员种自留地和经营正当家庭副业非常感兴趣，表示拥护；
（2）对建立生产责任制问题，希望政策能放宽，要相信干部群众是不会胡来的。万里特别注意到尊重生产队自主权的问题，说这是"当前农村存在的大问题"：

> 不解决这个问题（笔者注：尊重生产队自主权的问题），还会出现瞎指挥的现象，农业还是上不去。……生产队既然作为一级核算单位，应当有自主权。做什么，怎么做，应该由他们自己研究解决。过去上面指手画脚，实际上剥夺了生产队的权利，还谈什么积极性！老百姓最懂农业，最懂土地的好孬。最适宜种什么、长什么，能否丰收，他们比我们心里有底，还是让他们当家。①

在周曰礼的主持下，安徽省农办政研室对"草稿"作了一次重大修改，突出了尊重生产队自主权的内容。② 为进一步征求意见，安徽省委于1977年11月15日至22日召开有地、市、县委干部参加的省委农村工作会议，专题研究农业经济政策问题。会议伊始，万里便开门见山地指出农业面临的严重问题和推行农业新政的紧迫性，他说：

> 这次省委农村工作会议，中心议题是研究当前农村迫切需要解决的经济政策问题，把农民发动起来，全党大办农业。安徽是农业省，农业搞不上去问题就大了。前一时期集中抓贯彻中央关于解决安徽省委领导问题的指示，贯彻十一大精神，揭批"四人帮"，调整班子，下一步要拿出很大精力抓农村政策。农业是国民经济的基础，农业一落后或遭了灾，就会影响整个国民经济的发展，连吃饭穿衣都成问题，更不用说实现四个现代化了。
>
> 农村中心问题是把农业生产搞好，各级领导、各个部门，都要着眼于发展农业生产。集体经济要巩固、发展，还必须在生产发展的基

---

① 孟富林等：《农村改革创新亲历记》，安徽人民出版社，2008，第174～175页。
② 孟富林等：《农村改革创新亲历记》，安徽人民出版社，2008，第175页。

础上使人民生活不断有所改善。凡是阻碍生产发展的做法和政策都是错误的。

农业政策怎么搞好，管理怎么搞好，主要应当坚持因地制宜、因时制宜的原则，实事求是，走群众路线。抓农业机械化，这是完全对的。但是，最重要的生产力是人，是广大群众的社会主义积极性。没有人的积极性，一切无从谈起，机械化再好也难以发挥作用。调动人的积极性要靠政策，只要政策对头，干部带头，团结一切积极因素干社会主义，群众就会积极起来，农业就能上得快。

这次会议，研究如何把农业搞上去的政策。这样的会议多少年没有开了。在这之前，省委批转过滁县地区一个材料。省委和许多地、市、县委都做了一些调查研究，向会议提出了六个问题，供大家讨论，主要是走群众路线，集思广益，把政策搞好，把管理搞好。我们是一个方针——以生产为中心；一个规定——关于当前农村经济政策几个问题的规定。

农业根本是靠两只手，人的思想支配两只手，思想积极了，两只手就勤快了。调动积极性靠什么？一个靠领导，一个靠政策。揭批"四人帮"，加强思想政治工作，干部带头干，这是靠领导，看你怎么去领导；同时，要靠政策，把经济工作纳入正确的政策轨道。

中国革命在农村起家，农民支持我们。母亲送儿当兵，参加革命，为的什么？一是为了政治解放，推翻压在身上的三座大山；一是为了生活，为了有饭吃。现在进了城，有些人把群众这个母亲忘掉了，忘了娘了，忘了本了。我们一定要想农民之所想，急农民之所急。[①]

与基层干群对"草稿"的普遍欢迎不同，出席省委农村工作会议的干部中只有少数人表示赞同，多数人则表示反对。有人说，这份文件给农民的自主权太大了，这样下去会滑坡，会滑到包产到组、包产到户，违背了人民公社"三级所有，队为基础"的规定。有人甚至认为，这份文件不符

---

① 《万里文选》，人民出版社，1995，第 101～102 页。

合社会主义的方向，要求重新起草。由于反对者甚众，文件起草班子感到十分难办。对争议最大的允许包产到组、包产到户等内容，万里建议先予以删除，说："你们对'六条'草稿再修改修改，不要勉强。多数人思想不通，该让步的就应该让步，我们要耐心等待，允许人家有个转变思想认识的过程。因为他们都是地、县委一把手，具体工作要由他们去做。如果他们接受不了，硬要他们去做，那就会把好事办坏，会搞糟的。包产到组、包产到户这些规定，现在提出来可能不是时候。"在这种情况下，起草班子又对"草稿"作了修改，于11月20日形成《关于当前农村经济政策几个问题的规定（试行草案）》，这就是著名的"省委六条"（简称"六条"或《六条》)①（见图1-2）。

图1-2 中共合肥市委办公室翻印的"省委六条"

二 山南包产到户的积极支持者

如前所述，"省委六条"颁布后，肥西县山南区委为应对罕见旱灾，在黄花大队实行包产到户性质的"四定一奖"。包产到户在山南迅速扩张，更有蔓延肥西之势。周曰礼是较早的知情人之一，因为他身边有一位工作

---

① 孟富林等：《农村改革创新亲历记》，安徽人民出版社，2008，第175~176页。

人员沈章余就是肥西人。沈章余将肥西包产到户的情况告诉了周曰礼。周曰礼曾在 1961 年参与制定包产到户性质的"责任田"政策，非常了解农民对包产到户的渴望和期待，但他也深知包产到户的政策风险。于是，周曰礼让沈章余严格保密，假装不知道此事。周曰礼之所以如此处置，是因为倘若知道有包产到户而不加以制止就会犯错，倘若向上级汇报则会让上级难办，不如装糊涂让农民干下去，这样大家心照不宣、不知者不罪。①

由于肥西距离省会合肥很近，肥西包产到户的风潮很快就传到省直机关。有人说，肥西明目张胆地违背中央规定，省委不制止、不处理恐怕要出岔子；有人甚至质问："省委想把群众引导到哪里去?!"② 安徽省委一度想发通知纠正肥西县的包产到户。听到这个消息，周曰礼于 1978 年 12 月 7 日致信省委书记顾卓新、王光宇，希望安徽省委慎重对待肥西县的包产到户。他在信中指出，肥西县在 1978 年严重干旱的情况下，就如何搞好秋收，从领导到群众想了很多办法。比如，借地给群众种麦、种油菜，实行小段包工，推广分组作业、定产到组等。这些都极大地推动了秋种工作的开展。一开始，有的生产队既缺水又缺种子，生产队便把耕地定好产量和工分，划给群众包种包管，超产奖励。这个办法很受群众欢迎，很短时间内便有 762 个生产队采用该办法。肥西县委发现后，虽明令禁止，但同时明确宣布：实行这种办法的地方，只能搞一季。肥西县委的这种务实态度，为干部、群众所接受。在定产到人的地方，群众的积极性很高，有的自己拿钱买种子、买化肥，有的还把油菜籽用洗脚水泡一夜以利于下地时发芽，有的外流人员主动回来耕作……由于施肥多、播种质量好，麦苗苗壮、长势喜人。因为耕牛、农具都是由生产队统一使用的，这种办法与发展集体经济并无矛盾。现在要纠正这一办法，肥西县委的工作不好做，也不利于保护群众的积极性。周曰礼进而提出自己的观点，即："农业生产上的责任制问题，刚刚开始提到研究的日程上来，在没有经过实践检验的情况下，不能匆忙表示哪种办法好、哪种办法不好。按理说，在坚持生产资料集体所有制的前提下，推行生产责任制办法应该多一些、灵活一些。

---

① 吴昭仁：《党的领导与人民意愿的紧密结合》，未刊文稿。
② 吴象：《伟大的历程》，浙江人民出版社，2019，第 101 页。

从全省来说，在推行联系产量责任制方面，各级领导头脑是清醒的，态度是谨慎的，因而工作是健康的。少数地方出现了一些偏差，一般都得到了及时纠正。现在的问题是，不少人心有余悸严重，一听说责任到人，就看成是分田单干。实际上定工到人或定产到人，这是生产责任制的一种方法，它与分田单干是有根本区别的。"①

1979年1月11日，中共中央发布通知，要求各地把十一届三中全会原则通过的《中共中央关于加快农业发展若干问题的决定（草案）》和《农村人民公社工作条例（试行草案）》（以下简称"两个文件"）发到人民公社，向广大农村干部和社员群众传达，并组织他们学习讨论。周曰礼特地选择赴肥西县山南区宣讲"两个文件"，想乘机把山南的包产到户捅开，让社员由偷着干变为明着干。②

1979年2月1日，周曰礼率省农办及肥西县、山南区、山南公社各级工作人员共38人，组成省委工作队到达山南公社。周曰礼内心倾向于包产到户，但囿于"两个文件"规定"不许分田单干"和"不许包产到户"，他又不便径直表明态度。面对声势浩大的省委工作队，社员群众一开始也不摸底。听完"两个文件"后，社员群众一言不发。周曰礼等人只好让他们回忆什么时候生活过得最好。有人说，土改时期生活好，有人说"责任田"时期生活好——"责任田"时期之所以好，是因为土地分到各家各户、生产自由。周曰礼等人进一步引导社员群众，鼓励他们多提意见，并且表示"你们有什么好办法就提出来，我们把你们的意见向中央反映"。这个时候，有人对中央文件中"不许包产到户"的提法有异议。周曰礼则大胆表态："如果你们认为包产到户这种办法好也可以提。"社员群众的话匣子就此打开，有人说"早也盼、晚也盼，最后盼到两个不准干"，有人愤然说"上面不相信我们农民"。③

1979年2月4日，周曰礼返回合肥。次日，周曰礼向万里作了口头汇

---

① 周曰礼：《农村改革理论与实践》，中共党史出版社，1998，第62~63页。
② 吴昭仁：《党的领导与人民意愿的紧密结合》，未刊文稿。
③ 中共安徽省委党史研究室编《安徽农村改革口述史》，中共党史出版社，2006，第199页。

报。万里说，群众的意见应当重视。① 因为中央文件规定不许包产到户、不许分田单干，万里认为这不是一件小事，他表示"明天我们开常委会再说，看大家的意见怎么样"。②

这样一来，山南的包产到户被提交到安徽省委常委会议讨论——由省委常委集体讨论一个地方的包产到户，说明此事确实非同小可。包产到户也由一个地方性事件演变为全省性事件，考验安徽省委政治智慧的时刻即将到来。

---

① 周曰礼：《农村改革理论与实践》，中共党史出版社，1998，第11页。
② 中共安徽省委党史研究室编《安徽农村改革口述史》，中共党史出版社，2006，第199页。

第二章

突破禁区

肥西山南包产到户风潮，已在安徽省直机关引发热议。面对如此复杂而棘手的问题，安徽省委果敢决策，允许山南试验，农村改革由此破冰前行。

第一节　果敢决策

1978 年底，肥西县委向安徽省委报告了当地包产到户的情况，提出"只能允许搞午季一季"的请求。

当年 12 月 20 日，肥西县委向六安地委、安徽省委作《关于建立生产责任制情况的报告》。报告称："我县不少地方建立了联系产量的生产责任制，生产队对作业组实行'三定一奖'办法。即：定工、定产、定费用，超产奖励。这种联系产量的生产责任制，是群众创造的，实践证明行之有效的生产管理办法。"肥西县委介绍，因为秋种时旱情严重，全县 80 万亩稻板田无法翻犁，40 多万亩麦、菜无墒情播种。县委贯彻省委、地委关于抗旱抢种的指示，发动群众打井抗旱、造墒种麦，但收效甚微。到 1978 年 10 月中旬，全县只种下麦、菜 10 万多亩。这个时候，肥西县委了解到官亭区、山南区出现了包产到组和包产到户。有的地方实行定产到劳力，还有的地方搞明分组、暗分队……农业生产责任制问题一时之间成为各级干部的焦点话题。有的人怕犯方向、路线错误，说"责任制到组不能搞，到组就到户，捂也捂不住"。有的人支持定产到户，说"定产到户能做到地力出尽，人力用尽，三年以后，粮食没处堆"。他们要求"上级多讲讲好话，搞到户干两三年翻身"。有的要求全年都搞"三定一奖"，说这是加快农业发展的好办法。农业生产责任制名目如此繁多，肥西县委常委于1978年11月5日至6日召开会议，认为实行"三定一奖"责任制可以更好地调动社员积极性，有利于加快秋种速度、保证秋种质量，是加快农业发展的好办法。为了统一认识，肥西还下发了县委常委会议纪要，指出："'三定一奖'联系产量的责任制大方向是正确的，但在实行中要注意以下五个问题：一是，耕牛、农具、土地归生产队所有，统一安排使用；二是，生产计划由生产队统一安排，保证完成国家的种植计划；三是，产品由生产队统一分配，不准由作业组自行分配；四是，主张奖励工分，超产部分也可奖20%至30%的实物；五是，定产以经过努力有产可超为原则。"除丰收的丰乐区外，肥西县在其余六个区中都推行了分组作业、"三定一奖"办法。初步统计，肥西全县6871个生产队中有43%的生产队实行了该办法。此外，有11.2%的生产队实行的是包产到户。肥西县委认为，两个多月的实践证明，实行分组作业、"三定一奖"的优越性如下。（1）操心的人多了，生产队长好当了。群众普遍反映，现在是"劳力分组，人人像虎，干活不直腰，走路带小跑"。很多干部说："社员干活原来是，一靠钟，二靠哨，三靠队长叫；现在是一不叫，二不喊，丢了饭碗就上班，干了一天顶两天。"（2）干部群众都从物质利益上关心自己的劳动成果，干活进度快、质量好。截至12月20日，全县已种大麦、小麦共59万亩，比1977年同期的23万亩增加了一倍多。广大干群高兴地说："今年要不是上面来个劈手快（指实行'三定一奖'办法），秋种面积没有这样大，质量没有这样好，进度也没有这样快。"（3）教育了"高级社员"，限制了少劳多得、投机取巧的个人主义思想。群众高兴地说："'三定一奖'办法好，'高级社员'转变了。"（4）分组作业，干活有竞争，推动了社会主义劳动竞赛。肥西县委指出："总之，分组作业，不论是临时组或固定组，也不论是联系产量或不联系产量，这种办法都比以队大呼隆干的办法好。至于包产到户，这种办法虽能刺激群众的积极性，但矛盾较多，且不易解决。主要矛盾是争水、争牛、争农具。"肥西县委对"明分组、暗分队"和包产到户的现象进行了整顿。可社员仍对"三定一奖"有顾虑，怕不能兑现。为此，肥西县委于 1978 年 12 月 6 日召开了部分公社、生产大队和生产队干部座谈会，提出了如下意见："第一，在规模较大的生产队实行'三定一奖'，分组作业，建立联系产量的责任制，大方向是正确的，主流是好的，应总结经验，逐步完善。目前主要搞好午季一季，重点搞好全年的，采取既积极又稳妥的方针，有领导有步骤地推行，不要一轰而起，放任自流，也不能一刀切。20 户以下的生产队不要搞定产到组，主要搞好小段农活包工。第二，作业组不能划得过小，一般以 20 个劳力左右为宜，过小的要纠正过来。划分作业组后，作业组对社员要认真搞好定额管理和评工记分，防止克服了'大呼隆'后又出现'小呼隆'。第三，生产队要与作业组签订'三定一奖'合同，以解除群众怕不兑现的思想顾虑，使其安下心来，切实抓好午季作物的田间管理，夺取午季丰收。第四，不准包产到户。对于已经出现的少数队，我们除积极在做好思想工作的基础上逐步纠正过来的同时，个别生产队由于社员在秋种时个人投资多少不等，不好处理，只能允许搞午季一季。在午收后要交队统一安排，秋季决不能再搞包产到户。第五，不准随便分队。确实规模过大需要分队的，应报经县委批准。明组暗队的，要积极做好思想教育工作，切实纠正过来。"①

分析《关于建立生产责任制情况的报告》的内容，我们可以发现肥西县委有策略地向安徽省委报告了包产到户的情况。在当时的政治语境中，肥西县委不得不以批判的态度对待包产到户。即便如此，肥西县委仍较为务实地提出了稳妥的处置方案。肥西包产到户的信息，至此已通过多个渠道正式提交到安徽省委。

直到 1979 年 2 月 6 日，安徽省委召开常委会议专题讨论山南的包产到户，肥西农村改革的命运才迎来转机。会议的地点，不在常用的省委办公厅内，而被选定在稻香楼西苑会议室。从这个反常的细节也可以看出这次会议的不同寻常。王光宇的秘书吴昭仁披露："事后（王）光宇告诉我，可能万里同志意识到这次常委会的意见不会很统一，会有争论（所以才将

---

① 中共肥西县委：《关于建立生产责任制情况的报告》（1978 年 12 月 20 日），肥西县档案馆藏档案，档案号：X1 - 1 - 383。

会议地点如此安排）。"①

在省委常委会议上，周曰礼首先介绍了山南公社的一般情况：山南公社地处肥西西南丘陵地带，全社 16 个大队 206 个生产队 5859 户 22845 人，男女整半劳力 8559 个，耕地 37418 亩。1978 年，山南公社遇到特大旱灾，全社粮食总产量比 1977 年减少 363.8 万斤，但社员平均收入仍达 82 元，仅比 1977 年减少 3 元。"省委六条"在这里贯彻得比较彻底，干部、群众心情愉快，情绪稳定。他们说，1979 年春节比历年都过得好。党的十一届三中全会后，大家日夜盼望着中央文件早日下达。当我们向干部宣讲中央"两个文件"时，人们欢欣鼓舞的情景十分动人。接着，周曰礼汇报了在山南公社宣讲"两个文件"时的热闹场景："在宣讲'两个文件'过程中，干部和社员总是争先恐后地到会，而且会越开人越多，有的全家老少一起到会，一些到山南走亲访友的也挤进会场。在讨论发言中，大家越讲思想越解放，许多社员把自己多年来心里想讲而不敢讲的话吐了出来。社员们感动地说，党中央知道我们农民的苦，这下子有中央撑腰好办了，谁也不能再瞎干了。有的社员说，过去我们三三两两在一起讲政府的怪话，出闷气。现在碰到一起，是一个欢，两个笑。"那些被摘帽的"四类分子"和他们的子女，政治上不再被歧视，更是在座谈会上激动得流泪。他们说："党中央在政治上关心我们，让我们和贫下中农坐在一起开会，听中央文件，这是 30 年来第一次，我们有出路了。"有人听到为"四类分子"摘帽的消息，激动得燃放爆竹；还有一位"四类分子"说："今年春节，我是穿新衣、喜洋洋、开门早、放爆竹，找对象有希望。"②

接着，周曰礼重点阐述了三个问题：（1）关于农业生产责任制问题；（2）尊重生产队自主权问题；（3）公社、大队、生产队规模问题。

农业生产责任制问题是重中之重，所以被首先提了出来。周曰礼说，农业生产责任制是山南干群反复讨论的中心问题。大家一致反映，此前没有建立责任制，导致"上工一条线，干活人成堆，收工跑断腿，评工就吵嘴"，严重挫伤了群众的积极性，阻碍了生产的发展。实行"省委六条"之

---

① 吴昭仁：《吴昭仁发言录音整理稿》，未刊文稿。
② 周曰礼：《农村改革理论与实践》，中共党史出版社，1998，第 74～75 页。

后，这种状况才逐步改变。1978 年以来，山南公社在劳动计酬上有三种形式：（1）分组作业，"三定一奖"（即定产、定工、定费用和超产奖励），实行这种办法的有 82 个生产队；（2）小段包工、"一组四定"（即以作业组，定任务、定质量、定时间、定工分），有 90 个生产队实行这种办法；（3）"大呼隆"，有 34 个生产队实行这种办法。山南公社由于受到周围社队推行定产到田、责任到人的影响，这次学习讨论一开始，各队就联系当地实际，对生产责任制进行了热烈的讨论。大家认真回顾了人民公社化以来的经验教训，进一步明确了建立农业生产责任制的重要性。绝大多数干部、群众认为，目前实行的定额管理、小段包工和包产到组的办法，比过去实行的"大呼隆"前进了一大步，群众的积极性比过去高了一些，生产也有所发展。但这种办法还没有从根本上解决个人责任制问题，还不能最大限度地调动每个人的积极性。要解决这个问题，在现阶段最好的办法就是实行联系产量的个人生产责任制，即定产到田、责任到人、超产奖励的办法。也有一部分人主张旱地作物（如花生、棉花、小麦等）包产到户，水田包产到组。还有一部分人认为，只要包产到组就可以了，持这种意见的人也提出小组规模不宜过大，以四五户为宜，农民可以自愿结合。①

周曰礼发言中提到的所谓定产到田、责任到人、超产奖励的"个人生产责任制"，其实质就是包产到户。只不过"包产到户"之名不便直接提出，周曰礼只好换一个说法。周曰礼详细阐述了"定产到田、责任到人"受到的广泛欢迎，"不仅群众拥护，党员、干部也拥护；不仅劳力强的拥护，劳力弱的，甚至连五保户都拥护"。宗店大队 19 个生产队，干部、社员一致要求包产到田、责任到人，他们说："不这样，农业生产就搞不上去。"在抗美援朝中立过战功的复员军人张世林说："我讲句不怕坐班房的话，要想把农业搞上去，就要把产量包到户上。记得土改时，我们家分三亩田，我不在家，请人代耕，每年收 17 石稻子，现在还是几亩田，集体种每年只收 6 石稻。"刘老庄大队社员魏广成说："我今年 60 多岁，搞包产到户，我还可以多活十来年，只要让我们干，什么困难都可以克服。"红

---

① 周曰礼：《农村改革理论与实践》，中共党史出版社，1998，第 75～76 页。

星大队 75 岁的社员汪其高说："如果定产到田、责任到人，我老两口可以种 2 亩水稻、1 亩旱地，光水田全年最少可收 2000 斤粮，除交征购、集体提留外，自己可得 1350 斤，加上去秋借地种的 6 分地可收小麦 150 斤，总共可收 1500 斤，比去年从集体分配的还多 300 斤，而且还不要付款。"湖冲大队的一位"五保户"也要求包产到户，他说："我虽然没有儿子，但女婿、侄儿可以帮我干，我希望包产到户。"刘老庄大队的社员王道银说："过去干活不知道有多难，没有尿的也去撒尿，不该喂奶的也去喂奶。如果要让我们包产到户干，两三年内，要粮有粮，要猪有猪，要啥有啥。"红星大队民兵营营长何道发说："越小越好干，绑在队里队长动脑筋，分到组里组长动脑筋，包到户上人人动脑筋。"山南粮站站长解其芬、供销社主任廖子坤家劳力均不足，但也支持包产到户。他们说："从我们个人家庭来看包产到户，生产有困难，但可以想办法解决。从加快农业发展的角度看，我们积极赞成包产到户。"不少干部群众都说"大呼隆"不增产，包产到组小增产，包产到户才能大增产。1978 年秋种，山南公社认真贯彻省委抗旱秋种指示精神，积极扩大秋种面积，实种大麦、小麦共 23400 亩，比 1977 年多种 12000 亩，其中借地给社员种 5400 亩；种油菜 4500 亩，其中借地给社员种 2829 亩。许多生产队借地给社员种麦子和油菜，收到了明显的效果。馆北大队青龙生产队 1978 年冬种了 100 亩麦子，其中借给社员的 40 亩已锄草 2 遍、追肥 2 次，而分到作业组的 60 亩第一遍草还没有锄完，追肥的仅有 28 亩。据山南供销社反映，现在有 600 吨尿素卖不出去，因为社员都在等包产到户后再买；如果实行包产到户，再有 600 吨也不够卖。①

对尊重生产队自主权问题，周曰礼说，"省委六条"下达后生产队逐步受到尊重，但瞎指挥的现象仍然存在。馆西大队李洼生产队有 15 亩岗地，根本不能种水稻，但上级要求种水稻，结果连续两年颗粒无收。如果拿这些地来种旱粮，可以收 1 万多斤。红星大队向阳生产队 1978 年秋种时，因上级要求种小麦，不让收割水稻，结果麦子是种上了，却损失了 1 万多斤水稻。在征购问题上，也存在强迫命令的情况。红星大队有两个生

---

① 周曰礼：《农村改革理论与实践》，中共党史出版社，1998，第 76～77 页。

产队被征了过头粮，人均口粮不足 300 斤。有的群众说："这个权、那个权，我们只有两个权，一是干活权，二是吃饭权，现在连饭还吃不饱。自主权不是我们不要，而是上面不给，这些年如果让我们当家做主，生产也不会像现在这个样子。"有些干部群众担心这次虽然讲了生产队有几个方面的自主权，但怕落实不了。他们希望今后上级下达计划指标时，只下达总产量和征购任务就行了。生产队如果不执行国家计划，造成了损失，不要国家负责。如果上级部门强压生产队执行不切实际的计划，造成损失，要负责赔偿。①

对公社、大队和生产队的规模问题，周曰礼反映了干部群众希望规模不宜过大的心声。周曰礼说，不少干部群众反映，过去搞撤区并社，造成了一些社队规模过大，既不利于生产，也不方便群众。山南公社 16 个大队，南北相距 40 华里，来回要一天时间，群众希望最好划成两个公社。红星大队原来有 24 个生产队 46 个自然村，原为两个大队，1968 年合并为一个大队，生产队也合并为 18 个。红星大队方圆 20 华里，大队通知事情要跑一天，不方便生产、工作和管理。红星大队和其他一些不团结、生产长期上不去、规模又过大的生产队，要求上级帮助划小。干部群众说，儿子多了还要分家，公社、大队、生产队过大的也要划小。②

可以看出，周曰礼将汇报重点聚焦在农业生产责任制问题上。他说，干部群众虽然思想有所解放，但仍心存顾虑，特别是对"不许包产到户、不许分田单干"意见很大。有的说，早也盼、晚也盼，盼到现在搞了"两个不许干"；如果再像过去那样捆在一起干，连讨饭都没路。宗店大队有人抱怨，上面一边强调生产队自主权，一边又强调"两个不许"。有的说，包产到户仍然坚持生产队统一核算和统一分配，并不改变集体所有制性质，也不等于分田单干，为什么不许干?! 还有一部分群众说："这次是省、县、区、社直接给我们宣讲中央文件，我们要求包产到户，如果这一炮打不响，就没有希望了。这不光是生产搞不上去，我们也不能真正当家做主，心里感到憋气。"周曰礼甚至搬出了万里的意见作为"尚方宝剑"。

---

① 周曰礼：《农村改革理论与实践》，中共党史出版社，1998，第 78 页。
② 周曰礼：《农村改革理论与实践》，中共党史出版社，1998，第 78 页。

他说："大家纷纷要求中央修改'两个文件'时把'两个不许'去掉。万里同志批示：'我看可以。'"①

虽然周曰礼亮出了万里的意见，但仍有常委提出不同意见。有人说，包产到户不能搞，毛主席多次批评"单干风"，"文化大革命"时期很多人因此受到批判，有的人还被拉到全省游斗，我们怎么能搞？有人说："引导农民走合作化的道路是中国共产党人坚定不移的方针。我们都是老共产党员，不能走回头路。"还有的人不直接反对包产到户，也承认这种做法能战胜灾荒、调动农民的积极性、受到群众欢迎，但提出要给中央写份请示报告。② ——这种模棱两可的意见，实际上还是不同意包产到户。开了一上午的会议，没有达成共识。

不过，这一次的省委常委会议注定会作出划时代的决议。不久前，在安徽省委召开的省委工作会议上，全省的县委书记们一致认为狠狠批"左"农业才能迅速发展（见图 2 - 1）。这样的呼吁，既被安徽省委接受，又为变革农业生产关系营造了前所未有的宽松氛围。

图 2 - 1　安徽省委工作会议上县委书记们批"左"

---

① 周曰礼：《农村改革理论与实践》，中共党史出版社，1998，第 77 页。
② 吴昭仁：《党的领导与人民意愿的紧密结合》，未刊文稿。

1979年1月3日至18日，安徽省委召开省委工作会议，传达了十一届三中全会和中央工作会议精神，会议的第二阶段着重讨论了如何把经济建设特别是农业搞上去的问题。① 全省的县委书记们在学习十一届三中全会公报精神时，谈到的一个共同问题是："许多年来，我们党的农村工作和农业生产建设，吃亏就吃在一个'左'字上。这个'左'字严重地打击了基层干部，剥夺了农民。大家认为，要实现党的农村工作着重点的转移，迅速把农业生产搞上去，就必须认真地总结历史经验教训，旗帜鲜明地大批假左真右，狠狠地继续批判这个'左'字。"他们认为："社会主义优越性要具体体现出来。"六安县委书记郑明甫说："生产来个大发展，人民生活要尽快改善，这是摆在我们面前的一项迫切的政治任务。六安县去年全县农村每人平均收入只有六十五元，不少地方每个工只分三四角钱，少数差的甚至只分八分钱。照这样下去，我们如何能得群众的支持和拥护。"凤阳县委书记陈庭元说："我们凤阳搞社会主义三十年啦，农村还有不少人吃不饱穿不暖，这不能不是个严重的政治问题。我们早就应该集中精力搞生产建设了。"

县委书记们指出，安定团结是搞好农村工作着重点转移的前提。青阳县委书记胡社友说："现在真是人心思定，人心思治，人心思上，十一届三中全会公报发表后，下边同志一听说今后不再搞运动就来了劲头。"他还说："二十年来我在基层，名义上主要是搞农业，实际上七八成的时间是在搞政治运动……这样搞下去，谁还会有心思去抓生产。"贵池县委副书记徐成友说："一九五四年至一九五七年我国农村人心安定，蓬勃向上，现在还忘记不了。但是这二十年来……人心斗散了，班子斗瘫了，队伍斗乱了，生产怎么会大上！总结二十年的经验教训，不能再乱了，全党不赞成乱，党员、群众不赞成乱。这两年党中央领导得好，这个搞法好，这个形势好，照着发展下去，我看我国的农业是大有希望的！"滁县县委书记冯骏说："运动一个接着一个，有些运动是必要的，有些是不必要的。……安徽的干部最怕反右倾，一次次反右倾，把一批批的干部反下去了。安徽的

① 《中共安徽省委工作会议胜利闭幕》，《安徽日报》1979年1月19日，第1版。

社员最怕反瞒产，一反瞒产社员就吃不饱饭。干部只要一听到农村要反右倾，就心惊胆战，鸦雀无声。"巢县县委书记李济德说："我从小就干儿童团、小八路。新中国成立后，也一心一意想干好革命。可是二十年来，我们干了许多蠢事，做了许多错事。比如，反对领导瞎指挥，但自己又在那里搞瞎指挥；反对别人浮夸，但自己也搞浮夸；反对不民主，而我们自己对下边也不讲民主。多少年来我们感到县委书记和基层干部实在难当啊！今天对啦，明天又错了，不知怎么干法好。现在老是说我们心有余悸、身有余毒，可是我们为什么有余悸、余毒呢？……今后，再不能像过去那样整基层干部了，一整一大片，搞得'洪洞县里无好人'怎么行呢？"

县委书记们还指出，农村要实现工作着重点的转移，首先要从政策上"转"，把几亿农民的积极性调动起来。发展生产，加速农业现代化，主要是靠亿万社员群众的积极性，农民的积极性起不来，一切都是空话。安徽省1978年遭受百年不遇的大旱，但人心安定，就是因为落实了党的政策，调动了千百万群众的积极性。阜南县委书记陆庭植说："要实现工作着重点的转移，一是要团结；二是落实政策，按经济规律办事。这些年来，在假左真右的影响下，有些地方在政治上把集体化已经二十多年的人民公社社员，当作'时刻产生资本主义的小生产者'来对待，在生产上凭'长官意志办事'，剥夺了生产队的自主权，在经济上就更厉害，把按劳分配、等价交换等，当作资本主义来批判，产生了许许多多对待农民的极左作法：如'堵资本主义的路'、'割资本主义的尾巴'，于是摸鸡笼子、斩鸡头、挖生姜、拔烟苗……竟然成了'革命行动'。这样，弄得社员一点自由也没有，怨声载道。以我县生姜为例，过去每年生产四五千万斤，对社员是一笔不小的收入，市场上每斤只要一角左右。一割'资本主义尾巴'，生姜生产濒于绝种，价格上升到每斤一元钱。粉碎'四人帮'以后，落实党的政策，生姜生产得到了恢复和发展。去年全县生姜已经达到三千多万斤。不少同志说，过去我们不去研究如何去发展生产力，却一个劲在生产关系上大做文章，盲目地追求'大'和'公'，根本不考虑生产力发展水平，随意改变核算单位，搞什么'穷过渡'。在这种'公'字的幌子下，这也不要钱，那也不要钱，大搞'一平二调'，一次又一次地刮共产风，剥夺农民，群众对这种做法很不满意，称它为'带把政策'、'红眼政策'……似乎社会主义就应该永远穷，劳动人民生活就应该永远停留在吃窝窝头喝白菜汤的最低生活水平上。这种政策和思想，怎么能适应四个现代化的要求。"

很多县委书记说，这些年来，天天叫喊"大批资本主义""堵资本主义的路"，实际上连什么是资本主义、什么是社会主义，还没搞清楚，批来批去，批自留地，批社员家庭副业，批集市贸易，甚至把社队企业也当作资本主义给批了。来安县委书记王业美说："农业不批极左就分不清路线是非，党的实事求是作风就得不到发扬，还是说老实话的人吃亏，吹牛皮，说假话的人升官。有的同志说，不批极左，分不清路线是非，也就没法解决心有余悸的问题，就搞不好工作重点的转移，就不可能迅速地把农业生产搞上去。"①

县委书记们批"左"的劲头如此之高，引起了安徽省委的注意。肥西山南包产到户能被安徽省委准许，直接的推进因素是安徽省委书记王光宇用"责任田"的历史，说服安徽省委作出果敢决策。

午餐时，王光宇对他的秘书吴昭仁说，要结合1961年"责任田"的历史谈谈对包产到户的看法。②复会后，王光宇第一个发言。他首先回顾了"责任田"的情况，说在三年困难时期，安徽有不少地方出现了非正常死亡，农民受到了很大的损失。在这种情况下，安徽省委和曾希圣同志被迫搞"责任田"，结果当年就翻身。秋收以后，安徽农民不仅自己吃饱了肚子，还有余粮。与安徽邻近的苏北和鲁西南，许多农民骑着自行车、牵着小毛驴或者挑着担子到安徽来购买粮食。尤其是河南省，这一年冬天，郑州经常有闷子车、铁皮车到淮北来收山芋干子。河南省委曾发电报给安徽省委，感谢安徽的支援，帮助他们渡过了难关。"责任田"确实能够调动农民生产积极性，确实能够战胜困难，农民非常怀念"责任田"。至今农民还说，"责任田"是救命田。现在山南搞包产到户，小麦生长得很好，

---

① 张广友、黄正根：《多年来农村工作就吃亏在一个"左"字上》，《安徽日报》1979年1月17日，第1版。

② 李嘉树对吴昭仁的采访笔记，2017年9月21日。

苗情很旺，丰收有望。在这种情况下，不能制止山南这样做，要让他们搞下去。王光宇还向省委建议，可以在其他经济不发达、生产落后的地方，尤其是边远山区的贫困社队，也搞一点包产到户。但是一定要经过批准，有组织有领导地搞，不能撒手不管，否则会出乱子，出现后遗症。①

王光宇的发言一结束，万里立即表示赞同。万里说：

> 我们这次会开了一个上午，下午又接着开。对山南公社包产到户的问题，同志们谈了许多很好的意见，王光宇同志对当年"责任田"的回顾，对人很有启发。有些同志对包产到户表示担心，不是没有道理的，完全可以理解。各种不同的意见充分发表出来，有助于省委更全面地了解情况，做出正确的决定。
>
> 现在说说我个人的看法。包产到户问题，过去批了十几年，许多干部批怕了，一讲到包产到户，就心有余悸，谈"包"色变。但是，过去批判过的东西，有的可能是批对了，有的也可能本来是正确的东西，却被当作错误的东西来批判。必须在实践中加以检验。我主张应当让山南公社进行包产到户的试验。在小范围内试验一下，利大于弊。暂不宣传、不登报、不推广，秋后总结了再说。如果试验成功，当然最好；如果试验失败了，也没有什么了不起；如果滑到资本主义道路上去，也不可怕，我们有办法把他们拉回来。即使收不到粮食，省委负责调粮食给他们吃。②

万里一锤定音，省委常委会议正式决定山南公社可以实行包产到户。由省委决定在一个公社范围内实行包产到户，自1962年"单干风"遭到批判后，安徽再次走在了全国的前列。这样一来，周曰礼率领的宣讲"两个文件"的工作队，就地转化为安徽省委在山南试点包产到户的工作队。

---

① 吴昭仁：《党的领导与人民意愿的紧密结合》，未刊文稿。
② 《万里文选》，人民出版社，1995，第121～122页。

第二节　政治智慧

1979 年 2 月 6 日，安徽省委常委会议正式决定在肥西县山南公社试点包产到户，安徽率先拉开了中国农村改革的大幕。当天晚上，周曰礼便赶回山南公社。次日，周曰礼向山南社队干部传达了省委的意见。干部群众得知这一消息后，都感到十分振奋。①

1979 年 2 月 9 日，山南公社党委召开扩大会议，14 位党委委员、22 位大队支部书记参加会议，讨论实行生产责任制问题。山南公社党委书记王立恒主持会议，传达了省委关于在山南公社进行包产到户试点工作的意见。这次扩大会议通过了在全公社实行生产责任制的决定。② 这样一来，肥西山南在较短的时间内普遍实行了包产到户。周曰礼及时向万里汇报了情况，万里答复："不要怕，让他们搞，山南区收不到粮食，省委调粮食给山南区。"很快，包产到户就由山南区蔓延到肥西其他地方。可见，包产到户的范围明显超出了省委规定的界限，周曰礼又及时汇报了情况。对这种"越轨"之举，万里仍然坚决支持，并表示："可以让他们搞，肥西县收不到粮食，省委调粮食给肥西县。"③

不只是肥西县，安徽省内其他地区也出现了包产到户现象，一时间颇引人注目。对此，万里确实有些担心。他指示周曰礼起草一份报告，向中央汇报安徽推行农业生产责任制的情况。这份题为《中共安徽省委关于传达贯彻中央两个农业文件的情况报告》的报告，先由周曰礼主持起草，经省委书记赵守一修改，最终由万里于 1979 年 3 月 4 日签发。④ "报告"借汇报传达贯彻"两个文件"情况的契机，提出安徽实行包产到户的问题，反映出安徽省委的政治智慧。报告指出，1979 年 1 月，中共安徽省委召开工作会议，各地按照省委的部署，有步骤地传达贯彻了"两个文件"；春

---

① 周曰礼：《农村改革理论与实践》，中共党史出版社，1998，第 12 页。
② 中共肥西县委党史研究室编《中国农村改革发端》，内部资料，第 196 页。
③ 周曰礼：《农村改革理论与实践》，中共党史出版社，1998，第 12 页。
④ 周曰礼：《农村改革理论与实践》，中共党史出版社，1998，第 12 页。

节后，各县（市）普遍召开了三级干部会议；目前，各社队正在全面进行宣传贯彻，农村社员群众已初步听到了传达。为了宣传好、贯彻好中央的"两个文件"，安徽省委反复强调要突出批"左"、解放思想、联系实际、狠抓落实。具体做法如下：（1）省、地、县各级领导亲自试点，取得经验，指导全面；（2）把各级会议尤其是县一级贯彻中央文件的会议办成各级干部的短期训练班；（3）全面贯彻、重点突出，即重点宣传和讨论《中共中央关于加快农业发展若干问题的决定（草案）》，对这一文件又着重宣传讨论其二十五条政策和措施，在二十五条政策和措施中又着重宣传讨论群众最关心的、对发展当前农业生产至关重要的几个问题。安徽的广大干部和群众对中央发布"两个文件"欢欣鼓舞，并衷心拥护，说中央文件"得民心、合民意，是个爱民的好文件"。有的说："听了文件称心，不搞'穷过渡'安心，不搞'一平二调'放心，农产品加价欢心，生产当家做主干活上心。"一些地主、富农的子女听了传达后激动万分地说："过去我们走路低着头，见人矮一头，开会坐后头，现在一块石头落了地。今后，一定要为农业现代化贡献自己的力量。"从传达情况来看，广大社员群众和农村基层干部最关心、最感兴趣的有：尊重生产队自主权，不许"一平二调"；坚持按劳分配、多劳多得的原则；允许搞自留地、家庭副业和农村集市贸易；增加农业贷款；提高农产品价格；粮食征购政策一定五年不变等。为了扫除思想障碍，把这些政策落到实处，各地在讨论中紧密联系各地区各单位实际，坚持批"左"，认真消除"余悸病""恐右病"。安徽农业多年上不去，吃亏就吃在一个"左"字上。1957年以来，20年间一"左"到底，愈演愈烈。通过学习中央文件，批判了极左，大家思想解放了一大步。原来想搞不敢搞包产到组的放胆搞了，不会搞的积极学着搞了。[1] 接着，报告才在不显眼的地方提到了"包产到户"：

> 目前，我省农业生产责任制的形式，大体有以下几种：死分死记，约占生产队总数20%；定额管理，约占50%；联系产量责任制，

---

[1] 《中共安徽省委关于传达贯彻中央两个农业文件的情况报告》，1979年3月4日。

约占 30%。联系产量责任制又有两种形式：一是分组作业，三包一奖到组；二是有的地方对一些单项作物或旱粮作物实行定产到田，责任到人；水旱作物兼作地区，有的实行水田定产到组，旱杂粮定产到户的办法。到组的占绝大多数，到户、到人的为数极少。①

不直接提出"包产到户"，而称其为"定产到田、责任到人"，且指出其"为数极少"。报告还论述了实行联系产量责任制的优越性。（1）能够比较准确地反映出社员的劳动数量和质量，有利于落实按劳分配、多劳多得的原则，克服劳动计酬上的平均主义。（2）有利于把个人的物质利益和集体生产紧密结合起来，使广大群众更加关心集体生产。有些困难队，原来生产工具不足，划分作业组后，群众想方设法添置耕牛、农具。（3）有利于克服混工、窝工现象，实现出工又出力。过去那种"头遍哨子不买账，二遍哨子伸头望，三遍哨子慢慢晃"的现象不见了，劳动工效成倍提高，一人能顶几个人，一天能干几天的活。1978 年秋种时，凡是实行联系产量责任制的地方，在严重干旱的情况下，群众千方百计克服困难，日夜奋战，秋种速度之快、质量之高、面积之大，都超过历史上任何一年。由于联系产量责任制起到了良好的作用，绝大多数干部和群众积极要求推行。肥西县有位 75 岁的老农，一再对县里下去工作的同志说："你们到上面帮我们讲讲好话，让我们干几年，翻翻身。"有的说："只要让我们这样干，给我们一个喘息的机会，两三年内，要粮有粮、要猪有猪、要鱼有鱼。"② 安徽省委进而提出，农业生产责任制可以有"多种多样的形式"：

关于责任制问题，我们认为，只要不改变所有制性质，不改变核算单位，可以允许有多种多样的形式。三包一奖到组可以普遍搞。已经搞的要加强领导，巩固提高；正在搞的，要抓紧时间，力争春耕大忙前搞完；未搞的，为了不影响春耕，可暂时不搞。少数边远落后、生产长期上不去的地方，已经自发搞了包产到户的岗位责任制的，我

① 《中共安徽省委关于传达贯彻中央两个农业文件的情况报告》，1979 年 3 月 4 日。
② 《中共安徽省委关于传达贯彻中央两个农业文件的情况报告》，1979 年 3 月 4 日。

们也宣布暂时维持不变，以免造成不应有的波动。由于为数不多，允许作为试验，看一年，以便从中总结经验教训。①

虽然报告没有提及肥西山南，但十分清楚的事实是：这是安徽省委向中央提出在山南公社试点一年的请求。因为当时安徽省委决策的试验点只有山南公社一地，安徽省委通过这种方式正式向中央报告了在山南进行的包产到户试验。

安徽省委还报告了各地抓紧落实群众关心的经济政策的情况：落实了粮食征购"一定五年"的政策，调整了棉花、烟叶等经济作物的收购价格；自留地收归集体的，大部分按规定退还给了社员；为了鼓励社员多养猪，划给少量饲料地；为地主、富农摘帽子和为地主、富农子女定出身的工作，进行得又快又好。农村社队在中央文件精神鼓舞下，为了夺取农业丰收，普遍经过民主讨论，制订或修订了生产计划，落实了"一年早知道"政策。凡此种种，对充分调动一切积极因素、推动当前生产，起了巨大作用。在可能持续的旱情面前，安徽省委表明了"千方百计保证完成中央下达的生产计划"的态度：

在贯彻"两个文件"的过程中，全省上下，在总结去年抗旱斗争经验教训的基础上，认真研究了今年农业如何上的问题。从目前的实际情况及气象部门的预报看，今年可能要继续干旱下去，并且底水不如去年。全省大水库存水只有6亿立方米，而去年同期是24.5亿。从这个实际出发，我们提出要有两手准备，一方面集中力量，继续抗旱，同时也要注意防涝。根据抗旱夺粮的指导思想，强调抓好几个关键措施：（1）在水利建设上，以打井引江为中心，并根据不同地区的实际情况，各有侧重。淮北地区主攻打井，沿江、河、湖地区大搞翻水站；一些山区丘陵区狠抓蓄水、提水及配套工程。（2）在肥料上，动员群众大积农家肥料，抓好地方化肥生产，争取今年每亩化肥施用

---

① 《中共安徽省委关于传达贯彻中央两个农业文件的情况报告》，1979年3月4日。

量达到 60 市斤，比去年有所增加。小麦计划每亩追肥 30 斤。经济作物的用肥，保证兑现。（3）在作物安排上，水源不足的地方，下决心改种旱粮。旱情再严重也不要荒一亩地。目前，各地根据省委的部署，正在全力落实。我们决心不管遇到什么情况，都要千方百计保证完成中央下达的生产计划，力争今年有个更好的收成。①

在报告的最后，安徽省委表示将继续清除部分干部的思想障碍。因为有些地方干部思想上"左"的倾向还比较突出，一部分同志"心有余悸"的问题还没有真正解决，还要大力做工作，坚决批"左"，消除其遗害。安徽省委认为，这是当前干部、群众思想工作中的主要矛盾。同时，也要注意另一种倾向，如在民主与集中、民主与法制、自由与纪律方面，既有"左"的反映，也有右的表现。有的地方强调生产队自主权，又担心国家计划没有保证，因而对生产队乱加干涉、压制民主的情况还时有发生；有的人对中央提出的一系列政策规定，半信半疑，说什么"过去政策多变，粮食少了讲政策，粮食多了又不要政策了"。安徽省委指出，这些问题不解决好，党的政策就不可能全面落实。安徽省委已经决定：县以上各级党校，要以"两个文件"为教材，大规模地、分期分批地轮训农村基层干部，从总结历史经验教训入手，帮助他们分清正确与错误的界限，肃清"左"倾流毒，克服恐右病，扫清落实政策的思想障碍。②

此后，安徽省委又于 1979 年 3 月 12 日发出"代电"，主要内容有 8 条，涉及农业生产责任制的是第 6 条，其规定："生产队已经决定实行包工到组，联系产量计酬的，必须在春耕前抓紧落实，认真搞好；还没有实行的，现在就不要再搞了，以免影响春耕生产。实行包产到组的，必须坚持不改变生产队所有制，坚持生产队的统一核算和统一分配。有的地方出现了生产队划分过小的现象，这是不利于集体经济发展的，要引起注意，未划的坚决不要再划。"③ 我们可以分析这个"代电"的内容：如果生产队

---

① 《中共安徽省委关于传达贯彻中央两个农业文件的情况报告》，1979 年 3 月 4 日。
② 《中共安徽省委关于传达贯彻中央两个农业文件的情况报告》，1979 年 3 月 4 日。
③ 《中共安徽省委、安徽省革委会代电》，1979 年 3 月 12 日。

无限划小，就有可能滑到包产到组、包产到户，而安徽省委只是要求"引起注意"，并非搞"一刀切"。这个"代电"，也反映出安徽省委在曲折迂回中实行农村改革。

在小范围的讲话中，万里则坚决支持肥西县的包产到户。1979 年 2 月16 日，万里在有六安、滁县、巢湖地委书记参加的江淮地区座谈会上要求下定"水路不通，走旱路"的决心："春打六九头，老牛遍地走。把你们几位第一书记找来，就是首先研究不许荒一亩地。你们三个地区旱得很，我很着急。无论如何要把地种上，种不上，什么都没有了。水路不通，走旱路，要千方百计克服不利条件，发挥有利条件。走旱路，不要停在口头上，要落实。现在是关键时刻，送水、挑水也得点种上，没有这股劲是不行的。"万里更是直言不讳地为肥西包产到户担担子："肥西有的公社包产到户了，他们会千方百计把地种上。我说你们干吧，搞富了再说。搞包产到户，如果要检讨，我检讨。只要老百姓有饭吃，能增产，就是最大的政治。老百姓没有饭吃，就是最坏的政治。现在我们变革生产关系，就是要解除对生产力的束缚，调动社员的积极性。最近省委常委开了两天会，主要是批农村工作中的极左。政策上主要矛盾是'左'、恐右病。包产到户有什么坏处？不要怕。有的山区，不包产到户没有办法。几种形式都可以，可以来一点百花齐放。地区、县里可以放手一点。大的政策已经有了，要解放思想，百花齐放，千方百计把生产搞上去。农业全面发展，群众生活能改善，就是好办法，哪有那么多的资本主义！你们三个地区要把粮食生产搞上去。猪、禽、蛋、牛、羊、马放手发展，山区宜林的造林，宜茶的种茶，能搞什么就搞什么。你们把定（远）、凤（阳）、嘉（山）专门研究一下，怎样发展畜牧业，那里发展畜牧业条件很好，将来一户能收一万元多好。四旁地①政策要落实。从整个社会着眼，社会财富多了，国家就富了。有共产党领导，坚持正确方针路线，怎么能出资本主义！"②安徽省委的坚定支持，是肥西农村改革持续推进的组织保证。

---

① 指村旁、宅旁、路旁、水旁的土地。
② 全国人大常委会办公厅万里论著编辑组编《万里论农村改革与发展》，中国民主法制出版社，1996，第 48～49 页。

第三章

风云突变

安徽农村改革起步之初，面临诸多艰难险阻。农村改革筚路蓝缕、披荆斩棘，确实是一场攻坚克难的苦战。

第一节　寒流侵袭

当安徽各地推行各种形式的农业生产责任制时，一股寒流却向安徽袭来。特别突出的就是声势浩大的"张浩事件"。

本来，安徽的农业生产责任制只是在小范围内引发了争议。1979年3月12日至24日，刚刚成立的国家农委，在北京召开有广东、湖南、四川、江苏、安徽、河北、吉林七个省农村工作部门负责人和安徽全椒、广东博罗、四川广汉三个县县委负责人参加的农村工作座谈会（以下简称"七省三县农口干部座谈会"）。"七省三县农口干部座谈会"有两个核心议题：一是实行"包工包产到组"应当坚持什么原则，二是如何看待包产到户。当时，包产到组已经"半合法"，包产到户则不同，仍属"不许"之列。[1]围绕包产到户问题，支持者和反对者展开了激烈的争论。反对者认为，包产到户即便承认集体对生产资料的所有权、承认集体统一核算和分配，但在统一经营上与分田单干没有多大差别。出席会议的安徽代表周曰礼则不同意这种论调，他认为包产到户只要坚持生产资料公有制和按劳分配，就

---

① 杜润生编《中国农村改革决策纪事》，中央文献出版社，1998，第84~85页。

与分田单干有着本质的区别。① 像周曰礼这样笃定的支持者，显然属于少数派。国家农委起草的会议纪要草稿中关于责任制的部分，主要照顾的是多数人的意见。对会议纪要的草稿，周曰礼持不同意见。②

对包产到户的争论由内向外蔓延开来，酿成了著名的"张浩事件"。1979 年 3 月 15 日，《人民日报》在头版头条刊发了张浩批评包产到组的文章（见图 3 - 1），引发了强烈的震荡。甘肃省档案局工作人员张浩，批评包产到组破坏"三级所有，队为基础"的人民公社体制，原文如下：

> 最近，我到河南出差，在洛阳地区看到、听到一些有关"包产到组"的情况，介绍如下：
>
> 据有关大队、生产队干部和社员群众说，洛阳地区的不少县社，已经、正在或将要搞"包产到组"（也看到一个队正在酝酿分组）。即采取自找对象、自由结合的办法，把生产队分成若干个组，每组四十至四十五人，按每户六七人计，约六至八户为一组。然后将生产资料，即土地、农具、大牲畜分到各组，包种、包产。有的社队还把生产队的库存粮食也按组分光了。他们说，这是第一步，下一步还要分田到户，包产到户。听说有个地方还召开了推行"包产到组"的现场会，会后县社催得很紧，责令快分，说这是调动社员积极性的一项重要措施。我到的一个大队和十几个生产队，除个别队顶着不愿分外，其余都已经分开了。
>
> 干部和群众对此做法持怀疑态度，他们称这种组为"互助组"。他们知道我是在甘肃"省上"工作的，推想可能我会清楚，非常关切地向我打听："分田到组、包产到组"是不是党中央的"新精神"？"上头"有没有通知？你们甘肃省这样搞了没有？河南省是不是各处都这样搞了？等等。
>
> 我没有看到和听到党中央有此精神或文件，就照实说了，并说甘肃省没有这样搞。他们听了很满意。有的还说："我就想中央不会发

① 周曰礼：《农村改革理论与实践》，中共党史出版社，1998，第 22 页。
② 周曰礼：《农村改革理论与实践》，中共党史出版社，1998，第 22 页。

这样的文件，肯定是咱们这里的土办法。"

我看农村干部、群众很关心这事，有意想听听他们的看法。我问了两个大队干部（一个支部副书记、一个支委），两个生产队干部（一个队长、一个保管员）和不同出身的社员。两个大队干部说："现阶段人民公社的'三级所有，队为基础'制度已经二十来年了，实践证明是符合农村实际情况的，群众也都惯了。分田到组、包产到组肯定会削弱和动摇队为基础。"他们表示很不理解"上头"为什么要让这样干。他们还说："公社化刚搞起来时，吃大锅饭、一平二调，步子快了，那是错了。后来实行生产队为基本核算单位，实际上是人民公社的形式、高级社的内容。再退到组，就又错了。"

两位生产队干部担心分田到组、包产到组以后，生产队将无法实行有效管理，生产计划、劳动调配不好做，现金、实物也不好分配，还可能带来混乱。他们说："这个组产量是五百，那个组是四百，这个组工值是一元，那个组是五角，拉平分配肯定通不过，各分各的岂不是以组为核算单位了吗？用这个办法来调动积极性，我们看不中啊！"贫下中农社员直截了当地说："这样分田到组，怎么能搞农业机械化、现代化？"一位六十来岁的富裕中农说："这样搞也许能行，就是拖拉机可使不上了。""拖拉机也包给个人。一台'四〇'拖拉机，一年向队里上交五千块钱。包给个人跑去了，还能使上吗？"

我认为：如果从便利管理，加强责任心着眼，划分作业组是可以的，在很多地方证明是行之有效的。但作业组只是一种劳动组织形式，像上述分田到组、包产到组的组，已不是作业组，而有点像一级核算单位了。现在实行的"三级所有，队为基础"，符合当前农村的实际情况，应充分稳定，不能随便变更。在条件不成熟时，轻易地搞大队核算，是脱离群众，不得人心的，会挫伤干部、群众的积极性，给生产造成危害。另一方面，轻易地从"队为基础"退回去，搞分田到组、包产到组，也是脱离群众、不得人心的。同样会搞乱"三级所有，队为基础"的体制，搞乱干部、群众的思想，挫伤积极性，给生产造成危害，对搞农业机械化也是不利的。那些干部、群众的怀疑和担心是有道理的，顶着不分是对的，应该重视并解决这个问题。①

图 3 - 1   《人民日报》刊发张浩文章

《人民日报》之所以刊发此文，是因为国家农委的强力推动。国家农委主要领导不仅派人送来"张浩来信"，还拟好了"编者按"，要求《人民日报》予以刊发。"编者按"完全肯定了张浩的观点，强烈批评了包产到组：

> 我们向读者特别是农村干部、社员推荐张浩同志这封来信，希望大家认真读一读，想一想，议一议。当前，我国从南到北陆续进入春耕春播大忙季节。我们要在稳定"三级所有，队为基础"制度的前提下，认真执行各尽所能，按劳分配原则，搞好劳动计酬工作，把社员群众的积极性充分调动起来，适时地、高质量地完成春耕生产的各项任务。

---

① 《"三级所有，队为基础"应该稳定》，《人民日报》1979 年 3 月 15 日，第 1 版。

为贯彻按劳分配原则，搞好劳动计酬工作，可以按定额记工分，可以按时记工分加评议，也可以在生产队统一核算、统一分配和统一使用劳动力的前提下，包工到作业组，联系产量计算报酬，实行超产奖励。这里讲的包工到组，主要是指田间管理，这是坚持"三级所有，队为基础"的一种劳动计酬方法，可以使干部、社员从物质利益上关心生产成果，有利于克服平均主义。但是，这同"分田到组"、"包产到组"完全是两回事。人民公社现在要继续稳定地实行"三级所有，队为基础"的制度，不能在条件不具备的情况下，匆匆忙忙地搞基本核算单位的过渡；更不能从"队为基础"退回去，搞"分田到组"、"包产到组"。我们认为，张浩同志的意见是正确的。

已经出现"分田到组"、"包产到组"的地方，应当认真学习三中全会原则通过的《中共中央关于加快农业发展若干问题的决定（草案）》，正确贯彻执行党的政策，坚决纠正错误做法。吉林省南崴子公社的经验说明，只要群众真正了解了中央精神，都不会同意以作业组为核算单位的做法。至于在劳动计酬上采取哪种方法，还是要从实际出发，听取群众的意见，尊重生产队的自主权。①

《人民日报》不仅照发了"张浩来信"和"编者按"，还在这篇文章旁边刊发了《纠正作业组为核算单位的错误作法》，介绍吉林省怀德县南崴子公社党委"及时纠正了以作业组为核算单位的错误作法"。② 作为党中央机关报，《人民日报》的文章本来就十分引人关注。经过中央人民广播电台的广播，"张浩事件"在全国范围内产生了极为消极的影响，率先实施农村改革的安徽更是首当其冲。

第二节　稳定形势

如前所述，包产到组本已取得"半合法"的地位。因为十一届三中全

---

① 《"三级所有，队为基础"应该稳定》，《人民日报》1979 年 3 月 15 日，第 1 版。
② 《纠正作业组为核算单位的错误作法》，《人民日报》1979 年 3 月 15 日，第 1 版。

会原则通过的"两个文件"明确规定，可以按定额记工分，可以按时记工分加评议，也可以在生产队统一核算和分配的前提下，包工到作业组，联系产量计算劳动报酬，实行超产奖励。但是，"张浩事件"让"半合法"的包产到组变得岌岌可危。包产到组尚且如此，包产到户的命运可想而知。

根据事后的调查，张浩反映的问题纯粹是子虚乌有。《人民日报》的《情况汇编》刊载了张浩家乡洛阳地区伊川县委的调查结果：张浩是该县鸦岭公社黑羊大队人，在甘肃工作，1979 年春节前回老家探亲期间遇到队上搞作业组、建立责任制。他只与生产队长闲谈了责任制的一些情况，便投书《人民日报》，指出"洛阳地区的不少县社"有问题。1979 年 3 月 15 日，《人民日报》未核实情况便刊发了张浩的信。3 月 17 日，伊川县委派人调查了三个公社，了解到的情况如下。（1）老实农民强劳力户，原来很希望搞好责任制，真正按劳分配，一听广播，认为党的政策又变了，往地里送粪的不送了。他们说，党的政策一天一个样，出死力也没好报酬，将来再受批判，不划算。（2）一些怕劳动的农民高兴了。这种人讲，《人民日报》批评了，责任制搞错了。这种人劳动怕出力，一贯主张"大轰大嗡，分配一拉平"。另有少数人乘机造谣，说什么洛阳地委犯错误了，搞责任制就是"倒退"，《人民日报》点名批评洛阳地委了。（3）县、社、队三级干部思想混乱，普遍认为事情不好办。他们说，中央文件叫搞责任制，说三种办法都可以，可中央的报纸又批评，文件、报纸不一致，不知道怎样办好。有鉴于此，洛阳地委于 3 月 18 日至 20 日召开县委、市委第一书记会议。会议期间，洛阳地委常委、革委会副主任胡兆群对张浩事件十分愤慨，作了一首打油诗："《人民日报》太荒唐，张浩不写好文章。一瓢冷水泼洛阳，混淆政策理不当。"这首诗很能反映县委、市委书记普遍的思想，洛阳地委还以正式文件形式发布了会议纪要，主要内容如下。（1）洛阳地区原来搞的"五定一奖"责任制是符合中央"两个文件"精神的，张浩信中所反映的问题是个别现象。（2）《人民日报》发表张浩来信和编者按语，概念不清，但所指出的不要借划分作业组搞分队的意见是正确的，各县、社要认真检查、纠正。（3）凡是搞了"五定一奖"联系产量责任制的，不管哪种形式，只要符合政策，不改变"三级所有，队为基础"的体制，都可坚持下去。到底哪种形式好，年终总结经验。(4) 继续深入贯彻中央"两个文件"，调动群众积极性，掀起春耕生产高潮。随后，各县、市也召开了三级干部会议，传达会议纪要，并做了大量的工作，才稳定了大家的思想、扭转了混乱的局面。①

这是"张浩事件"对张浩家乡的冲击。在安徽，"张浩事件"同样引发了极大的思想波动。安徽省委刚刚决定在肥西试点包产到户，省内其他地方也开始积极探索各种形式的农业生产责任制。听到广播播报"张浩来信"后，正在定远县检查工作的安徽省委书记王光宇立即回到招待所，致电万里商量对策，二人商议：由省委办公厅发出通知，强调现在是大忙时节，各种类型的生产责任制，不论是包产到组的还是个别已经责任到户的，不论是联系产量的还是不联系产量的，都不要改变，不要动摇，不要受《人民日报》的干扰。②

1979 年 3 月 16 日，《安徽日报》在头版刊发了两封读者来信并配发了"编者按"，指出："（这两封读者来信）反映了一些地方在划分作业组时，出现了随意分队或变相分队的情况，这个问题很值得引起注意。今年以来，不少地方的生产队都建立了联系产量的生产责任制，即包工到作业组，联系产量计算劳动报酬，实行超产奖励。实践证明，这是一种比较好的计酬形式，能够更好地体现按劳分配的政策，充分调动社员的社会主义积极性。但是，也有一些地方在划分作业组的时候，随意分队，出现了争土地、争劳力、争耕畜、争农具等现象，有的地方实际上是'明组暗队'。这样，势必影响生产队基本核算单位的稳定，削弱集体经济，给农业生产带来不良的后果。中央有关农业的文件规定：'计酬的形式，可以按定额记分，可以按时记分加评议，也可以在生产队统一核算和分配的前提下，包工到作业组，联系产量计算报酬，实行超产奖励。'各地应当根据不同情况，经过社员群众讨论，决定采取什么办法，不要'一刀切'。实行包

---

① 《"包工到组"联系产量的办法到底怎么样？》，安徽省档案馆藏档案，档案号：3 - 8 - 452。

② 吴昭仁：《党的领导与人民意愿的紧密结合》，未刊文稿。

工到组、联系产量计酬的地方，一定要坚持生产队统一核算、统一分配和统一使用劳动力，纠正和防止以作业组为核算单位的错误倾向，更不应该包产到户、分田单干。各级党组织要加强对这项工作的领导，组织干部群众认真学习、正确领会党中央关于农业问题的两个文件的精神，统一思想、统一行动。当前，春耕生产大忙季节已经到来，凡是没有实行联系产量责任制的地方，暂时就不宜再搞了，可以维持原来的计酬形式；有些地方出现了一些问题，也需要结合春耕生产，采取妥善的办法解决，以免造成不应有的波动，影响春耕生产。"① 仔细分析这则"编者按"，表面上是对随意分队或变相分队的批评，实际上是对"张浩事件"的软着陆。不同于《人民日报》对包产到组的指责，《安徽日报》是维护包产到组的——因为这符合中共中央"两个文件"的规定，有理有据。《安徽日报》只是批评了被"两个文件"所否定的包产到户、分田单干，但同时也指出"有些地方出现了一些问题，也需要结合春耕生产，采取妥善的办法解决，以免造成不应有的波动，影响春耕生产"。所以，《安徽日报》的"编者按"实际上与《人民日报》的口径并不一致。安徽省委以《安徽日报》为舆论平台，缓解"张浩事件"的冲击，稳定农村形势。

与此同时，万里、王光宇还分头行动，王光宇在滁县地区北边、万里在滁县地区南边，共同稳定安徽省内的农业生产责任制。凤阳县委书记陈庭元和凤阳县委副书记、革委会主任吉诏宏，接到通知后紧急赶往定远、凤阳交界的黄泥公社，听取王光宇传达万里的指示。1979 年 2 月 20 日，得到安徽省委许可后，凤阳县委决定实施"大包干"（包干到组）。此时的凤阳县处于农村改革启动的关键时期。② "张浩事件"矛头对准包产到组，给凤阳县委领导造成很大的压力。王光宇交代陈庭元和吉诏宏，不要理睬《人民日报》的文章，大胆坚持，只要群众拥护，能多打粮食，自己吃饱肚子，又能对国家有贡献就可以了。陈庭元、吉诏宏听完十分高兴，一致表态要坚定信心，争取实现大丰收。吉诏宏顺势说，农民更希望包产到

---

① 《值得注意的一个问题》，《安徽日报》1979 年 3 月 16 日，第 1 版。
② 李嘉树：《凤阳"大包干"：从地方政策到改革典型》，《中共党史研究》2020 年第 3 期。

户。陈庭元则立即打断他："只能（搞包干）到组，谁搞到户开除谁党籍。"① 陈庭元出身于苏北的农民家庭，对农村情况十分熟悉。1959年，时任滁县县委书记处书记、县长的陈庭元，为维护农民利益受到批判，被打成"右倾机会主义分子"，受到留党察看一年和行政降级的处分。② "文革"结束后，陈庭元才主政一方，出任凤阳县委书记。此时的陈庭元显然心有余悸，在省委书记面前作这番政治表态是可以理解的。

1979年3月16日，万里来到全椒县古河区，看到干部、群众正愁眉苦脸等待他作决断。万里没有想到《人民日报》的一篇文章竟能产生如此大的震动，他说："那是一篇读者来信，讲的是他个人的看法，报纸嘛，可以发表各种不同看法，他反映的那些是支流，不是主流，我们不要受它影响，该怎么干还怎么干。……是或非，只能从是否符合人民的根本利益来衡量，靠实践来检验，决不能靠报纸的一篇编者按来裁决。《人民日报》说是'错误做法'，我看是好办法。能叫农业增产就是好办法，能叫国家、集体和个人都增加收入就是好办法，反之就是错误做法。在改革中，谁吹这个风那个风，我们都不能动摇。那不是同'文化大革命'中的'北京来电'一样了吗？一听说'北京来电'就不得了了。这怎么行呢？我们要重视和尊重农民的选择。……管他《人民日报》怎么说的呢，生产上不去，农民饿肚子，是找你们县委，还是找《人民日报》？《人民日报》能管你吃饭吗？"③

1979年3月17日至19日，万里继续在来安、天长、嘉山、定远等地稳定干部、群众的思想。万里肯定了滁县地委及时发布通知稳定各种形式责任制的做法，并再次表明自己对肥西包产到户的支持：

> 只要今年大丰收，增了产，社会财富多了，群众生活改善了，你们的办法，明年可以干，后年还可以干，可以一直干下去。已是春耕

① 吴昭仁：《党的领导与人民意愿的紧密结合》，未刊文稿。
② 中共滁县地委：《关于陈庭元同志问题的复议结论》（1980年2月29日），凤阳县档案馆藏档案，档案号：J1－C－1980－14。
③ 张广友：《改革风云中的万里》，人民出版社，1995，第210~211页。

大忙了，不论什么办法，赶快定下来。干一年，如果增产就是好办法，不增产，减产了，办法不好就改。去年肥西实际上有的公社包产到户了，我说不动，干一年再说。实践是检验真理的唯一标准嘛！①

万里指出，不要怕被扣上什么"资本主义"的帽子，能让农业增产的办法就是好办法，能实现农民、集体、国家都增收的办法就是好办法。农业生产的经营管理方法，也应当因地制宜。即便将来实现了农业机械化，也要分组，也要责任到人。他说："农民为什么要求包产到组，要求包产到户，因为能增产，能增加收入，这是对'左'的政策的抵制。我们看的那个生产队，产量高的是一九五五年，现在要倒退二十年！农民为什么怀念那一段，就因为以后越来越'左'，'左'得连农民种几棵葱也是资本主义！这要作为一个题目，好好调查一下，总结历史的经验教训。二十年来，农村生产力的发展到底怎样？根本条件改变了没有？基本上没有。那就要根据当前的生产力情况，总结过去的经验教训，找出不发展或发展缓慢的原因，再找出今后发展的办法。农民现在要求实行包产到组、包产到户，就是要摆脱'左'的束缚。不能坐在房子里争论来争论去，要尊重实际，到群众中去解决。"②

对政策的稳定性、延续性和调动群众的积极性，万里也作了阐述："政策可不要变来变去。农民就怕政策多变，看准了就定下来，就干。这次我走了六个县，从群众看，对包产到组、包产到户的办法都是拥护的。即使换了县委书记，群众还要坚持干，不管换了谁，群众都是要干的。要老老实实把生产搞上去，改善农民生活，照顾好国家、集体、个人三者关系。粮食不够，宁可进口，先保证农民必需的粮食。只要把群众发动起来，大家都是小老虎，农业能上去。旧社会山东一户富农，雇一个长工，三十亩地，种得很好。富农是有骡子、马，我们现在有拖拉机、柴油机，有水库。我就不相信我们还搞不过旧社会的富农！群众积极性起来了，认真干起活来，劳动力会多余。多余的劳动力怎么办？去

① 《万里文选》，人民出版社，1995，第 123 页。
② 《万里文选》，人民出版社，1995，第 124 页。

造林，去搞畜牧业，还搞些什么，多想想出路，对县里的情况调查一下，给农民想想办法。对农民的家庭副业，也要调查，占农民收入的比例有多大，有的对半，有的倒四六。把家庭副业搞掉了，农民会受很大损失。不要怕农民冒尖，要采取与'四人帮'不同的政策。要想办法使农民增加收入。"①

在走访皖东六县时，万里还对"农业学大寨"直言不讳地提出了批评："学大寨，不能不加分析，什么都学。每个地区、每个单位，每一个人都有自己的特点，要从自己的实际出发。过去把典型搞成那个样子，只要领导人蹲点的地方，就给吃'偏饭'，就成了'典型'，再强迫人家学、强迫人家干，怎么行呢？"②

1979 年 3 月 20 日，安徽省委正式发出通知，正面回应"张浩事件"，以稳定省内农业生产责任制。通知指出："《人民日报》三月十五日发表了甘肃省一个同志的来信，并加了编者按，批评了包产到组的做法，引起了各地强烈的反映，许多同志议论纷纷，向省委请示。在此以前，一月十四日该报曾发表并推荐过云南元谋县生产队会计李国有给县委书记写信提出包产到组的建议。据了解，《人民日报》发表的这些意见都不是中央领导机关的正式意见。现在国家农委正在开会研究。我们还是坚决从实际情况出发，坚持稳定为好。实行包产到组、联系产量责任制的生产队，具体到各县多少不一。现在省委重申三月十二日代电精神：鉴于目前春耕已经开始，为了不影响生产，各地不管采取什么生产组织和计酬形式，现在一律要稳定下来，不要变动，先搞一年，秋后认真总结经验，逐步完善。省委要求农村各级党组织都要切实加强领导，帮助生产队做好工作。对已划分作业组，实行联系产量责任制的生产队，要注意解决实行中出现的矛盾和偏差，坚持生产队统一领导，统一核算和分配，不能改变生产队的所有制，不能使集体财产遭受损失。要注意继续办好社队茶林场、集体养猪场、农科队以及其他社队企业。没有划作业组和没有实行联系产量责任制的生产队，要加强定额管理和评工记分工作，注意克服劳动计酬上的平均

---

① 《万里文选》，人民出版社，1995，第 125 页。
② 《万里文选》，人民出版社，1995，第 126 页。

主义，提高社员的集体生产积极性。总之，都要为搞好当前生产，夺取今年农业丰收而努力奋斗。"①

安徽省委的上述工作，对"张浩事件"作出了有力的回击。

第三节　云遮雾绕

除万里、王光宇外，安徽省委其他领导也通过多种渠道化解"张浩事件"的负面影响。安徽省委书记赵守一与《人民日报》总编辑在延安时期共事过，二人私交甚好。赵守一致电《人民日报》总编辑，询问了"张浩来信"的来龙去脉，径直表明安徽省委对"张浩来信"的批评意见。赵守一还建议《人民日报》组稿反驳"张浩来信"，把坏事变为好事。

1979年3月30日，《人民日报》通过在头版刊发安徽省农办辛生、卢家丰文章的方式，部分地挽回了不良影响。辛生、卢家丰的文章题为《正确看待联系产量的责任制》，矛头直指"张浩事件"，批评其给安徽"造成了混乱"，"已经搞了以组作业、联系产量责任制的干部和群众，担心又要挨批判了。原来害怕党的政策有变化的人，现在疑虑更大了。有的人看到报纸好像找到了新论据，把联系产量责任制说得一无是处"。辛生、卢家丰的文章，不仅肯定了包产到组，还指出"定产到田、责任到人"在安徽是"允许的"：

> 党中央关于农业问题的两个文件和群众见面以后，受到热烈的拥护。为了把农业生产搞上去，他们特别关心农业生产责任制问题，有的实行或进一步完善了定额管理、小段包工的办法，有的实行按时记工加评议的办法，还有许多地方在坚持生产队统一核算、统一分配的前提下，实行了包工到组，联系产量的责任制。
>
> 实行这种办法也有多种形式。有的是分组作业，定产到组，以产计工，超产奖励；有的是将某种作物（例如棉花、高粱、玉米、花生

---

① 中共滁县地委：《关于传达安徽省委对〈人民日报〉相关报道意见的通知》（1979年3月20日），凤阳县档案馆藏档案，档案号：J1-C-1979-7。该档案的标题系笔者所拟。

等）定产到田，责任到人，超产奖励；也有的是上述两种办法兼而用之。生产队实行分组作业后，有的将耕牛、农具由队统一管理使用，也有的包给作业组管理使用。对于超产部分，有的提成奖励，也有的全奖全赔。对于这些不同的做法，按党的政策我们这里都是允许的。

从安徽各地实践情况来看，实行包工到组、联系产量评定奖惩的责任制，效果很好：一是可以防止定额管理中出现的只讲数量，不讲质量，只顾千分，不顾千斤的倾向，有利于提高劳动效率，提高农活质量；二是职责明确，便于检查、验收、考核劳动成果，实行合理奖惩，做到多劳多得；三是能够使社员把个人利益和集体生产紧密结合，从而更加关心集体生产，充分发挥劳动积极性。[①]

肯定"定产到田、责任到人"，其实是在为安徽推行包产到户的重大改革鸣锣开道。这篇文章还直接阐明了只要加强领导，就不会出现"分田单干"的现象：

实行包工到组、联系产量的责任制，会不会划分生产队形成一级核算单位呢？会不会滑到分田单干呢？关键在领导。只要我们严格按照党的政策办事，坚持几个统一，一般是不会的。因为：第一、土地、耕畜、农具、机械等生产资料仍归生产队所有。有些地方虽然把耕牛农具固定到作业组，但作业组只有使用权，并没有所有权，不能说这是改变了所有制。而且，生产资料定到作业组使用也不是一成不变的，生产队可以根据作物布局、生产条件、生产资料的变化，以及耕作制度的改革，随时进行调整。第二、由于种植计划归生产队统一安排，产品和现金统一分配，作业组仅仅是劳动管理的一种形式，无权决定生产计划和收益分配。超产奖励部分数量很少，不会构成一级核算，也不会改变"三级所有、队为基础"的体制。只要加强领导，出现一些问题也不难解决。全椒县有百分之九十一的生产队搞了包工

---

① 辛生、卢家丰：《正确看待联系产量的责任制》，《人民日报》1979 年 3 月 30 日，第 1 版。

到组、联系产量责任制，并没有出现大的偏差。①

辛生、卢家丰的文章还批评《人民日报》刊发的"张浩来信"和"编者按"错误地批判包产到组。文章指出，"包产到组"符合"两个文件"中允许"包工到作业组，联系产量计算报酬，实行超产奖励"的规定：

> 我们认为，"包产到组"和"包工到组，联系产量计算报酬，实行超产奖励"并不完全是"两回事"。因为作业组要联系产量计算报酬，就必然要分给一定的田块，确定一定的产量。联系产量就是定产，而定产必须按田块定，也可以叫包产，只是说法不同。不这样，怎么联系产量呢？如果只划分作业组，只包工分，不划分田块，不定产量，联系产量计算报酬又从何做起呢？我们认为，《人民日报》在"编者按"中那样解释，增加了下边的混乱。
>
> 事实上，"包产到组"和"包工到组，联系产量计算报酬，实行超产奖励"并没有什么本质不同，它既不改变所有制性质，也不改变生产队基本核算单位，又不违背党的政策原则，为什么现在却把它当作"错误作法"，要"坚决纠正"呢？为什么一提起"包"字就担心害怕呢？在"四人帮"横行时，"包"字被视若洪水猛兽，不仅不准包产到组，就连小段包工也被批判。"四人帮"虽然被粉碎两年多了，但余毒未除，至今还禁锢着一些人的思想。有的明明是包产到组，却偏说是定产到组，好像"包"就是资本主义，一"包"就改变所有制性质，集体经济马上就要瓦解了，这种看法实在是站不住脚的。
>
> 目前，推行包工到组、联系产量的责任制，大多属于试验性的，群众结合自己的情况，提出各种各样的办法，这些办法能不能促进生产，需要经过实践的检验。应该相信大多数群众是有鉴别力的，只能划个大杠杠，不能硬要群众只能采用这种办法，而不能采用另一种办法。②

---

① 辛生、卢家丰：《正确看待联系产量的责任制》，《人民日报》1979 年 3 月 30 日，第 1 版。
② 辛生、卢家丰：《正确看待联系产量的责任制》，《人民日报》1979 年 3 月 30 日，第 1 版。

文章最后强调，在春耕大忙时节各种形式的农业生产责任制都要稳定下来，避免影响农业生产：

> 春耕大忙季节已到，我们认为，凡是已经实行了包工到组、联系产量责任制的，应当先稳定下来，以后总结经验。不管哪种办法，不要变来变去，引起不必要的波动。①

1979年3月30日，《人民日报》在刊发《正确看待联系产量的责任制》的同时，还刊发了河南省兰考县张君墓公社党委书记鲁献启的来信。后者认为"张浩来信"对贯彻执行党的政策有正面作用。②《人民日报》为这两篇文章再次配发"编者按"。新的"编者按"首先对"张浩事件"作了自我批评：

> 本报三月十五日发表张浩同志的《"三级所有，队为基础"应该稳定》的来信，并加了编者按语，目的是对一些地方出现的分队现象和影响春耕生产的不正确作法加以制止。其中有些提法不够准确，今后应当注意改正。有不同意见可以继续讨论。

"编者按"仍坚持认为，不能将"两个文件"的相关内容直接理解为"包产到组"：

> 贯彻按劳分配原则，搞好责任制和劳动计酬工作，是件很复杂的事情。党的政策规定：可以按定额记工分，可以按时记工分加评议，也可以在生产队统一核算和分配的前提下，包工到作业组，联系产量计算劳动报酬，实行超产奖励。有的地方把后一种做法简称为"包产到组"或"定产到组"。实际上，包工到组、联系产量计算劳动报酬，并不一定要包产或定产到组。有的只把田间管理包工到组，收获前田

---

① 辛生、卢家丰：《正确看待联系产量的责任制》，《人民日报》1979年3月30日，第1版。
② 鲁献启：《生产队这个基础不能动摇》，《人民日报》1979年3月30日，第1版。

头估产评比，决定奖惩。而包产或定产到组，当然也是联系产量计酬的一种形式。各地管理水平、领导经验、群众觉悟各不相同，自然条件、经济情况、种植制度千差万别，怎样搞好责任制，采用哪种计酬办法，应当在发挥集体经济优越性这个大前提下，和当地干部群众商量，切不可搞"一刀切"，更不能强调某一种形式，否定或禁止另一种形式。

包工到组、联系产量是一种新的计酬办法，在试行中出现这样那样的问题是难免的。只要坚持生产队统一核算和统一分配这个前提，不搞包产到户和分田单干，就可以试行。至于具体作法，各地可以因地制宜，有所不同。包工到组、联系产量这种办法，一些地方实践证明同样是行之有效的，不要因推行中出了点毛病就轻易否定，也不要不看具体条件而硬行推广。要注意防止把已经很小的队，再划小或把作业组变成一级核算单位。

但"编者按"毕竟作了让步，强调了要稳定各种形式的生产责任制：

当前，有些地方由于对政策规定掌握不准，或领导不力、措施不当，在实行包工到组、联系产量计酬这种办法的时候，争土地、争牲畜、争农具，个别地方出现分队现象。有的已经对春耕生产发生了不良影响，不能不引起严重的注意。春耕大忙期间，集中力量搞好春耕是当务之急，不管用哪种劳动计酬形式和办法，不要再轻易变动。保持生产的稳定局面，对夺取今年丰收有重要意义。①

《人民日报》刊发辛生、卢家丰的文章并配发"编者按"，其笔调较先前的"张浩事件"有较大的缓和，引发了很大的反响。短短 20 天的时间里，辽宁、河南、湖南、浙江、四川、山东等地约 20 人投书安徽省农办政策研究室，很多人表达了对《正确看待联系产量的责任制》一文的支持。

---

① 《发挥集体经济优越性，因地制宜实行计酬办法》，《人民日报》1979 年 3 月 30 日，第 1 版。

辽宁兴城的一位解放军同志在信中说："你们在信上所阐明的对包工到组、联系产量的责任制的看法，是正确的，实事求是的，是符合我国农村实际情况的。"他指责"张浩来信"对包工到组的无端批评"不符合农村普遍存在的实际情况，没有反映绝大多数农民的真实愿望和要求"。他还说，有些人喜欢"长官意志"，搞"一刀切"，好像只有"他们才是关心农业生产的"，"没有他们的瞎指挥，农民就不会种田、不要粮食、不愿搞社会主义似的"。河南省唐河县黑龙镇公社的张长誉说，粉碎"四人帮"后，他所在的大队划分了作业组，实行了联系产量的责任制，大家心情舒畅，掀起了春耕生产的高潮。"张浩来信"则"给我们泼了一瓢不算小的冷水，社员们鼓起的干劲一下子给拔掉了气门嘴"。芜湖市江东造船厂的范佑新说："为什么农村刚刚开始解放思想，尝试把生产搞上去的各种新方法时，《人民日报》马上就来了个拦头棒？为什么群众认为合理的东西，《人民日报》认为不合法？为什么单纯强调所谓'原则'而不实事求是地从发展生产出发，尊重生产的效果呢？"他希望"充分发扬民主"，"在不搞包产到户和分田单干的前提下，实行'百花齐放、百家争鸣'的方针，让农民发表意见，让各种方法竞争，并不断地总结经验、教训，使农业生产来个大发展"。还有的人表达了对包产到组的支持，认为包产到组是一种较好的农业生产的组织形式。山东师范学院政治系政治经济学教研室的汤安中说，"为了进一步澄清"对包产到组的混乱认识，"宣传这种办法的优越性，我认为，不仅要从事实上，还要从理论上加以论证"。他还写了一篇题为《产量责任制与作业组相结合是一种较好的农业劳动组织形式》的文章，提出的观点有："产量责任制与固定作业组紧密结合的劳动组织"可以"补充以生产队为基本核算单位的组织体制的不足"，"使生产关系与现有生产力状况更相适应"。他认为，判断一个劳动组织是否先进，不应以规模大小为标准，而应以是否指挥灵活、工效高低、能否充分发挥集体劳动的优越性为标准，"在目前以手工劳动为主的农村，不就是十余个人在一起协作劳动正合适吗？"他还认为，实行包产到组可以改变定额管理中因农活复杂、定额繁多造成的定额不落实、质量无保证的情况，可以使社员把个人的物质利益和集体利益更好地结合起来。包产到组的优点是，

"小组范围小，利害关系十分明显"，"使过去的社员与社员之间，领导与被领导之间的松懈关系紧密起来，团结一致闯高产，从而使人与人的社会主义关系更亲密了"。淮南市的一位民办教师说："事实证明，划分作业组、联系产量确实能调动群众的积极性，比如我们大队有一个生产队划为三个作业组，头一天划好，第二天就有一个组社员个人凑钱为小组买了3000斤磷肥。以前生产队柴草、麦苗没人管理，现在人人都在管理了。又比如我们大队修铁路，同样的工程，过去不分组时要2个月才能完成，现在只要10天就完成了。现在春耕生产热气腾腾，队队都出现了社员献款帮助小队的情景，人人心情舒畅、个个干劲倍增。"他批评一些干部不懂得党的政策，不关心农民的疾苦，怕农民富起来，仍然害着"余悸病"，很怕"右"字又落到了他们的官帽上，甚至忘记了他们自己的祖上也是农民。有的人习惯于搞强迫命令和瞎指挥，有的人把子女安排在生产队吃粮却不交款，有的人在生产队干活不出力，这些人大都反对包产到组，绝大多数农民则拥护包产到组。他还说："我是一个要吃庄稼饭的人，我要为农民说话""如有罪，你们也把我算上一个。"还有人结合所见所闻，提出了自己的见解。湖南省万岩火车站工人曹建勋说，当前农业生产可以有三种管理形式：（1）由于过去受极左路线干扰，绝大多数地方生产一直徘徊不前，可以包产到组或包产到户；（2）少部分城镇附近的生产队，由于土地肥沃，集体比较富裕，工副业也比较发达，可以维持原有的办法；（3）长期对国家没有贡献、年年吃回销粮的生产队最适合单干。他认为，当前农民的生产工具主要是锄头、犁耙，有的还是刀耕火种，在这种条件下无论多大规模的合作，都只能停留在小生产的水平上。浙江金华傅村公社的沈继文说，生产工具决定了生产的组织形式，生产组织形式要适应生产工具的发展，当前生产队规模以10户以内或10户左右为好。但有一些干部错误地认为似乎组织规模大了，机械化程度就高了；组织规模小了，机械化水平就低了。现在农业生产的主要问题不是机械不足，不是生产工具不足，而是社员积极性不足。划分作业组能调动积极性，已为实践所证明。他说，有一些地方允许划分作业组，这是当地社员群众的幸运，比他那儿"一些生产队偷偷地分组好多了"。四川广安的下乡知青苏万县说，现在大家都在谈民主,对农民来说,最大的民主就是生产民主。搞农业生产不能按照少数服从多数的原则,也不能按下级服从上级的原则。我们的农业至今上不去,症结与此相关。他还提出实行生产经理责任制,即把土地、产量、肥料、工分、生产费用等直接包给个人,谁能力强就多包,谁能力弱就少包,不搞平均主义,超产给予奖励,节约的劳力可以搞工副业,还可以搞点竞争。①

即便《人民日报》刊发了《正确看待联系产量的责任制》、重新配发了"编者按",一些地方仍坚持"左"的错误做法。湖南省辰溪县社员杨永善便来信反映了这一问题。他说,党中央的"两个文件"下达后,他所在的生产队在坚持不改变生产队体制、基本核算单位,由生产队统一分配、统一核算的前提下,划分了作业组,实行了联系产量的责任制,组与组开展了劳动竞赛,调动了社员积极性。但是,"县委派来了合队工作组,不分青红皂白,要求一律合组","强行改变计酬形式,推行死分死记、一拉平的计酬方法"。他还说,工作组甚至还追查保存1979年3月30日《人民日报》的人,要求他们"向全大队公开检讨",并且要"带到公社反省"。现在群众情绪低落,严重影响了生产。② 这也说明,"张浩事件"及其背后"左"的气息仍未彻底散去。

---

① 《来信摘要——省内外干群对联系产量责任制的反映》,《政策研究》第 11 期,1979 年 5 月 3 日。
② 《来信摘要——省内外干群对联系产量责任制的反映》,《政策研究》第 11 期,1979 年 5 月 3 日。

第四章

换了人间

包产到户让沉睡了的土地猛然苏醒，让倦怠了的农民焕发活力。在很短的时间里，肥西面貌一新，可以说是"萧瑟秋风今又是，换了人间"。

第一节　日新月异

1979 年 2 月，安徽省委仅将山南公社作为包产到户的试验区，但包产到户在山南区乃至肥西县蔓延开来。包产到户后的山南，农民的生产积极性如何？农业生产形势怎么样？安徽省农办政策研究室的内刊《政策研究》刊发的《肥西县金牛公社包产到户情况》，直接回答了上述问题。

之所以解剖山南区金牛公社这个典型，是因为金牛公社是肥西县实行包产到户的生产队较多的公社之一。1978 年"借地种麦"政策推出后不久，金牛公社的大部分生产队便在坚持生产"六统一"（计划和耕牛统一、农具统一、生产费用统一、用水统一、劳力调配统一、分配统一）的前提下，陆续实行了包产到户。金牛公社 156 个生产队中，有 127 个生产队实行包产到户。[①] 金牛公社虽然包产到户的时间只有几个月，但农业生产面貌焕然一新，主要表现在三个方面。

（1）群众劳动积极性提高，春耕生产步伐加快。金牛公社包产到户后，群众千方百计开展春耕活动，促进生产发展。小街生产队 62 岁的社员

---

① 《肥西县金牛公社包产到户情况》，《政策研究》第 9 期，1979 年 4 月 4 日。

郭本如，全家 3 口人，只有他能干农活。他种了 3 亩麦子，包产 420 斤。为了午季丰收超产，他在冬春时节拾粪 3000 多斤，积土杂肥 200 多担，买化肥 500 多斤，这些既能为午季追肥，还为夏季作物准备了肥料。他家喂养的 2 头猪，也可用于积肥。他包产的麦地，已追人畜肥 2 次、化肥 1 次。这样一来，预计可以收到 1000 至 1200 斤粮食，超产 500 至 600 斤。郭本如积极积肥的事例绝非个案，整个小街生产队集体买化肥 2700 多斤，按照每亩 25 斤分配到户。除此之外，社员还自筹资金买了 1.4 万斤化肥，每亩地施肥量达到 100 斤。沙井大队塘梢生产队集体买化肥 3200 斤，而群众自筹资金买了 6000 斤化肥，超过集体购买量近一倍。一户人家买化肥的钱，多的有 40 元，少的也有 10 多元。小街生产队的社员还做好了种水旱两种粮食作物的准备，既备足了走旱路的一套作物种子，还到邻县置办了 2000 多斤单晚稻种。沙井大队塘梢生产队一些社员担心国家调进的白玉米种发芽率不高，还到处托人换黄玉米种。整个金牛公社备耕工作深入扎实。据统计，1979 年全公社已积农家肥 8 万多担，平均每户有 200 多担，比 1978 年同期增加 1 倍多，家家户户门前都有土杂肥堆。全公社购买化肥 400 多吨，平均每亩 30 多斤，比 1978 年同期增加 2 倍多。全公社已平整春玉米地约 1000 亩，占计划面积的 50%。全公社种小麦 1.2 万亩，比 1978 年扩大了 8000 亩，午季田间管理比先前年份都好。小麦长势良好，预计总产量可达到 200 万斤，将比 1978 年实产增加 3 倍。①

（2）能充分利用人力，集体和社员家庭副业均有发展。金牛公社包产到户后，各生产队在组织方面呈现的新特点是群众能够主动安排农活、自由支配时间、合理利用人力、开展副业生产。沙井大队塘梢生产队有 27户，117 人，40 个劳力，179 亩耕地，人均耕地面积仅有 1.5 亩。塘梢生产队过去实行"大呼隆"，常常出现人手不足、劳力紧张的局面。包产到户后，只有 5 户人家农活不大好安排，其余 22 户都能抽出一定劳力和时间发展副业。塘梢生产队的一位单身汉，过去没有时间搞家庭副业，连做饭的时间都很紧张。包产到户后，他先是养了 1 头猪；1979 年春，他还抽出

---

① 《肥西县金牛公社包产到户情况》，《政策研究》第 9 期，1979 年 4 月 4 日。

时间搞短途运输，收入 30 多元。金牛大队小街生产队有 29 户，107 人，47 个劳动力，157 亩耕地，人均耕地面积不到 1.5 亩。小街生产队过去也同样抱怨人手不足、农活紧张。1978 年，小街生产队为了狠抓劳力出勤，对缺勤人员采取倒扣工分、罚款、收回自留地等措施。包产到户后，小街生产队人力得到充分利用，全队可以抽出 10 至 15 个劳动力搞副业。小街生产队社员郭道朋一家 7 口人，4 个劳力，包产面积 10 亩，只要 2 个劳力就够了。其余两个劳动力，一个在作业组里管牛，拿生产队大农活工分；另一个则外出做临时工，每月收入增加了 20 元。这户人家的家庭副业规模也扩大了，1979 年养了 2 头猪、9 只鹅和 35 只鸡。沙井大队大楼生产队社员胡上权，全家 5 口人，2 个劳力，包产面积 9.2 亩。除完成包产农活外，一个劳动力还可以抽出半年时间发展家庭副业。现在，他家已养鹅 8 只、老母鸭 14 只、猪 1 头。仅养鸭一项，就可增收 140 至 150 元。金牛公社社员对发展家庭副业的劲头很大，许多户人家对饲养家禽家畜的资金、种源都作了安排。据小街生产队、塘梢生产队、郭老庄生产队、大楼生产队统计，1979 年午收后，平均每户人家要增养 1 头猪。全公社不少生产队对发展集体副业也作了初步安排，已开展打石头、搞运输、组织修建队等副业项目。沙井大队塘梢生产队除办好现有集体猪场外，还买回酿酒工具，准备开办集体槽坊。六合大队罗塘生产队把多余劳动力编成 2 个副业组，办起糖坊、豆腐坊和养猪场等，预计 1979 年收入可达 1 万元。[①]

（3）增添了耕牛农具，兴修了农田水利，扩大再生产能力有所增强。金牛公社包产到户后，不仅普遍加强了对原有耕牛农具的保养和管理，还添置了新的耕牛农具。据不完全统计，金牛公社 1978 年冬、1979 年春买回耕牛 20 多头，添置犁、耙、水车等大型农具 70 多件。沙井大队大楼生产队有耕地 128 亩，原有 3 头耕牛，1979 年春划分为 4 个作业组后，生产队又新买了一头耕牛。金牛公社已有耕牛 710 多头，平均每 30 多亩地有 1 头牛；有手扶拖拉机 22 台、大拖拉机 3 台，发展农业生产的耕作能力很强。实行包产到户后，群众很关心农业用水。不少生产队兴修了农田水

---

① 《肥西县金牛公社包产到户情况》，《政策研究》第 9 期，1979 年 4 月 4 日。

利。1979 年春，金牛公社投入 500 多个劳力兴修托山水库，挖土 1 万多立方米。金牛大队郭老庄生产队划分为 3 个作业组后，除兴修 1 口塘外，又整修了 5 口塘，水利条件大为改善。①

《肥西县金牛公社包产到户情况》肯定了包产到户对解放生产力、促进农业生产"有明显的效果"，但也同时指出了部分有待解决的问题，如：

（1）极少数生产队，由于领导不力，对包产到户基本上放任自流。有的作业组长还未定下来，有的春播计划还没有完全落实，还有个别生产队没有真正坚持"六统一"，把皮棉、油脂征购任务分摊到人，实际上形成单干。

（2）对包产到户的用水问题，各队虽然研究了很多具体办法，但今后用水能不能妥善解决，一些干部群众感到没有把握，特别是担心个别难缠户到时不按用水制度办事，影响整个生产。

（3）少数队有个别人员不务农业，长期外流。过去大呼隆干活对生产影响不大，包产到户后问题比较突出。

（4）个别生产队分配包产田地不合理，劳力少的户农活有点紧，劳力多的户农活不够做。②

显然，包产到户为金牛公社带来的积极效果是主流。存在的一些问题，是可以妥善解决的。安徽省农办政研室《政策研究》刊发的这则调查报告也认为："当前的关键问题是要加强领导，尤其是各级领导要转变作风。改变催耕催种的老一套做法，要深入实际，调查研究，发现问题，及时解决。"③

第二节　实地察看

对各级机构上报的材料，万里不是一看了之，他经常去实地调研。著

---

① 《肥西县金牛公社包产到户情况》，《政策研究》第 9 期，1979 年 4 月 4 日。
② 《肥西县金牛公社包产到户情况》，《政策研究》第 9 期，1979 年 4 月 4 日。
③ 《肥西县金牛公社包产到户情况》，《政策研究》第 9 期，1979 年 4 月 4 日。

名的"省委六条",与万里几个月时间的实地调研密不可分。包产到户后的肥西山南到底发生了什么变化,万里仍然要实地察看一番。

1979 年 5 月 21 日,肥西山南麦浪滚滚,丰收在即。万里首次造访山南,实地考察农村改革试验区的情况。上午 10 时左右,万里来到山南公社,他开宗明义地对公社党委书记王立恒说,这次过来就是要看看"你们分田到户干得怎么样".① 二人对话如下:

> 万里:这样搞(指实行包产到户),你们怕不怕?
>
> 王立恒:我们没有什么可怕的。
>
> 万里:今天大家都讲讲,有什么讲什么,怕什么呢?也不讲你们反社会主义。
>
> 王立恒:我们就怕三级所有、队为基础,统一核算、统一分配搞不起来。
>
> 万里:这个问题不要怕,我也来了嘛。你们地方搞的试点,是我表态点头的,到秋后再总结。
>
> 万里:拖拉机是不是还在家睡觉?
>
> 王立恒:有的在干了,在搞巡耕,有的还在家睡觉。
>
> 万里笑了笑。
>
> 王立恒:我们社由于分到户耕作,出现了争牛、争水的矛盾不好解决。全社 1090 头耕牛,已伤亡 14 头,其中死了 3 头。
>
> 万里:牛搞累死了,赔不赔?
>
> 王立恒:已处理了,按价赔偿。
>
> 万里:搞死牛要赔,不赔不行。你们对牛养好的和生小牛的有没有奖励?
>
> 王立恒:有奖励。多少年来都是按照"四、四、二"政策贯彻的。
>
> 万里:你们今年麦子长势怎样?
>
> 王立恒:今年麦子长势很好。全社包括借地给社员户种的和自留

---

① 中共安徽省委党史研究室编《安徽农村改革口述史》,中共党史出版社,2006,第 291 页。

地可收获面积 1.9 万亩，我们预计能收 500 万斤。

万里：往年收多少？今年增产多少？

王立恒：往年我们公社大小麦面积在 1 万亩左右，产量在 170 ~ 180 万斤之间。

万里：从生产队来看，会不会瞒产？

王立恒：我们预计今年麦子可收 500 万，而生产队估产报上来的数字，累计只有 380 万。

万里：今年麦子长势好是什么原因。

王立恒：今年麦子长势好，主要有以下原因。一是去年秋种时天大旱，我们响应了省委种"保命麦"的号召，抓住季节，扩大了面积。其次是天久旱，土晒发了，宜于麦子生长。三是实行了生产责任制，调动了广大社员积极性，分户管理比往年好。四是施肥多。

万里：老天爷也帮了忙，不下雨也不行。今年午季你们怎么分配？

王立恒：我们社今年分配有两种情况，一是借地给社员户的，一种是集体种的分配给社员户管理的。借地每亩负担 20 ~ 30 斤公粮，交还种子 30 斤。

万里：种子不要 30 斤，只要 18 斤。

王立恒：因为去秋抗旱种麦，怕不得生，用种量要大一些，超产部分就归社员自己了。这是我们去年种麦时就讲过的，讲话要算数。

万里：我们讲话是要算数的。讲话不算数，群众就不相信我们了。你们征购任务多少？是不是扩大了？

王立恒：我们今年午季征购任务是 54 万（斤），全年任务没有增加。

万里：是不是落实了？行不行？群众有什么反映？

王立恒：任务都落实了，没有问题。群众都表示，国家任务一定要完成。

万里：完成任务后，群众还能吃多少？

王立恒：完成任务后，群众每人吃 100 多斤。但不平衡，有的还不止。

万里：这样不多。

王立恒：我们这里口粮以水稻为主。往年午季有的队只吃几十斤，甚至几斤的。今年吃一百多斤是多年没有的。有一位干部家属户缺劳力户，一家6口人只有1个妇女劳力。她今年负责管理4亩麦子，估计能收1800斤。定产交队参加分配的800斤，超产1000斤。另一个中等劳力户徐元江，夫妻2个劳动力，带4个孩子，种麦子5.7亩，能收麦子2300斤，交产1100斤，超产1200斤。这两户除了得超产粮外，口粮还从生产队按三七开照领。

万里：超产的，给不给群众自己？

王立恒：我们讲过的，超产的部分全给他，讲话算数。

万里：那一户没有劳力怎么超产这么多？

王立恒：主要是请人帮忙。

万里：请人给不给报酬？

王立恒：没有报酬。找的人都是亲戚朋友，只管吃，有浪费，其实给他们吃回去还不止。还有田地孬好不同，这就靠抓阄子、碰运气。

万里：啊，抓阄子，老天爷保佑。劳力强的有没有活做？

王立恒：在分田时，就考虑到这个问题，多数队是按"劳六人四"的方法分的。虽这样照顾，有的单身汉只分2~3亩，有时没事干就去给人家帮忙，搞点吃吃。

万里：能不能组织他们搞副业？

王立恒：不行。

万里：你们公社有些什么副业？

王立恒：我们社队都有企业，有2个榨油厂，1个机械修配厂。有的大队也办榨油厂，向阳生产队也办1个榨油厂。

万里：生产队搞油厂不合适。

王立恒：这个生产队比较大，原来是4个生产队并起来的。

万里：搞副业要赚钱，不赚钱不能干，不能搞赔本。你社这种生产形式看能不能增产？

王立恒：这样是能多收粮食。今年如要风调雨顺的话，可增产300万到400万斤。

万里：只要把粮食搞上去，分配搞好。群众收入大了，集体经济是否扩大了？对国家贡献是否也大了？

王立恒：群众收入大了，完成征购任务还多卖议价粮，对国家贡献是大了，但集体积累要减少。

万里：为什么？

王立恒：有些人对生产队不放心，不交积累，怕生产队开支过大，七花八花的，把积累都花掉了。

万里：群众富了，集体穷了也不行。要教育群众懂得，集体富了，可以办一些福利事业。譬如盖电影院、购置医疗器材、办好学校，不是对群众有利吗？你们的猪养得怎么样？

王立恒：集体养猪减少了。全社206个生产队，过去有196个队集体养猪，现在只有2个队有。

万里问：群众养猪怎么样？

王立恒：私人养猪多了。今年总饲养量减少了，这与责任制无关，主要是去年天气太干了。

万里：家禽养得怎么样？

王立恒：家禽养多了，大约饲养量增长20%左右。

万里：粮食加价群众有什么反映？

王立恒：群众欢迎，生产队劲头更大了。

万里：群众高兴，那么干部呢？

王立恒：干部也高兴，但实际生活水平下降了，实际上等于降了一、二级。

万里：你们的水有无规划？

王立恒：去冬今春我们修当家塘、搞小水库，现在不行，农活忙。冬闲才能干，出工好出，也可拿水利粮。

万里：你们对于"五保户"是怎么解决的？

王立恒："五保户"都是生产队包下来的，口粮标准比较高，群众都没有意见。

万里：能保下来吗？

王立恒：能保下来。

万里：你们不要怕，主要是把生产搞上去。你们对于巩固集体经济有什么办法？

王立恒：现在我们主要是抓以队统一分配。对于午季留种问题，我们采取"五定"办法，即定面积、定田块、定品种、定到户、定保管员。今后如果集体种，就有种子了；如果还是这样干，我们就发种子给私人户去种。

万里：你们栽这些稻，没有水怎么办？

王立恒：我们做两种准备，没有水走旱路种玉米。

万里：玉米种子有没有？

王立恒：玉米种子我们准备好了。

万里：麦子收掉是否能种？

王立恒：现在麦子一割正种。

万里：还有山芋产量很高，一亩能搞 2000 斤。

王立恒：四折一还能搞几百斤单产。

万里：五折一。你们社能插多少亩山芋？

王立恒：全社能搞 2000 亩。

万里：你们的棉花怎么样？

王立恒：全社计划种 3500 亩。

万里问：群众愿不愿种？

王立恒：群众愿意种，因为价格高了。①

当天下午，万里来到山南公社馆西大队小井庄生产队，直接向群众了解生产生活情况。看到万里的到来，大家你一言我一语地说开了。

① 《省委书记万里来山南公社座谈记录稿》，肥西县档案馆藏档案，档案号：X1-1-395。

万里同群众直接对话，开门见山地问道："这样干，你们有什么想法和意见，随便提，随便问，我是来听你们意见来的。"

第一个发言的是小井生产队会计李祖忠："万书记，上边（指中央）可允许包产到户？"

"大胆地干吧，省委支持你们！"万里果断地回答说。

"我们有点怕！"群众说。

"怕什么？"万里问。

"怕变！"群众异口同声地说。

"不会变！"万里肯定地回答。

"包产到户比'大呼隆'好，多干几年就有吃的了！"群众说。

"那你们就多干几年嘛！"万里回答说。

"万书记，你能不能给我们个准话，到底能干几年？"几个群众一齐说。

"不放心？"万里笑了，群众也笑了。万里接着说："你们就这样干，包产到户想干多少年就干多少年！不过仓库、牛棚等所有的公共设施，公共财产要保护好，不能破坏集体经济！包产到户的目的是为了增产，让群众吃饱吃好！"①

万里还对闻讯赶来的山南区委书记汤茂林说："你的工作搞得不错！山南区这么短的时间，全部搞了包产到户，这么一件大事，没有出现什么大问题，很不容易；集体财产保护好了，群众生产积极性上来了，形势会越来越好。现在你们要注意可能还会发生什么问题。要加强领导，不断完善，不断解决新问题，才能不断前进！"② 万里还与肥西的干部、群众相约，待秋季取得大丰收时再来山南（见图4-1）。

在肥西山南的所见所闻，让万里对包产到户的实际效果有了更加直观的认识。1979年5月25日，万里在省委扩大会议上畅谈他的山南之行：

---

① 张广友：《改革风云中的万里》，人民出版社，1995，第184～185页。
② 张广友：《改革风云中的万里》，人民出版社，1995，第185页。

图 4-1　肥西山南座谈会会址

前两天我到包产到户早、受非议最多的肥西县去，找群众、队长、组长谈，有人说活了五六十岁，从来没看到过这样好的麦子。大家积极性很高。只要工作抓得紧，完成征购问题不大。地、县的同志就怕我们多变，刮风。[①]

在这一次的讲话中，万里首次在较大范围内披露了安徽的包产到户已向中央请示，并表示要先干一年："今年午季预分遇到新的情况，一是国家收购粮食提了价，一是一些地方实行包产到组，怎么分配好，要研究。每个县先搞个分配试点，发现问题及时解决。在政策上要正确处理国家、集体、个人三者关系，教育农民顾全大局。丰收了，国家又提高了购粮价格，特别是去年中央支持安徽抗旱救灾，对国家任务要积极完成。另一方面是千万不要失信于民。过去的规定都要兑现，即使错了也不要埋怨。超产的要奖，借地种麦的算总产、抵口粮、不计统购。我已向中央请示过了，包到户的先干一年，秋后再说。说了话要算数，只有算数才会得到群众信任。"[②] 万里之所以有此番表态，是因为包产到户经过了调

① 《万里文选》，人民出版社，1995，第 128 页。
② 《万里文选》，人民出版社，1995，第 127 页。

查研究，也是因为受到"实践是检验真理的唯一标准"大讨论的正面推动。他说：

> 现在农民积极性起来了，农村搞活了，刚开始活难免有点乱，有人就有意见，甚至骂娘。我们如果没有省委的《六条》，特别是十一届三中全会，就没有安徽今天这个局面。有的人看不到这个问题，农村出点毛病就大吵大嚷，问午季分配对包产到户的你怎么办？有没有办法？一切结论产生于调查研究之后。问题是农民为什么要包产到户，这是发展生产力的需要，也是对极左错误的反抗。群众是拥护社会主义的，你工作没做好，社会主义没干好，他就不拥护。不调查研究，坐在办公室里大发议论是不行的！
>
> ……
>
> 坚持实事求是，坚持实践是检验真理的唯一标准，这是马克思主义的一个根本原则。省委的《六条》出来后，曾引起全国争论，有的说是"反大寨"，搞自主权是"好行小惠"，"政策不能出粮食"。事实上，《六条》对恢复和发展农业生产是起了很大积极作用的。但是我们当时对不准联系产量计酬、大寨的干部劳动坚持一、二、三，还没敢突破。实践证明我们错了，说明我们省委发的一些文件，也有不符合实际的地方。你们在工作中都要从实际出发，按你们的实际情况办，当然四项基本原则不能违背。中国式的社会主义要有中国特点。当前要从理论、思想、政策上分清是非，必须继续解决思想路线问题。
>
> ……
>
> 对农业责任制要在实践中不断调查研究。实行责任制，同时搞合同制，看来是个好办法。实行包产到户后如何计酬，大家要仔细观察。包产到组责任制的优越性有哪些，带来的问题有哪些，都要了解。我到包产到户的地方访问，他们说如果不是这个办法，麦子不会种得这样好，没有化肥我们自己凑钱买。我问他拖拉机如何，他们说：睡大觉。想讲缺点，我可以比持反对意见的同志讲得还多。主要

看主流，主流就是群众的积极性起来了。主流对了，缺点会逐步克服的。今冬要好好总结一下，总结、完善、再总结、再完善，我们的脑子才不会僵化。[①]

外有省委支持，内有粮食丰收，肥西农村改革前景似乎一片光明。

---

① 《万里文选》，人民出版社，1995，第 127 ~ 129 页。

第五章

砥砺前行

包产到户虽然让饥肠辘辘的农民填饱了肚子，却没能打消一些人心中的顾虑。1979年午季丰收之后，肥西农村改革又面临一场新的考验。

第一节　山重水复

作为省委试验区允许包产到户的，在安徽全省仅有肥西县山南公社一地。但包产到户在肥西境内迅速蔓延，很多像金牛公社这样的非试验区也普遍实行了包产到户。这样一来，包产到户就超出了安徽省委许可的试验范围。肥西县委处于进退两难的处境：一方面是率先改革的"播火者"；另一方面则面临不可预知的政策风险，还要承受方方面面的批评指责。

对于这些批评，绝不可等闲视之。1979年4月2日，安徽省军区一位副司令员来山南公社找到王立恒。这位副司令是老红军，曾在山南"支农"，资历很深且熟悉当地情况。他不留情面地批评王立恒："你可知道毛主席他老人家推翻了国民党反动派、解放全中国，打土豪、分田地，组织群众走合作化道路，才过上今天的社会主义生活。但是，你们现在搞包产到户，实际是单干，走资本主义道路。"说完，他又打电话给肥西县委书记李尚德，说："包产到户不能干，要收。"①

---

① 中共安徽省委党史研究室编《安徽农村改革口述史》，中共党史出版社，2006，第264页。

　　确实，包产到户在肥西境内发展十分迅猛。看到山南公社实行包产到户后，一些地方闻风而动，也纷纷实行了这一办法。截至1979年5月底，肥西境内包产到户的占23.2%，包产到组的占64.4%，而坚持以生产队生产的仅占12.4%。[①] 如果任其自由发展，下一步的局面可想而知。

　　为抵御政策风险、抑制基层冲动，肥西县委于1979年7月16日发出旨在纠正包产到户的"46号文件"。"46号文件"是一则简短的通知，正文如下："县委同意张文题同志在县委工作会议上所作的《关于完善生产责任制的意见》的报告，现印发给你们，希认真贯彻执行。"[②] 这则仅有数十字的通知，却有着巨大的杀伤力，将轰轰烈烈的农村改革重新拖回到山重水复的境地。

　　原来，7月13日肥西县委副书记、革委会副主任张文题[③]在县委工作会议上作了题为《关于完善生产责任制的意见》的报告。张文题介绍，据1979年5月底的统计，肥西境内有三种形式的农业生产责任制：（1）坚持以队生产，平时按时记工加评议，农忙临时分组，实行小段包工，定额记工；（2）生产队对作业组实行"三定一奖"责任制；（3）包产到组、责任到人。第一种方法，实际上是坚持改革前的老办法，实行该办法的有890个生产队。第二种办法实际上是包产到组，实行该办法的有4591个生产队。其中，又有1638个生产队将旱粮和小宗作物定产到田、责任到人。第三种办法其实就是包产到户，实行该办法的有1661个生产队。张文题在此不提包产到户，而是代之以"包产到组、责任到人"的提法。原因何在？我们稍后分析。他还说："经过半年多来的实践检验，各种形式的生产责任制，在去秋抗旱种麦、消灭稻板田和今春抗旱春播和夺得今年午季大丰收的生产斗争中，都显示了重要的作用。"[④] 张文题指出，上述形式的生产责任制，其积极作用有三个方面。

---

①　中共肥西县委党史研究室编《中国农村改革发端》，内部资料，第206页。
②　中共肥西县委党史研究室编《中国农村改革发端》，内部资料，第205页。
③　张文题1978年7月至1984年1月，任肥西县委副书记。1978年10月至1980年8月，任肥西县革委会副主任；1980年9月至1981年9月，任肥西县革委会主任；1981年10月至1983年12月，任肥西县县长。
④　中共肥西县委党史研究室编《中国农村改革发端》，内部资料，第206～207页。

（1）调动了群众的劳动积极性，提高了劳动工效和农活质量，促进了生产的发展。由于实行联系产量责任制，能够把产量和作业组、社员个人的物质利益结合起来，加强了作业组和社员群众对产量的责任心，调动了他们的积极性和创造性。首先，关心生产、操心生产的人多了。过去只有队长一个人关心生产，现在则是人人关心生产。生产计划、茬口安排过去是"你令我行"，现在是人人关心、大家讨论。过去缺少资金就找上级要贷款，现在能够自筹解决。许多社员把准备娶媳妇、嫁姑娘、盖房屋、买家具的钱，都用到发展生产上。1978 年秋旱中肥西共投资了 408.2 万元，1979 年在春旱中只投资了 10 多万元。群众自筹资金购置机泵管数量多达 511 套。其次，劳动工效大大提高。由于实行责任制，有效克服了过去的"大呼隆"干活和平均主义，能够较好地体现"按劳分配，多劳多得"的原则。据调查，凡实行责任制的地方，工效一般提高 1 倍以上。1978 年秋旱中仍种麦、菜 70 多万亩，为历史所罕见。1979 年春，又栽早稻、种旱粮 30 多万亩，入夏后旱情持续发展，各地还是抢在小暑前消灭了空白地。在大灾之年，能够不违农时，赢得时间，适时安种，如果没有全县 30 万劳动力的积极性和较高的劳动工效，是不可能完成的。最后，提高了农活质量。实行生产责任制后，作业组和社员为了增产增收，显著提高了农活质量。过去许多增产措施得不到落实、耕作方法难以改进，实行责任制后则大不相同。以小麦为例，过去年年喊消灭"三类苗"但总是办不到，1979 年则基本做到了，因而获得了大丰收。小麦总产量比 1978 年翻了一番，平均单产接近 300 斤。又如栽秧，过去为了保证密度，采用拉绳子、划格子等办法，效果都不好，但 1979 年早稻、中稻栽插的质量都很高。

（2）能节约大量劳动力，从事多种经营，给农林牧副渔各业的全面发展提供了条件。以新仓公社的陈墩生产队为例，该队坚持以队生产，划分了 3 个临时性劳动组和 2 个专业组负责副业、使牛，分别建立责任制度。结果，不仅农业发展快，林牧副渔各业也有很大的发展。

（3）进一步发挥了集体生产的优越性，加快了农业发展速度。由于实行生产责任制，解决了过去生产、分配、劳动管理等方面的许多重要问题，显示了集体生产的优越性。以往年年增产的社队，将继续保持；过去多年徘徊不前的，将前进一大步；过去多年后进，吃粮靠回销、生产靠贷款的，也大有好转，有的可能一年翻身。实行生产责任制后，能发挥集体经济优越性，促进后进队由穷变富。①

张文题同时肯定上述三种形式的责任制，绝口不谈"包产到户"，并且换成"包产到组、责任到人"这样的提法，其实是大有深意的。接下来，他重点批判了包产到户的种种弊端：

> 半年多来，我们在实行责任制的过程中，也出现了一些问题和偏差。少数地方出现明分组暗分队，分掉生产资料和债权债务，分组建账，分组摊派粮、油、棉征购任务，任意缩小核算单位；有的地方作业组划的过小。以"自由结合"为名，搞"兄弟组"、"宗族组"，排斥五保、四属和困难户；也有的地方在划作业组时，借口田地肥瘦搭配，大田划小田，打乱了自然水系；更严重的是，少数地方，不搞定产、定工，出现分田单干。争牛、争水、争农具的纠纷不断发生，失去了集体经济的优越性，暴露了小农经济个体经营的固有弱点，这些问题虽然是支流，是前进中难以避免的，也是不足为怪的，但我们应该重视它。要清醒地看到，这些问题的出现，有我们认识上和工作上的原因，也有小生产旧的习惯势力的影响，但主要的还是由于前一时期社会上出现的一股"右"的思潮干扰所致。有些人公开散布集体不如单干、社会主义不如资本主义，影响到部分干部和群众，使他们怀疑集体经济的优越性，动摇坚持社会主义道路的决心，甚至片面地认为：生产队不如作业组，作业组不如包产到户。而我们一部分领导干部则看不清，拿不准，耽心害怕，犹豫不决，甚至怨上怨下，撒手不问，以至问题越来越多，严重损害了集体经济，破坏了队为基础，这个教训是应当深刻记取的。
>
> 社会主义道路究竟好不好，集体经济到底优越不优越，从我们过去合作化的历程和半年多来的实践，可以作出肯定的回答，集体化道

---

① 中共肥西县委党史研究室编《中国农村改革发端》，内部资料，第207～208页。

路是共同富裕道路，只有社会主义才能救中国。新仓公社和许多大队、生产队的发展情况，完全可以说明这个问题。如山南公社向阳生产队，67 户，280 人，714 亩耕地，10 多年来，他们坚持以队核算，分四个作业组，逐步建立和健全生产责任制，充分发挥集体经济的优越性，生产大幅度增长，集体经济不断发展壮大，社员生活大大改善，对国家贡献越来越大。1978 年的粮食产量由 1969 年的 21 万斤增长到 73 万斤，固定资产增加到 10 万元，储备粮达 13 万斤，存款 2.3 万元。去年年终分配，每人向国家贡献粮食 1000 斤，每人分口粮 1000 斤，每个劳动日价值 1 元钱，每人平均分配收入 187 元，每个劳动力收入 450 元。今年划分 6 个作业组，对油厂、加工厂、林场、猪场、养兔场和手扶拖拉机，都实行统一经营下的专业化生产，建立个人岗位责任制，规定产量（产值）、工分、费用等，实行超产奖励，大大调动了他们的积极性，使农、林、牧、副、渔各业越办越旺，今年午季粮食翻番，300 亩小麦收 8.6 万斤。他们是走集体道路搞上来的，不是搞单干的。所以，那种认为集体不如单干是不对的，是不符合实际情况的。包产到户搞单干能调动社员积极性，也能增产，我们承认它，但它所调动的是个体积极性，而不是社会主义积极性，增产是有限的，不能持久的。因为它失去了统一经营的优越性，有许多无法克服的矛盾和根本解决不掉的问题，应当看到，在有些包产到户的地方，今年午季虽然增了产，但至今还未搞好统一分配。虽然卖了不少超购粮，但却是好了个人，苦了集体，生产队集体经济遭受了严重破坏，人心也被搞散了。所以，必须重新组织起来，只有组织起来，搞三包一奖，实行生产责任制，才能有效地发挥集体生产的优越性，增加生产，增加积累，增加贡献，增加社员收入，走共同富裕的道路，这是绝对不能怀疑的，也是无可辩白的事实。①

否定包产到户后，张文题指出，肥西县委将推广生产队对作业组实行

---

① 中共肥西县委党史研究室编《中国农村改革发端》，内部资料，第 209~210 页。

"三定一奖"的办法。肥西县委决定，在 20 户以下的生产队，实行定额记工或小段包工；在 30 户左右的生产队，群众要求联系产量、分组作业的，可以实行定产量、定工分、定费用，超奖减赔的办法，也可以实行"以产计工"或"以产计工加奖惩"，还可以实行"包工到组评户奖赔"。具体做法如下。(1) 抓好划组。划分作业组要有领导地进行，本着有利于生产、有利于团结的原则，适当搭配劳力强、技术高的人。每个组以 10 户左右，15 至 20 个劳力为宜，每组配强牛 1 头、弱牛 2 头。防止单纯自愿结合形成兄弟组、父子组，避免排斥"四属户"、"五保户"和困难户。耕牛、农具、土地要合理搭配，土地要按渠系划片，按劳动底分固定到组，不许按人口分田。好田定高产、差田定低产，不许把大田拆开。耕牛、农具折价交作业组管理使用，规定使用年限，不到年限就损坏的要赔偿，超过使用年限未损坏的予以奖励。(2) 抓好"三定"。①定产要按国家计划和指标执行，参照近几年实产来确定。要做到经过努力有产可超，不能定太低。不仅要定产量，还要定产值。要分作物实施定产，既便于落实生产计划，又便于交产和社员预交。②定工的办法有两种，一种是参照近几年实际用工定，扣除杂包工和农建工，按产量计算，定工到组，也可以按产量或产值计工；另一种办法是按田块、分作物、按定额计工，参照土地远近、土地肥沃程度、耕作难易、投工多少、产量高低等因素。年终分配时，生产队对作业组按定工定产计算，作业组对社员可按实收产量和实做工分计算，也可以采取比例升降办法。③定费用。参照近几年实际开支生产费用，确定标准，可以按作物面积计算，也可以按产量计算。包干到组，节约归组，超支不补。水电费、机耕费归生产队管理，以不包到作业组为好。添置种子、商品肥、农药、大型农具，应统一标准，以发实物到作业组为好。种子由生产队统一选留，第二年的早稻留种计划要尽快落实到组、到田，去杂去劣，单收单打，交生产队仓库保管。(3) 抓好奖赔。以奖赔工分为好，因为工分包含钱和物，比较合理，计算也比较简便。在奖赔比例上，以多奖少赔为宜。(4) 明确生产队、作业组的职权范围。生产队必须坚持生产资料统一分配权，坚持生产计划和重大增产措施决定权，坚持劳力统一使用权，坚持以生产队为单位的统一核算、统一分配权，坚持水利统一管理、统一使用权。在这个前提下，发动干部群众认真讨论，民主划分生产队、作业组的职权范围，并根据试行情况，逐步修改，使之日趋完善。（5）生产队和作业组签订"三定一奖"合同。把"三定一奖"的经济项目，用法定的形式签订为书面协议。这是加强生产责任制、提高人民公社经营管理的一种好方法，分组作业的生产队都要签订合同，生产队和作业组各执一份，并报生产大队一份，由生产大队监督执行。（6）建立专业化责任制。把节约出来的劳动力用到发展多种经营、增加集体收入上来，参照农业"三定一奖"办法，根据当地资源，把林、牧、渔、加工、编织等工副业的专业化责任制和个人岗位责任制建立好。对小宗作物，主要是油菜、花生，可以成立专业组进行"三定一奖"。对群众有要求的，也可以实行定额管理到人，联系产量计算报酬。但是，要在投工、投肥上制定制度，落实社员的基本劳动日和基本投肥任务，以解决与集体争工争肥的矛盾。①

之所以要推行"三定一奖"、废弃包产到户，按张文题的说法，"（是因为）它既避免了以队生产'大呼隆'干活的偏向，又避免了责任到户争水争牛等矛盾，有利于以队统一分配，有利于充分发挥集体经济的优越性。县委研究决定，明年推广这个办法。重申不许划小核算单位，不许分田单干，不许包产到户。已经搞了包产到户的生产队，要积极引导农民重新组织起来，在秋收前搭好作业组架子，并把麦、菜、绿肥的计划茬口，落实到队、组，搞好'三定'。秋收结束后，进行明年全年的'三定'工作"。②

此外，张文题在讲话中还强调了以下几个方面。（1）要下功夫搞好作业组的评工记分工作。凡实行联系产量责任制的作业组和20户以下不分作业组的生产队，都要下功夫搞好评工记分工作，实行定额记工或小段包工。一般的做法是搞好劳力站队，评定每个社员的底分，规定基本劳动日和基本交肥任务，制定劳动定额，实行定额记工与评工记分相结合的方式。（2）要切实整顿和加强生产队的财务管理工作。划分作业组的生产队和不分作业组的生产队，都要坚持民主理财，整顿和加强财务管理工作。

---

① 中共肥西县委党史研究室编《中国农村改革发端》，内部资料，第211~212页。
② 中共肥西县委党史研究室编《中国农村改革发端》，内部资料，第210~211页。

财务账目不清，社员不放心，集体经济就不能巩固和发展。（3）立即着手抓好秋季分配工作，做到全年分配"早知道"。①

在讲话的最后部分，张文题再次强调对实行包产到户的要加强"宣传教育"：

> 要把包产到户的重新组织起来，把各种责任制形式中出现的偏向纠正过来，逐步把"三定一奖"责任制完善起来，需要我们进行大量的耐心细致的思想教育工作。要体谅农民过去深受责任不明、平均主义之害的苦衷；要加强经营管理，搞好分配，解决有些社员怕干部拉款、超支不还，使分配不能兑现的顾虑；要宣传集体经济的优越性，使他们从亲身经历中不断提高认识。因此，我们要集中一段时间，开展四个坚持的教育，在做法上，应采取先党内后党外，先干部后群众，公社要办好党员学习班，开好三级干部会，组织大家重新学习中央4号、31号文件，做到家喻户晓，人人明白，真正把干群的思想统一到三中全会的精神上来，统一到中央文件的精神上来，引导包产到户的农民重新组织起来，使之增强集体观念，坚定走社会主义道路的决心。②

张文题在县委工作会议上的讲话，造成了肥西干部群众思想上的混乱，对蓬勃发展的农村改革可以说是迎头一棒。现在看来，他的这次讲话有相当大的局限性。事后，也的确有人批评张文题逆流而动。如何看待张文题的这番讲话？其实，这并不是他个人的意见，而是肥西县委的集体决定。

1979 年 7 月 10 日，肥西县委召开常委会议讨论了农业生产责任制问题，与会人员大多担心包产到户不符合社会主义的发展方向。在中央政策没有明令许可的情况下，县一级党委对包产到户的处置确实会陷入两难境地。肥西县委此时纠正包产到户，与肥西县委主要负责人不久前在安徽省委党校学习直接相关。周曰礼到省委党校作报告时着重谈了肥西的包产到户，引发了巨大的争议。县委主要负责人通报这一情况后，肥西县委常委

---

① 中共肥西县委党史研究室编《中国农村改革发端》，内部资料，第 213～217 页。
② 中共肥西县委党史研究室编《中国农村改革发端》，内部资料，第 218 页。

集体决定发出通知制止包产到户。① 所以，对历史人物要有"同情之理解"，对张文题也不必苛责。

第二节　山南新貌

肥西县包产到户的地方，是否真的争牛、争水、争农具，纠纷不断呢？这些现象到底是主流还是支流？我们可以从实施包产到户时间早、面积广的山南区找到答案。

1979 年 5 月，山南区在肥西县农业局召开的"四夏"（夏收、夏插、夏种、夏管）工作会议上，被作为正面典型加以推介。会议印发的材料《山南区小麦生产创记录》介绍，山南区是"生产条件较差"的地方，但干部群众积极抗旱种麦，在 1978 年种麦 10 万亩，超出历史最大种植面积。由于基肥足、管理精，小麦长势良好，在大旱之年仍能增产 3 倍，创下历史最高纪录。《山南区小麦生产创记录》还提到，取得如此巨大成绩的主要原因之一便是划分临时作业组，定任务、定时间、定质量，对完成任务好、质量高的集体和个人予以奖励。②

1979 年 7 月，安徽省农委政策研究室实地调研了山南区后，撰写的调研报告《从山南区半年突变看政策威力》，开篇便描绘了山南午季丰收后的盛况："一踏进山南区，从干部到群众异口同声地说：从来没有见过像今年午季这样大的丰收，过去说产量翻一番拐个弯，那是空话、大话、屁话，今年不声不响真的翻番了。"山南区 1979 年大麦、小麦总产量高达 2010 万斤，是大丰收的 1978 年产量（575.5 万斤）的 3 倍多。截至 1979 年 7 月 10 日，山南完成征购 980 万斤，是 1978 年总产量的近两倍。许多生产队麦子的产量是过去 5 年甚至 10 年的总和。③

不仅粮食产量增长显著，社员家庭副业也发展较快。据在山南公社小

---

① 肥西县委常委会议记录（1979 年 7 月 10 日），肥西县档案馆藏档案，档案号：X1-1-388。
② 《山南区小麦生产创记录》，肥西县档案馆藏档案，档案号：X1-1-395。
③ 安徽省农委政策研究室：《从山南区半年突变看政策威力》，《政策研究》第 17 期，1979 年 7 月 17 日。

井生产队、中心生产队和洪桥公社塘稍生产队的逐户调查，1979 年这 3 个生产队社员家庭副业总产值达 14635 元，比 1978 年增长 87%。人均家庭副业收入，由 1978 年的 24.86 元，增长到 46.6 元。这 3 个生产队的猪、鸡、鹅、鸭的饲养量，较 1978 年也有大幅增长（见表 5－1）。[1]

表 5－1 小井生产队、中心生产队和塘稍生产队的生猪、鸡、鹅、鸭饲养量增长情况

类别	1978 年	1979 年
生猪（头）	66	195
鸡（只）	731	1468
鹅（只）	312	425
鸭（只）	269	411

据银行、供销部门反映，山南区经济形势较好。供销社资金周转加快，过去供销社提供信贷资金 130 万元还嫌紧张，1979 年则一直稳定在 90 万元。社员购买力提高了，存款增加了。1978 年 1 月至 5 月，山南区商品销售额是 237.63 万元，1979 年同期则增长到 340.56 万元，提高了 43.3%。截至 1979 年 5 月底，社员存款总数达 2.88 万元，平均每人 1.91 元；而 1978 年同期总额只有 1.26 万元，平均每人仅有 0.84 元。与先前相比，山南区更注重经济核算，讲究经济效率。既千方百计地追求高产量、高质量，又千方百计地减少生产开支。增产节约，已经成为广大基层干部和社员群众的实际行动。社员十分注重提高商品肥的利用率。以磷肥为例，过去用大锹拍一拍就往田里撒；现在买回磷肥后，先用碓窝子砸一砸，再用细筛子筛一筛，拌上灰土粪再下田。此外，农药、薄膜使用量也大大减少。[2]

安徽省农委政策研究室还比较了不同形式的生产责任制。山南区坚持以队为单位生产的，仅有 39 个生产队；包产到组的有 186.5 个生产队，占

---

① 安徽省农委政策研究室：《从山南区半年突变看政策威力》，《政策研究》第 17 期，1979 年 7 月 17 日。

② 安徽省农委政策研究室：《从山南区半年突变看政策威力》，《政策研究》第 17 期，1979 年 7 月 17 日。

18.5%；包产到户的有781.5个生产队，占77.6%。在1979年午季，没有一个生产队减产。区委书记汤茂林通过数据对比的方式说明，实行联系产量责任制与否结果大不一样："全区历年种麦面积都在3万多亩，总产都在500万斤左右，去年秋种，在严重干旱的情况下，省委采取了扩种小麦不计统购和借地给社员种麦的果断措施，（结果种麦）面积不但没有缩小，反而扩大了几倍，达到十万亩。今年春季，大多数生产队又根据三中全会精神，把集体种的麦子分到组或个人管理，联系产量计算报酬，对于保证午季丰收起了决定性作用。去年生产资金贷款全区共68万元，今年只给15万元。今年实际生产投资达到200多万元，平均每户80~90元，如果不是包产到组、责任到人，这笔生产资金就无法解决。过去如果有一户社员交50元给生产队作为投资，就要大会讲、广播广，今年不声不响，一般的户都拿了上百元买商品肥。"①

对包产到组，干部、群众的意见比较一致。他们都认为，包产到组比较好管理，比包产到户矛盾少，是调动社员积极性、加快农业生产的好办法。对包产到户的情况，《从山南区半年突变看政策威力》指出："一部分水利条件差、耕畜弱的生产队，要求水稻以队（或组）生产，旱地包产到户。"这些地方的社员认为，这样做有利于克服争水、争牛的矛盾。山南公社李桥大队油坊生产队，试行水稻以队生产、旱地包产到户。该生产队队长周荣说："我干了二十多年的队长，感到现在这个办法比较适合农村的情况。"这个生产队30户，129人，164亩土地，1978年共收小麦1.24万斤，1979年实收2.8万斤。在早稻因旱少种一半的情况下，该队全年总产量仍可增产10%以上。

从上述数据、事例可以看出，以包产到户为主体的生产责任制在肥西山南发挥了巨大的威力。安徽省农委政策研究室作为党政机关，当然不便公开支持包产到户。即便如此，这份调查报告还是对包产到户给予了相当大的肯定：对包产到户，干部反映作用大、矛盾大，又想、又怕。区直机关许多人反映，包产到户肯定能增产，就是争牛、争水问题不好解决。区

---

① 安徽省农委政策研究室：《从山南区半年突变看政策威力》，《政策研究》第17期，1979年7月17日。

社干部怕担担子，一个劲要求上面早表态。社员群众对包产到户则积极多了，大多数人要求继续干，好多社员说"能让我们干两三年就好了"。社员不怕方向路线错误，也不怕矛盾解决不了，而是怕变、怕收、怕不让他们继续干。特别是在原来管理差、生产水平低的生产队，社员要求继续干下去的愿望更为迫切。洪桥公社塘稍生产队，全队25户，110人，205亩土地，水利、耕牛等条件都不错，但生产一直没有搞上去。1979年，塘稍生产队种大麦、小麦110亩，包产到户后总产2.5万斤，除交售3000斤给国家（是1978年的20倍）、留足种子外，平均每人吃麦子在200斤以上。全队社员一致要求这样再干两年。①

无论是安徽省农委还是肥西县农业局，提供的材料均显示普遍实行包产到户的山南区获得特大丰收。由此可见，肥西县委"46号文件"对包产到户的横加指责，确实有失偏颇。

第三节　柳暗花明

对包产到户，肥西县委的"46号文件"说要收，社员群众大都要求继续干。事实上，一部分基层干部也不赞同"46号文件"。很多基层干部情绪低落，有的人还私下抱怨："增产还犯法?!"② 芮店公社党委副书记、革委会主任王学洲表现最为突出，他直接向安徽省农委反映了"46号文件"的问题。王学洲是肥西当地人，有丰富的基层工作经历，目睹了互助组、高级社、人民公社的发展历程。芮店和山南相距不远，王学洲在山南的亲戚经常兴致勃勃地向他介绍包产到户的盛况。③

山南搞起包产到户后，芮店公社基层干部、社员群众中很多人跃跃欲试。有人说："山南干，我们为什么不干？"还有人有些担心："除了山南以外别的地方不准搞！"芮店公社党政领导中多数倾向于包产到户，王学

---

① 安徽省农委政策研究室：《从山南区半年突变看政策威力》，《政策研究》第17期，1979年7月17日。
② 汪言海：《艰辛的"第一步"》，未刊书稿，第15页。
③ 王立新：《要吃米找万里：安徽农村改革实录》，北京图书馆出版社，2000，第201页。

洲更是积极支持。这样一来，芮店公社大部分地方也搞起了包产到户。午季时分，芮店公社一片丰收景象，只有一个生产队减产了 3.5 万斤。这个生产队之所以减产，是因为有一位领导看到群众因争水出现矛盾，便武断下令收回包产田。群众因此编了一个顺口溜："先到户，后划组，大家都不干，少收三万五。"① 芮店公社正准备总结经验教训，进一步完善农业生产责任制时，"46 号文件"却极大地挫伤了人们的积极性。王学洲不为所动，仍然坚持认为可以搞包产到户。他说如果水田不适合搞，那么旱地可以搞。他向县委写信，汇报了"改水不改旱"的想法，却迟迟没有得到回复。王学洲坐不住了，找县委主要负责人当面汇报，结果也让他大失所望。② 碰壁而归的王学洲，沮丧地回到了芮店，但他实在是心有不甘。王学洲感慨，要服从上级的规定，但也不能眼睁睁地看着粮食受损啊！公社大多数党委委员认为应该继续搞包产到户，他们认为包产到户是有缺点，但成绩是主流。于是，王学洲决定"越级上访"，到安徽省农委反映情况。王学洲汇报了芮店公社实行包产到户后的巨大变化，以及"46 号文件"的不得人心。在省农委，王学洲得到了肯定的答复："省委决定了，你们就可以搞。"③

基层干群对"46 号文件"的意见、肥西包产到户出现的风波，很快就为安徽省委所知。1979 年 8 月 3 日，万里在安徽省委常委会议上说："山南包产到户试点是省委决定，如果有什么错误由省委领导，首先是我来承担。"他批评了肥西收回包产田的做法。安徽省委常委讨论决定，已经包产到户的地方不要强制收回包产田，并派省委书记王光宇到肥西传达省委指示。④

1979 年 8 月 6 日，王光宇、周曰礼专程赶往肥西，召开县委常委会议传达安徽省委常委会议的精神。王光宇严肃地指出，肥西与其他地方不同之处在于，肥西搞了包产到户。这是客观事实、客观存在，不承认不行。如何看待包产到户？社会主义能够救中国还是资本主义能够救中国？明年粮食产量是上升还是下降？上升就是社会主义，包产到户也不一定是资本

---

① 王立新：《要吃米找万里：安徽农村改革实录》，北京图书馆出版社，2000，第 201 页。
② 王立新：《要吃米找万里：安徽农村改革实录》，北京图书馆出版社，2000，第 202 页。
③ 王立新：《要吃米找万里：安徽农村改革实录》，北京图书馆出版社，2000，第 203 页。
④ 张广友：《改革风云中的万里》，人民出版社，1995，第 186 页。

主义。不要肯定这个、否定那个，不能只搞方向、不搞产量。什么是社会主义，什么是资本主义，总得有饭吃。不要怕，省委表态支持了嘛！肥西搞包产到户，安徽省委是支持的，这是比较正确的。没有这条精神支柱是不行的。实践是检验真理的唯一标准，实践证明我们的思想路线是正确的。反对包产到户的人，可以到山南实地调查一番。开展实践是检验真理的唯一标准的讨论，这样才能化解心有余悸的问题，也才能肃清流毒。①王光宇和盘托出安徽省委对肥西农村改革的支持，打消了肥西县委的顾虑。肥西县委很快停止了对包产到户的批判，并重新发出文件予以改正。

1979 年 8 月 9 日，肥西县委发出《关于完善生产责任制补充意见的通知》（以下简称"50 号文件"），以消除"46 号文件"的负面影响。"50 号文件"指出，肥西县委不再强力推行"三定一奖"的办法，"由于生产队的自然条件、耕作制度不同，规模大小、土地劳力、耕畜多少不同，经营项目、群众觉悟、干部管理经验和机械化水平等方面，千差万别，因此，生产责任制的形式，应该允许多种多样，不可能只实行一种办法，不可以强求整齐划一，搞'一刀切'"。换言之，肥西将不再以"三定一奖"为统一模式，也不会强行废止包产到户。肥西县委进而指出，允许实行多种形式的生产责任制。

（1）包产到组、联系产量的责任制。"50 号文件"规定，实行该办法，要从有利于生产、有利于团结出发，有领导地划分作业组，过去没有按水系划地块而是打破大田的要进行调整。对于劳力、技术人员和骨干力量要合理搭配。不能搞自由结合，不能排斥困难户。作业组的规模不宜过大，也不宜过小，一般以 10 户左右十几个劳力为宜。生产队对作业组可以采用多种多样的管理形式。一是实行"三定一奖惩（定产、定工、定费用，超奖减赔）"的办法。二是实行"以产计工加奖励"的办法。三是实行"大包干"的办法，即在坚持以队为基础的前提下，实行分组作业，土地、耕牛、农具所有权归生产队，固定到组管理使用。作业组对生产队包完成生产计划，包交售征购任务，包上交公积金、公益金和各项提留（包

---

① 肥西县委常委会议记录（1979 年 8 月 6 日），肥西县档案馆藏档案，档案号：X1 - 1 - 388。

括生产费，管理费，大队、生产队各种人员的补贴）。其余分配给社员的部分，在生产队统一分配方案指导下，由作业组按照按劳分配、多劳多得的原则，进行分配。

（2）实行在坚持生产队统一核算和统一分配的前提下，对适宜分散管理的小宗作物，采取定产到田、责任到人、超奖减赔的办法。也可以实行水稻由队、组统一经营，旱作物和冬种作物定产到田、责任到人、超奖减赔的办法。这一办法，实际上就是局部性的包产到户。

（3）坚持以队生产。实行农忙搞定额记工和小段包工，平时搞底分活评的，一般应实行"一组四定"责任制。要坚决克服生产"大呼隆"和劳动计酬上的平均主义倾向。一些技术性强或带有专业性的农活，可以成立专业组经营。不需要成立专业组的，可以指定专人负责。对各种作物的田间管理，提倡定工到田、责任到人。不论生产队对作业组，还是作业组对个人，都应建立严格的考核制度，对完成任务好的给予奖励；对完成任务差的给予批评教育或适当扣工。

（4）除农业外，林业、牧业、副业、渔业等都要全面建立严格的生产责任制。

"50号文件"允许上述类型的生产责任制并存，特别指出联系产量的责任制"对于克服干活大呼隆、'吃大锅饭'的现象、贯彻按劳分配原则，充分调动群众的积极性，促进农业生产的发展，都起了重大的作用"。文件指出，联系产量的责任制不同于过去推行的"责任田"，各级领导要理直气壮地积极领导，因地制宜，将其建立和健全起来。"具体到一个队，采用哪种形式为好，应由社员讨论决定；要坚持群众自愿，领导干部不要按照自己的意志，阻止或强制实行某一种办法。总的要求就是要达到增产、增收、增贡献。"①

肥西县委通过发布"50号文件"，纠正了"46号文件"造成的偏差，相当程度地扭转了混乱局面。这样一来，肥西形势保持了一段时间的相对稳定，有利于农村改革继续向前发展。

---

① 中共肥西县委党史研究室编《中国农村改革发端》，内部资料，第219～221页。

第六章

大声疾呼

1979 年的午季大丰收，让人们看到了包产到户在肥西取得的实绩，也让一批有识之士为包产到户的命运四处奔走。一些先知先觉者挺身而出、大声疾呼，通过各种方式向外、向上传递信息。他们为包产到户在肥西境内的稳步推行，发挥了积极的作用。

第一节　汪言海连续发声

在新闻界率先发声的，是《安徽日报》驻六安记者站记者汪言海。汪言海 1941 年 3 月出生于安徽省无为县，1965 年从安徽大学数学系毕业后即从事新闻工作，1972 年从《皖西日报》社调入《安徽日报》社工作。1979 年，汪言海因及时通过"内参"调查肥西山南的包产到户，被誉为农村改革中"新闻界开第一腔的人"。①

1979 年 7 月中旬，汪言海从六安地区农业局的简报上看到一份材料，上面历数了肥西山南包产到户的"十大罪状"。包产到户既然"百弊丛生"，"两个文件"又明确规定"不许包产到户"，为什么还有人要搞包产到户？带着这个问题，汪言海于 7 月 20 日上午来到肥西县山南区。几天前（7 月 16 日），肥西县委发出"46 号文件"，禁止包产到户，要求"重新组织起来"。汪言海抵达山南区时，肥西县委书记正在山南举办党员干部学

---

① 汪言海：《艰辛的"第一步"》，未刊书稿，第 2 页。

习班，强令纠正包产到户。但是，很多党员、干部不以为然，有人甚至私下发泄不满："增产还犯法?!"①

经过 10 天的调查，汪言海弄清了事情的来龙去脉。折服于包产到户的威力，他一气呵成写了近 5000 字的《关于肥西县山南区包产到户的调查》，开宗明义地指出，包产到户"这个办法深受绝大多数农民的欢迎，是现阶段高速度发展农业生产的一个好办法"。文章第一部分高度肯定了包产到户，认为其"显示了威风"，极大地调动了农民的积极性。（1）农时季节抓得紧。1979 年午季，夏收任务很重，山南区原计划 15 天完成夏收，结果只用了 8 天时间。1979 年 6 月 9 日，山南区有 225 个生产队遭受冰雹侵袭，但实行包产到户的队麦子均未受损。（2）千方百计筹集生产资金。1978 年山南遭受严重旱灾，原来预计筹集生产资金会有困难。但包产到户后，许多社员连娶媳妇、嫁姑娘的钱都拿出来了。据区委估算，社员共自筹资金 300 万元以上，平均每户 100 多元。商品肥用量相当于前 3 年的总和。不少社员来回跑几百里路买回肥料。（3）管理特别精细。现在消灭了草荒，消灭了"三类苗"，这是过去闻所未闻的。1978 年，山南区有 181 个生产队属于"后进队"。但实行包产到户后，从庄稼长势来看，几乎看不到后进队了。1979 年，山南午季获得了空前的丰收。正常年景，山南区午季麦子交售量仅为 110 万斤左右，而截至 1979 年 7 月底，山南区已交售 1149 万斤，增长 9 倍多。干部、社员都说："这是 30 年来没有过的。"社员们说："这样干 3 年，粮食就会多得没处放!"文章的第二部分指出，包产到户带来的问题是支流。反对者给包产到户罗列了 12 条罪状：人干生分了（指矛盾纠纷多）；人心干散掉了；班子干瘫掉了；耕牛干累死掉了；农具干毁掉了；机械干锈掉了；公房干倒掉了；大田干小掉了；科学种田干停掉了；公活干歇掉了；教育质量干低掉了；贫富悬殊干大了。汪言海承认"上述问题都程度不同地存在着，有的还比较严重"，但他断定这不是普遍现象，这些问题只是前进中的问题，是支流。搞包产到户，生产能高速度发展，恰恰可以从根本上巩固集体经济。虽然出现了一些削弱集体

① 汪言海：《艰辛的"第一步"》，未刊书稿，第 15 页。

经济的倾向，但这不是包产到户本身的问题，而是工作中的问题。只要生产上去了，巩固集体经济就不难。文章的第三部分反映了群众对包产到户的渴望和心声。在山南区，有 80% 以上的社员、干部要求继续搞包产到户。而反对包产到户的，是下面几种人。（1）过去在生产队能干上巧活，能占上便宜的"队老绅""大社员"，他们是生产队里的害群之马。（2）好吃懒做的社员，他们过去经常捞鱼摸虾，或者贩买贩卖。现在，划土地给他承包，把他的手脚拴住了。（3）生产不内行的青年社员。这些人过去在队里是人家干啥他干啥，而且有文化、能说会道。现在他不知道怎么干了，只好请教老农。（4）少数怕劳动，能占便宜的大队、生产队干部。他们过去是"扛着锹，卡着腰，挺肚子，抹胡子"，得上等报酬的。现在不行了。（5）一部分国家干部、职工。①

这篇文章还反映了肥西县委强行纠正包产到户的做法。1979 年 7 月 16 日，肥西县委决定纠正包产到户，要求把农民重新组织起来，并指示山南区委一定要执行县委的决定。从 7 月 20 日开始，山南区在党员、干部中办学习班，"转弯子"，但党员、干部阻力大。有人问："增产粮食犯不犯法？"汪言海最后提出了一个令人深思的问题：对包产到户"这样一个既能增产，又受农民欢迎的办法，为什么不去完善它，而急于判处'死刑'呢？让山南区人民再实践它两年，天就塌下来了吗？"②

汪言海的调查报告，当时不仅不能公开发表，甚至都登不了《安徽日报》社的"内参"。"内参"本来是可以刊发一些内部文稿，供一定层级的领导干部研究参考的。1979 年 7 月底，《安徽日报》社记者部收到这篇稿件后，很快打出清样送审。但分管"内参"的报社领导以"不符合中央文件精神"为由，禁止刊发这篇文章。汪言海特地从六安赶到合肥陈情，却受到严厉的批评："内参也不能与中央唱反调，宣传分田单干。"想到农民对包产到户的渴望，汪言海既无奈又失望。这时，记者部的同事黎健图挺身而出，他怒不可遏地说："为农民说话怎么就这么难？""向《人民日报》社内参发稿，我不相信《人民日报》领导也这么胆小。"早些时候，

① 汪言海：《关于肥西县山南区包产到户的调查》，《情况汇编》1979 年 9 月 6 日。
② 汪言海：《关于肥西县山南区包产到户的调查》，《情况汇编》1979 年 9 月 6 日。

黎健图曾陪同《人民日报》记者卢祖品在安徽采访，二人因此相识并成为好友。黎健图便将汪言海的调查报告，通过卢祖品转交到《人民日报》社领导的手中。经《人民日报》社主要负责人审阅，汪言海的调查报告在1979年9月6日刊发于《人民日报》编印的《情况汇编》。①

此后，汪言海持续关注肥西县的包产到户。1979年11月3日，汪言海的《关于肥西县包产到户的一些调查材料》再次刊发于《情况汇编》。这篇文章继续肯定包产到户是"高速度发展农业生产的一个好办法"。汪言海在山南区和区委干部一起，实地调查了实行包产到户的好、中、差5个生产队（共120家农户），其结果令人震惊。（1）5个生产队的粮食总产预计可达83.5万斤，比历年最高值增长39.3%。较好的那个生产队，增幅为15.1%；中间的3个生产队，增幅为51%；那个差队增幅最大，高达89.5%。5个生产队人均口粮由历年最高值644斤，跃升至1084斤。（2）以不变价格计算，5个生产队人均收入由98.03元上升至134.07元，增幅为37%。较好的那个生产队，人均增幅为6.6%；中间的3个生产队，增幅为61%；差队增幅最大，高达107.8%。（3）在120家农户中，人均增收10元以上的有97户，占80.8%；大致平衡的有7户，占5.8%；减收的只有16户，占13.3%。在减收的16户中，有15户集中在好队——李洼生产队，主要原因是经营管理水平差。这5个生产队中的国家干部、职工家属，户户增收，人均增收52元，超过平均水平。因为这些人有资金，且有亲戚朋友帮忙。（4）少数户之间收入差距变大。人均增收80元以上的有15户，人均减收50元以上的有4户。前面的15户之所以是"冒尖户"，是因为他们有劳力、生产技术、资金。这15户，都是正当的劳动致富。解剖完"麻雀"后，这篇调查文章估计：包产到户的社队，约有70%的农户有较大幅度的增收；20%的农户保持正常年景的收入水平；有10%的农户收入降低。减收的原因大致如下：（1）懒汉；（2）生产不内行，过去在生产队集体生产时"大呼隆"；（3）承包土地少的单身汉；（4）病虫害影响，另有少数农户拼命施化肥，结果因用肥过多而减产；（5）缺劳

---

① 汪言海：《艰辛的"第一步"》，未刊书稿，第60页。

力、资金，又没有外援。汪言海从宏观上分析，搞包产到户的生产队确实能够大幅度增产，在同等条件下，包产到户的效果超出包产到组，更超出以生产队为单位的集体生产。①

细致梳理了包产到户前后的巨大变化后，汪言海指出包产到户"捂是捂不住的"。安徽省农委政策研究室在山南公社搞包产到户的试点，尽管肥西县委对山南试点采取"不提倡、不宣传、不推广"的态度，但消息还是传得特别快，其他社队社员说："山南能试，我们为什么不能试？"于是，包产到户由山南公社发展到山南区，又由山南区影响到其他地方。很快，肥西就有2600多个生产队搞了包产到户。干部们惊呼："山南包到户，我们捂不住！"这篇报道，以3个人为例，在一定程度上阐释了包产到户势不可遏的原因。（1）一位老贫农说，解放前给地主打长工，地主规定一个长工种地15亩。一般农历二月初二上工，十月初二下工。正常年景可以收到7000至8000斤粮食。可现在的生产队，一个劳动力只种三四亩庄稼，从大年初一忙到年三十，地却荒芜了。在生产队干活困难重重，"牛桩上搁个帽子都是十分工"。书上说这是"平均主义"，其实这是滑头的人、不劳动的人剥削苦干苦累的人。要评工吗？谁来评？评工、评粪，一评就吵，最后老实人也"油"掉了。大家一起磨洋工，捆在一起"绑着穷"。现在包产到户好了，你不投机，我也不取巧，各干各的。他说："那个'评'字也甩了！今年我家至少比去年多得2800斤粮、350元钱，还有忙有闲，自由自在！"（2）山南区一位公社书记说："20多年来，我们搞平均主义，农民就用磨洋工的办法来惩罚我们。惩罚得城乡一起受苦。看来，农业要上去，大呼隆、平均主义的路子是走不通了。"（3）花岗区一位小学校长谈了自己的见闻和看法。他说："以前，几个社员干不了一个人的活，就觉得我们国家的农业没有希望。当时我想，资本主义国家工人罢工，短则几天，长则十几天、几十天，资本家就损失不小了。可是我们国家，农民磨洋工磨了20多年了，何时是个尽头呢！包产到户后，调动了千家万户的积极性，我觉得有希望了。我问一个社员劲头怎么这么大？他

---

① 汪言海：《关于肥西县包产到户的一些调查材料》，《情况汇编》1979年11月3日。

说，这庄稼都跟我一个姓了，怎么不大？他还说，你放心，该我交给国家的，少一粒我打颗牙补上；不该我交的，谁想多占一粒也不行。我明白：农民那样拥护包产到户，无非是想找一个保护自己劳动权益的办法。"①

这篇报道中还呈现了肥西县围绕包产到户产生的几种对立的看法。（1）关于方向与产量的问题。有干部认为，包产到户方向不对，是倒退，把20多年的合作化成果给否定了。赞成的人却说："我们干农业20多年了，往往粮食减产或徘徊不前，还得到一个方向、路线正确的鼓励。而1961年、1962年（安徽搞责任田时期）和今年午季，粮食'陡升'，却说是方向、路线错了，这到底是什么理论?!"（2）关于唯上与唯实的问题。反对的人说："你们翻翻政策，从'老六十条'到'新六十条'，从'二十三条'到中央'31号文件'，有哪一条允许包产到户?"② 赞成包产到户的人说："报纸上天天宣传'实践是检验真理的唯一标准'，叫不要唯上、唯书、唯本本，而要唯实。那包产到户群众要干是不是'实'？能增产是不是'实'?"（3）关于巩固集体经济还是削弱集体经济的问题。持反对意见的人说，这样干，集体经济要垮台。赞成包产到户的人说，多数社队集体经济本来就是空的，老牛、犁、耙、水车等自古以来就有，不能搞只留在账面上的"积累"而不发展生产，否则巩固集体经济就是空谈。（4）关于矛盾大、纠纷多的问题。反对的人说，包产到户导致的争水、争牛、争农具的矛盾太多，不好解决。支持者则说，这些都是小矛盾，社员积极性不高才是最大的矛盾，包产到户解决了这个最大的矛盾。对上述问题，汪言海的结论简洁而明确，他说："事实说明，只要加强领导，问题是可以解决的，弊病是可以克服的。目前的主要问题是，不敢承认它，也就不敢领导它，更谈不上去完善它。这样，任其自流下去，有的地方就可能滑到

---

① 汪言海：《关于肥西县包产到户的一些调查材料》，《情况汇编》1979 年 11 月 3 日。
② "六十条"共有四个版本，先后分别为：1961 年 3 月的《农村人民公社工作条例（草案）》、1961 年 6 月的《农村人民公社工作条例（修正草案）》、1962 年 9 月的《农村人民公社工作条例修正草案》和 1978 年 12 月十一届三中全会原则通过的《农村人民公社工作条例（试行草案）》。"新六十条"指的是《农村人民公社工作条例（试行草案）》，"老六十条"指的是前三份文件。这里的"二十三条"，指的是 1965 年 1 月中共中央印发的《农村社会主义教育运动中目前提出的一些问题》。"31 号文件"指的是 1979 年 4 月 3 日中共中央转批国家农委党组报送的《关于农村工作问题座谈会纪要》，详见本书第十章相关内容。

分田单干的道路上去。社员们批评说：'不是"统一"难，而是领导不敢下深水。'干部又怎么说的呢？他们说：'包产到户还是私生子，不合法，叫我们怎么领导？你上头只要承认它，我们就有办法完善它。现在，提心吊胆的，那怎么行？'" 1979 年 11 月 3 日，《人民日报》的《情况汇编》，刊发了汪言海的《关于肥西县包产到户的一些调查材料》。不到两个月的时间里，汪言海的调查文章先后两次被《情况汇编》刊发。能在《情况汇编》上短时间内连续刊文，这在汪言海的记者生涯中是空前的。这固然是因为肥西包产到户话题的重要性，也与汪言海身为记者敢于触碰敏感议题的职业品格密切相关。

第二节　郭崇毅上书言事

安徽省政协委员、省参事室参事郭崇毅，对肥西县的包产到户尤为热心，很早便到北京上书言事，受到了高层的关注。郭崇毅是肥西人，十分熟悉当地的情况。他爱憎分明、秉笔直书，遭遇逆境仍奋勇向前。早在1956 年冬，郭崇毅回到肥西，参观肥光农业社时，就发现这个所谓的"全省标兵"非但没有增产，反而大幅减产。于是，他写出《关于肥西县农业社情况视察报告》，揭露其造假欺骗。[1] 1957 年反右期间，《安徽日报》刊发《右派分子郭崇毅原形毕露》，对郭崇毅展开批判。[2] 1962 年"七千人大会"后，郭崇毅获得甄别平反，被安排为省政协委员。

对农业问题，郭崇毅长期思索、密切关注。对包产到户的实绩，郭崇毅极为振奋，他于 1979 年 6 月 19 日写出《关于参观肥西县午季大丰收情况的报告》。报告列举了肥西县几个区的粮食增产情况：官亭区历年麦子产量最高值为（1977 年）669 万斤，1979 年则超过 2000 万斤；山南区1977 年午季收麦 579 万斤，1979 年的估产则为 2500 万斤，是历年最高值的 4 倍多。郭崇毅指出，大旱之后适宜麦子生长是丰收的原因之一，但主要还是因为包产到户调动了社员的积极性。肥西县到处喜气洋洋，包产到

---

① 丁育民：《郭崇毅传奇人生》，光明日报出版社，2015，第 107 页。
② 《右派分子郭崇毅原形毕露》，《安徽日报》1957 年 7 月 9 日，第 2 版。

户的社员更是兴高采烈，他们说："只要让我们干三年，我们要盖瓦屋，国家也有粮食了。"有的人唯恐田地要往回收，说："国家不放心我们嘛，如果放心我们，让我们干几年，我们国家就民富国强了。"现在基层干部和农民主要有两种意见。一部分人主张只能包产到组，不能包产到户。他们认为，包产到组还是社会主义，包产到户则是资本主义。干部队伍中还有一种顾虑，就是怕包产到户后争水、争牛等，容易发生纠纷，耕牛和大农具也容易受损。另一部分人主张包产到户。他们说，只要按国家计划生产、分配，土地是集体的，即便包产到户也是社会主义集体经济，不是资本主义。他们还认为，国家需要粮食，包产到户能多收，能多贡献，这才是真正地为四个现代化出力。如果在一起"绑着穷"，那才是妨碍四个现代化。对包产到户可能引发的争水等问题，只要领导依靠群众，合理安排，是可以解决的。有些干部和社员还提出了两个问题。（1）"我们包产到户，土地还是集体的，既不能买卖，又不能拿它剥削别人，和工业上计件工资定额到人性质是一样的，为什么叫资本主义？"（2）"我们搞了20多年农业工作，往往把粮食搞减产，或者徘徊不前，就说大方向正确、路线正确；把粮食搞大幅度增产了（1961年、1962年及今年午季），就说大方向错了、路线错了，这到底是什么理论？长期搞下去，我们怎么对得起人民，对得起党，对得起国家？"针对上述意见和问题，郭崇毅旗帜鲜明地提出了自己的看法。（1）虽遭遇百年未遇的大旱，肥西1979年午季仍能获得特大丰收，是党中央和安徽省委制定正确的农业政策、号召解放思想、提倡生产自主权等一系列指示的结果。（2）农村干部和社员提出的两个理论问题，带有相当的普遍性。建议有关搞理论工作的部门及时研究解答，这对指导农业生产健康发展很有必要。（3）肥西山南、官亭两区，在1978年秋种时，大部分土地已包产到户，如果允许他们继续搞一段时间，应当指导他们总结经验，制定一些管理制度，这对促进生产发展更有好处。现在有不少干部一致认为包产到户可以大量增产，但又不敢帮助生产队和社员总结经验、制定管理办法，这是很大的问题，也是不正常的现象。①

---

① 丁育民：《郭崇毅传奇人生》，光明日报出版社，2015，第156～162页。

1979 年 7 月初，郭崇毅带着《关于参观肥西县午季大丰收情况的报告》来到北京，希望包产到户能够得到高层认可。起初，他走进一家知名报社阐述自己的观点，却遭到该报编辑的严厉训斥。这位编辑质问他："看到'不许包产到户，不许分田单干'没有？""（既然看到了）那你为什么还要提出分户生产？"没等郭崇毅说完，这位编辑便掷还了报告，并说："我们农业合作化的方针、路线是正确的。生产中存在的问题，那是基层干部管理不善和农民觉悟不高造成的。"遭到冷遇的郭崇毅只好悻悻地离开了这家报社。[1] 经人介绍，郭崇毅来到中国社会科学院，终于在这里找到了知音。他的报告，随即被送到时任中共中央办公厅副主任、中国社会科学院副院长邓力群的家。邓力群看完报告，联想到了"责任田"的历史，说："1961 年曾希圣在安徽搞'责任田'，渡过了困难……现在，安徽农民又搞了起来，这个问题值得重新思考。"第二天早上，邓力群致电甘肃省委第一书记宋平，告诉他肥西县包产到户带来夏粮丰收的消息，并建议："你那儿落后边远地区，不妨也可以试试。"[2] 邓力群还与中央办公厅研究室梅行商议，将郭崇毅的报告以中央办公厅研究室白头阅件的形式全文印出 30 多份，给高层领导。[3]

很快，万里也看到了《关于参观肥西县午季大丰收情况的报告》。1979 年 8 月 1 日，安徽省农委政策研究室主办的《政策研究》全文刊载了郭崇毅的报告。该刊的"编者按"说："省政协委员、省参事室参事郭崇毅同志，最近到肥西县参观了几天，这是他写的调查报告。报告中生动地反映了农村的大好形势，提出了一些需要探讨的理论问题，也提出了一些需要认真解决的实际问题。现予转报，供省委领导同志参考。"[4] 1979 年 8 月 3 日，安徽省委召开常委会议，万里对郭崇毅的报告十分赞赏，认为"报告中的观点是马列主义的，报告中的意见是正确的"。[5]

① 安徽省政协文史资料委员会编《农村改革的兴起》，中国文史出版社，1993，第 60 ~ 61 页。
② 陈一谘：《陈一谘回忆录》，新世纪出版社，2013，第 211 页。
③ 邓英淘：《一个实际行动比一打纲领更重要》，《参阅文稿》2015 年第 27 期。
④ 《关于参观肥西县午季大丰收情况的报告》，《政策研究》第 18 期，1979 年 8 月 1 日。
⑤ 丁育民：《郭崇毅传奇人生》，光明日报出版社，2015，第 185 页。

第三节　陆学艺探访"禁区"

著名的社会学家、中国社会科学院荣誉学部委员陆学艺先生，对"三农"问题有很高的造诣。陆学艺取得卓越的成就，与他较早地接触安徽农村改革实践，并为包产到户鼓与呼不无关系。

1979年4月20日至7月8日，中国社会科学院的陆学艺、贾信德、李兰亭实地调查了无锡、滨海、肥西、岳西、宣城、绍兴、嘉定7县的11个公社13个大队。6月初，持中国社会科学院介绍信的陆学艺，来到安徽省会合肥。接待陆学艺一行的，是安徽省农委政策研究室副主任刘家瑞。一开始，刘家瑞只是向陆学艺等人介绍了安徽包产到组的一般情况。当时，十一届三中全会已原则通过"两个文件"。"两个文件"的重要意义在于给包产到组开了口子，规定"可以按定额记工分，可以按时记工分加评议，也可以在生产队统一核算和分配的前提下，包工到作业组，联系产量计算劳动报酬，实行超产奖励"。因此，双方谈论包产到组并没有多少政治风险。由于聊得十分投机，在谈话行将结束时，刘家瑞向陆学艺等人披露了一个"秘密"。原来，早在1979年2月6日，安徽省委就决定在肥西县山南公社试点包产到户，山南公社成为安徽农村改革的试验区。刘家瑞说："试验的效果比预想的要好很多，今年夏粮肯定是特大丰收了，点上的干部群众都很高兴。"① 当时，"两个文件"仍然规定"不许包产到户，不许分田单干"。安徽省委的做法，直接冲破了"两个不许"，是一次大胆的尝试和重大的革新。

山南试验区的情况被严格保密，未曾公开。陆学艺对这个"禁区"很感兴趣，提出想去实地看一看的请求。刘家瑞则表示，自己做不了这个主，如果要去"一定要省委批准"。二人约定，由刘家瑞回去请示，如获批准就一道去肥西，如不可陆学艺等人便离开合肥。第二天一大早，刘家瑞邀请陆学艺一行实地探访。看来，此行得到了准许。进入山南试验区

---

① 余展、高文斌主编《我认识的杜润生》，山西经济出版社，2012，第85页。

内，陆学艺便见到麦子高矮不等，呈现"三层楼"的形态：大片是又高又密的麦子，有一部分矮一些，少部分麦子更矮。刘家瑞解释，包产到户的麦子长得又高又密，包产到组的则矮一些，最矮的是生产队集体种的。[①]这高矮不同的麦子，直接用事实回答了包产到户、包产到组和以生产队为单位集体生产孰优孰劣的问题。

1979 年 7 月初，陆学艺回到北京，向中国社会科学院党组副书记宋一平、哲学研究所党委书记孙耕夫汇报了在山南的所见所闻。宋一平等人对麦子呈"三层楼"的现象特别感兴趣，认为很有说服力。不久，陆学艺又收到了刘家瑞寄来的 3 份材料，分别是安徽省政协委员郭崇毅的《关于参观肥西县午季大丰收情况的报告》、《安徽日报》汪言海的《关于肥西县山南区包产到户的调查》和安徽省农委政策研究室的《从山南区半年突变看政策威力》。[②]

陆学艺、贾信德、李兰亭在上述 3 篇文章的基础上，结合他们自己的调查研究，撰写了《包产到户问题应当重新研究》一文。"包产到户"一直不被准许，陆学艺等人则要求"重新研究"，从标题上就可以看出其倾向性。

《包产到户问题应当重新研究》开篇便提及他们在安徽调查的情况："我们到安徽农村调查，肥西县委的同志曾向我们介绍说，今年小麦丰收。预计：按生产队老办法干的，比去年增产一倍；包产到组的，增产两倍；包产到户的，增产近三倍。"刘家瑞提供的 3 份材料，则"证实了原来的估计"。文章还介绍了山南实行包产到户的经过，以及肥西县委纠正的缘由："据我们了解，肥西县委对包产到户后增产效果显著，对农民要求再干的迫切愿望是清楚的，他们主要是怕担担子，怕戴'走资本主义道路'的帽子，才采取了这个'收'的措施。基层干部和社员的态度很明确，他们要求再干一段。他们问：'增产粮食犯不犯法？''实践是检验真理的唯一标准在农村兴不兴？''为什么证明了能够大增产的办法不让搞？''我们国家至今还吃进口粮，作为一个中国人，感到不光彩，这个办法难道不比吃进

---

① 余展、高文斌主编《我认识的杜润生》，山西经济出版社，2012，第 85 页。
② 《包产到户：中国改革的最早突破》，《光明日报》1998 年 11 月 5 日，第 7 版。

口粮好？'"①

对肥西县干部"思想很矛盾"的现象，陆学艺等人也作了分析："他们对包产到户是又想又怕，想的是包产到户后，农民生产积极性倍增，粮食产量陡升；怕是的将来上级说包产到户是资本主义，自己担不起担子。他们在行动上不敢去领导，不敢去总结经验，更不敢去解决问题。在群众面前，说话吞吞吐吐；写文件更是字斟句酌，留好后路。他们在等待，等上级表态，等有关方面说话。"陆学艺等人进而提出："是继续试验？还是就此刹车？到了要作决定的时候了。对于干部和农民提出来的问题，我们也应该在理论上加以阐明。我们认为，对于包产到户问题，应该进行调查研究，实事求是地重新作出恰当的评价。"②

根据在安徽肥西、安庆、岳西、宣城等地的调查，陆学艺等人提出了三点看法。

（1）包产到户不是分田单干。分田单干是集体经济瓦解，退到农民个体所有和个体经营的状况。包产到户则不是这样。包产到户和分田单干是不同的。包产到组和包产到户只是生产责任制的不同组织形式，它并没有改变生产队的集体所有制，生产队对社员实行包工包产，生产队是主体，是生产资料的所有者、支配者，社员户并不是一个独立的生产单位。而分田单干的单干户，是个体经济的所有者、支配者，是独立的小生产单位。所以不能把包产到户与分田单干等同起来，更不要把包产到户批为单干风。建议在修改"六十条"时③，要考虑分田单干和包产到户这两种不同的情况，在政策上，要有所区别④。

（2）包产到户是搞社会主义，不是搞资本主义。实行包产到户后，并没有改变生产资料集体所有制的性质；此外，生产队对社员实行交产记

---

① 陆学艺、贾信德、李兰亭：《包产到户问题应当重新研究》，《未定稿》增刊，1979 年 11 月 8 日。

② 陆学艺、贾信德、李兰亭：《包产到户问题应当重新研究》，《未定稿》增刊，1979 年 11 月 8 日。

③ 这里指的是 1978 年 12 月十一届三中全会原则通过的《农村人民公社工作条例（试行草案）》。

④ 陆学艺、贾信德、李兰亭：《包产到户问题应当重新研究》，《未定稿》增刊，1979 年 11 月 8 日。

工、按工分分配实物和现金，这也是联系产量计算报酬的一种形式，类似工业上计件工资、定额到人的性质，还是按劳分配。增产之后，国家可以多收征购，集体可以增加积累，农民也可以多得分配收入，对国家、集体、个人都是有利的。农民增产的粮食和其他农产品大部分被纳入计划收购，多余部分进入国家商品流通领域，少部分进入集市贸易市场，这只能丰富国家经济活动而不至于造成危险。所以，应该说包产到户也是搞社会主义，而不是搞资本主义。文章认为："应该相信，像山南区这些要求继续试行包产到户办法的广大农民群众和基层干部，他们也是要走社会主义道路的，而决不是要搞倒退，走回头路。至于在实行包产到户的过程中，发生了一些诸如争水、争牛等矛盾，以及有些社队出现了一些削弱集体经济的倾向和问题，这多数是工作问题，而不是包产到户本身的问题。如果各级领导因势利导地加强领导，敢于去解决问题，而不是回避问题，那末，这些问题是可以克服的。"①

（3）对1962年包产到户的问题，要重新调查研究，实事求是地作出结论。文章指出，全面推广包产到户的是安徽省委原第一书记曾希圣同志，后来包产到户在安徽作为政治路线错误，被批判了十多年，许多干部因此被批为走资派，许多社员因此受了冲击。文章提到："我们这次在安徽调查，在六安、安庆、芜湖三个专区，对一百多个干部和社员进行了访问、座谈，当谈到1962年包产到户问题时，他们大多是称赞的。认为责任田是救命田，是解决由于'五风'造成的严重灾难的一个应急措施，对恢复和发展农业生产起了很大的作用。但是也有些干部认为，包产到户是复辟倒退，已经批得臭不可闻，绝不能再走回头路；有的干部则认为，当时包产到户搞的面太大了，对发展集体经济不利。"②

《包产到户问题应当重新研究》最后提出，要重新调查研究包产到户："对于这样一个在安徽省涉及到千百万人政治和经济生活的大问题，大多

---

① 陆学艺、贾信德、李兰亭：《包产到户问题应当重新研究》，《未定稿》增刊，1979年11月8日。

② 陆学艺、贾信德、李兰亭：《包产到户问题应当重新研究》，《未定稿》增刊，1979年11月8日。

数干部和群众对当时的结论有看法，有意见，现在在实践中群众又重新提了出来。当我们去总结三十年来农业发展的经验和教训的时候，对这个问题，建议有关方面要进行重新调查研究，实事求是地作出恰当的结论，这对于安徽，乃至对于全国的农业发展都是很有意义的。"①

呼吁"重新研究"包产到户，实际上就是要为其恢复名誉，这需要极大的智慧和勇气。陆学艺不仅高度赞扬了安徽的包产到户，还推动了郭崇毅的《关于参观肥西县午季大丰收情况的报告》、汪言海的《关于肥西县山南区包产到户的调查》和安徽省农委政策研究室的《从山南区半年突变看政策威力》刊发在《未定稿》上。② 《未定稿》是中国社会科学院的内部刊物，由中国社会科学院副院长于光远倡议于1978年底创刊。《未定稿》不定期刊载各个领域的新锐文章，一时之间颇有影响。③ 陆学艺将上述文章推荐给宋一平。宋一平大力支持，同意在《未定稿》发表这组文章。④ 邓力群则较为谨慎，认为不宜在《未定稿》刊发与大政方针相左的内容。⑤ 编辑部于是作变通处理，将这4篇文章刊载于《未定稿》的增刊上，印数也很少（见图6-1）。即便如此，这组文章还是引起了高度关注。陆学艺事后回忆说："中国的事情是很怪的，越是印得少的东西，越有人注意，越有人看，也起了一定的作用。"甘肃省委书记李登瀛将这一期的《未定稿》转给省委第一书记宋平，并且写了一段话："这份材料是从北京捎来的，其中社科院写作组的那一篇要重视，同文件的说法不一致，值得我们思考。"⑥

汪言海、郭崇毅、陆学艺的大声疾呼，提升了肥西农村改革的知名度，对安徽农村改革产生了极为正面的影响。

---

① 陆学艺、贾信德、李兰亭：《包产到户问题应当重新研究》，《未定稿》增刊，1979年11月8日。
② 汪言海、郭崇毅和安徽省农委政策研究室的文章，刊发在《未定稿》增刊时题目分别为：《安徽省肥西县山南区包产到户的调查》、《关于参观肥西县夏季大丰收情况的报告》和《从山南区半年突变看政策威力》。
③ 王小鲁：《改革之路——我们的四十年》，社会科学文献出版社，2019，第33页。
④ 《包产到户：中国改革的最早突破》，《光明日报》1998年11月5日，第7版。
⑤ 邓力群：《十二个春秋》，博智出版社，2006，第146页。
⑥ 余展、高文斌主编《我认识的杜润生》，山西经济出版社，2012，第86页。

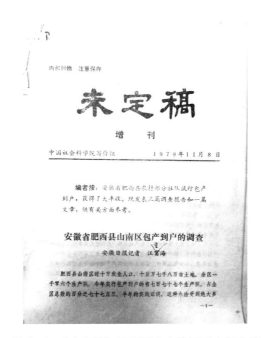

图 6-1 《未定稿》增刊刊文支持肥西农村改革

第七章

拨云见日

包产到户在肥西等地的实践，让安徽省委坚定了农村改革的信心。经过 1980 年 1 月全省农业会议的讨论，包产到户取得了局部的合法地位，在安徽取得了"地方户口"。

第一节　一年巨变

肥西县山南区实行包产到户仅一年时间，就发生了翻天覆地的变化。1979 年 11 月的统计显示，山南区 1096 个生产队中有 1028 个实行了包产到户。虽然全区 15.2 万亩的耕地大都分布于小山区和丘陵，但山南人仍用辛勤劳动实现了粮食的丰收，证明了改革的成效。[①]

1979 年的山南，并不平静。姑且不论质疑、批评的影响，光是大大小小的自然灾害就已经造成了不小的冲击。从春季开始，持续的干旱便笼罩着山南。5 月 19 日，3 个公社的 125 个生产队遭到冰雹侵袭。7 月，丰乐河沿岸 9 个大队的 8000 多亩早稻、中稻遭受洪涝灾害。尽管如此，山南人民仍然夺得全年粮食丰收，实现了增产、增收、增积累、增贡献的目标。山南区委的《关于山南区实行生产责任制后变化情况的汇报》，详细地列举了包产到户一年来的变化。

（1）生产发展了。山南区历年最好的收成，是 1976 年的 10783 万斤。

[①] 《关于山南区实行生产责任制后变化情况的汇报》（1979 年 11 月 20 日），肥西县档案馆藏档案，档案号：X43 - 1 - 37。

实行包产到户的 1979 年，山南粮食总产量可达 11590 万斤，比历年最高值增产 807 万斤。不仅如此，山南各个公社、生产队都实现了增产，90% 以上的农户超产。其中，1979 年午季粮食总产量为 2500 万斤，是大丰收的 1978 年的 4 倍多。所有公社中，洪桥公社增幅最大，1979 年比 1978 年增产 700 万斤，人均增产 458 斤。就连旱情最严重、生产条件最差的防虎公社也比 1978 年增产 300 万斤，人均增产 336 斤。一大批穷社、穷队发生了巨变，全区 293 个穷队，普遍增产 50%。洪桥公社的大塘稍生产队是一个老穷队，多年未能完成粮食征购任务，1977 年、1978 年社员人均口粮分别仅有 300 斤、360 斤。那两年，大塘稍生产队不仅无法自给自足，还吃掉国家回销粮 2.26 万斤。1979 年，大塘稍生产队一举翻身，粮食总产量高达 123400 斤，比 1978 年增产 74400 斤。大塘稍生产队不仅完成了征购任务，还可卖超购粮 1 万斤，人均口粮跃升至 897 斤。山南不仅粮食产量大幅增长，社队企业也发展迅速。1979 年 1 月至 10 月，全区社队企业总产值达 654 万元，比 1978 年同期增加 231 万元。此外，社员家庭副业也蓬勃发展。社员自留地和家庭副业收入可达 6643000 元，人均 67.7 元。据在山南公社小井生产队、中心生产队和洪桥公社塘稍生产队的逐户调查，饲养猪、鸡、鸭数量大幅增长。

（2）社员收入普遍增加了。粮食丰收加上农副产品提价，带动了社员收入增长。山南区 1979 年人均集体分配收入为 110.6 元，比 1978 年增加 37.6 元，比收成最好的 1976 年增加 26.6 元。再加上社员自留地、副业的收入，山南人均收入高达 178.3 元。以 5 口之家计算，一户人家的年收入接近 900 元。这个数字今天看来可能并不稀奇，但在 20 世纪 70 年代末 80 年代初是相当难得的。劳动力强的社员户，超产较多，收入随之显著增加。许多军人、烈士家属和工人、干部家属也实现了增收。绝大多数"五保户"都不需要包田，生产队按人均 600 至 700 斤粮食供给口粮。

（3）集体积累增加了。先前分配时虽然也留公积金、储备粮，但往往会将公积金变成生产资金，将储备粮变成机动粮，可以说是"年年留年年光"。经过 20 多年的时间，山南区只存有 26.7 万斤储备粮。1979 年，山南区严格执行"两个文件"规定，公积金专折存款、储备粮由粮站代为储备。这样一来，公积金、储备粮不仅数额增加了，而且也切实保存了下来，巩固了集体经济。通过试点，1979 年山南区提留公积金 481840 元，比大丰收的 1976 年多留了 216935 元；留储备粮 258.4 万斤，比 1976 年多98 万斤。山南公社沈店大队 1979 年增产幅度并不大，但公共积累是 1978年的 6 倍多。

（4）对国家贡献更大了。1979 年规定的粮食征购量为 2428 万斤，但山南超额完成任务，共计交征购粮 3930 万斤，比 1978 年多交 1900 万斤，比大丰收的 1976 年多交 967.7 万斤。截至 1979 年 10 月底，山南区共完成生猪派购任务 9053 头，位居全县首位。丰收了的社员们在积极完成征购、超购、派购任务的同时，还踊跃偿还国家贷款，积极性比以往任何一年都要高。

（5）经济形势更加活跃了。供销社资金周转速度明显变快，先前供销社投放信贷资金 130 万元还嫌紧张，1979 年则一直稳定在 90 万元。社员存款额增加了，购买力大大提高了。许多社员盖新房、添家具，购买中高档商品。山南镇有两个大队盖新房 150 间，买手表 20 块、收音机 25 部，有的生产队还买了电视机。

（6）基层干部和社员的生产积极性大大提高了。包产到户克服了"干活大呼隆、分配一拉平"的弊病，保护了生产队和社员的自主权，大大调动了基层干部和社员的积极性、主动性。由过去的少数人操心变为现在的多数人管事，社员从争工分变为争超产。社员对农时抓得很紧。1979 年午季有 10 万亩大麦、小麦和 1.734 万亩油菜，但只用了 12 天便完成了收割、脱粒工作。秋收秋种时间紧、面积大，还遭受旱灾侵扰，可以说是任务艰巨。尽管如此，山南的 6.7 万亩晚秋作物仍被及时收割，实现了细收细打、颗粒归仓。9 万亩小麦、油菜的播种任务，在立冬前就顺利完成了。社员群众说："今年气候这样多变，要不是实行生产责任制，还照往年那样干，就会种不好、管不好、收不了，社员的收入也增不了。"因为实行了包产到户，夺得了农业丰收，多劳能够多得，人们看到了干农业有奔头。干部普遍参加劳动，外流的劳动力纷纷回到生产队，形成了人心向农、劳力归田的局面。①

山南区委没有回避包产到户后出现的新问题。比如，有的生产队包产较低，没法完成国家的征购任务；有的生产队干脆没有包产指标，社员只交征购，不交积累、生产费用；由生产队统一核算难以实现；有的生产队毁掉猪场、拆掉公房，削弱了集体经济；有的生产队对社员派活不灵了，对"五保户"、"四属户"、困难户的照顾没有保障了。此外，还出现了争牛、争水、争农具的矛盾。一些干部、群众滋生一丝忧虑：包产到户继续下去，将会把人心干散了、班子干瘫了、集体经济干完了、社会主义优越性干跑了，会出现累死牛、打烂头的严重后果。有的人甚至主张收回包产田，照过去的办法绑在一起干。这样既减少了工作量，还不会犯方向性错误。对上述问题和思想，山南区委的态度是"不回避它，而要正视它，积极领导和引导它"。在总结山南公社、洪桥公社、金牛公社等地的经验后，山南区委作出"五个统一"的规定。

（1）生产队统一制订计划。生产队根据下达的生产计划，结合当地的土质、水利、肥料等条件，统一安排作物茬口、面积，实行定工、定产、定费用到田，责任到人，超奖减赔。未经生产队同意，社员户不得自行改变，以保证完成国家的计划。可以实行分作物种类定产、交产、计算奖赔，使生产队掌握生产计划权，社员户不能随便改变生产队的计划，更不能搞"自由种植"。

（2）生产队统一核算、统一分配。一切财物账目由生产队办理，定产交生产队统一分配。定产收入和生产队其他收入，扣除生产费用、固定资产折旧费、管理费、税金、提留公积金、公益金、储备粮资金后，余下部分分配给社员。以包工、生产队其他用工、补助工、照顾工等计算工值，制定分配方案。粮、油、棉等实物也按分配方案试算到户。社员包产的粮、油、棉等除按规定留用一部分外，其余一律交生产队。产品出售由生产队统一安排。生产队要狠抓超支还款，保证分配得以兑现。

（3）统一管水，统一进行农田基本建设，兴修水利。为了解决争水、

<hr />

① 《关于山南区实行生产责任制后变化情况的汇报》（1979 年 11 月 20 日），肥西县档案馆藏档案，档案号：X43－1－37。

浪费水的问题，消除管水用水出现的混乱，生产队指定专人管水，按照先高后低、先远后近、先急后缓的原则，统一安排用水。有的生产队采取按组分塘口、确定使水面积和区域，做到合理用水、节约用水。管水员作为生产队非包工参加分配或直接拿工资。排灌站由生产队统一管理。农田基本建设所需的劳力，由生产队统一安排记工，参加生产队分配，其工分值高于生产队平均工分值的 20% 至 50%，以保障农田基本建设工作的开展。

（4）统一使用农机具、耕牛。生产队对农业机具、耕牛统一管理、统一调度。农业机械实行"以机养机"、按亩收费，不足部分从公积金中开支。农闲期间，拖拉机搞副业，收入归生产队，并给拖拉机手以适当报酬。牛、耙、犁、小车等折价固定到组，小组每年要交使用折旧费，作为添置和维修经费。耕牛由专人使役、专人饲养，尽量做到养用合一。实行定饲料、定报酬等方法，农忙时定使役时间，坚决改正只使役不喂养的错误做法。建立农机具保养制度，无故损坏、丢失的，要照价赔偿。

（5）统一经营集体工业、副业。队办工业、副业，由生产队统一经营。生产队组织工业、副业专业组，定人员、定产值、定成本、定报酬，超奖减赔或实行利润"大包干"的办法。①

山南区委认为，试点工作证明"五统一"是可行的，要进一步解决如下问题：（1）进一步抓好 1979 年分配兑现；（2）进一步制订好 1980 年的生产计划，做到"一年分配早知道"；（3）定田定产到作业组，按底分定田亩，以产计工，统一分配；（4）进一步制定好农田基本建设规划；（5）对现有山林，建立分级管理和管理责任到人的制度；（6）进一步制定发展多种经营和社队企业的规划和管理制度；（7）进一步组织和安排非包工；（8）进一步制定好耕牛、农机具的使用和保管制度；（9）进一步加强生产大队和生产队领导班子建设。②

山南区委的《关于山南区实行生产责任制后变化情况的汇报》，对山

---

① 《关于山南区实行生产责任制后变化情况的汇报》（1979 年 11 月 20 日），肥西县档案馆藏档案，档案号：X43－1－37。

② 《关于山南区实行生产责任制后变化情况的汇报》（1979 年 11 月 20 日），肥西县档案馆藏档案，档案号：X43－1－37。

南 1979 年的巨变作了令人振奋的梳理，但在字里行间也折射出农村改革过程中经历的风风雨雨。

第二节　再访山南

在 1979 年 5 月的山南之行中，万里与当地干部群众相约秋季大丰收后再访山南。1979 年 12 月 13 日，万里再次前往肥西山南考察，一方面是为了履行先前的承诺，另一方面也是问计于基层。①

万里来到山南，一坐下便开门见山地对区委书记汤茂林说，我这次来，想问你几个问题，请你回答！汤茂林说："万书记，你尽管提，我知道多少讲多少，毫无保留。"下面是当时谈话的记录：

万：部队有的同志反映，你们在山南区搞包产到户是"扰乱军心"，"毁我长城"，有没有这个问题？

汤：事实根本不是这样，这种担心也是不必要的。让我拿事实来说明：我们山南区有现役军人 14 人，区委一一给他们去了信，介绍家乡搞包产到户后，农业生产获得大丰收的消息。同时，告诉他们，家中有"包产田"的，照顾得很好，超奖减赔，工分照顾，分配兑现。一般困难户照顾 100 个工，军烈属每年另外照顾现金 150—200 元。

万：那你就不是"扰乱军心"，"毁我长城"，而是拥军优属，巩固长城喽！

汤：是的！增产了，收入增加了，拥军优属，也有东西可优了，落到实处了。

万：再问你第二个问题：合钢（合肥钢铁公司）工人不上班了，要求回家种地，你看怎么办？

汤：也不是这种情况！刘老家大队有一位工人家属叫熊祖华，一人带四个小孩，没搞包产到户以前，每年收入 150 元左右，包产到户

① 张广友：《改革风云中的万里》，人民出版社，1995，第 187 页。

以后，基本口粮 420 斤，超产 1650 斤，还养了一头 200 多斤重的大肥猪和七只鹅。过去每年超支，今年没有超支，生活水平比去年提高了很多。

万：那不是工人要回乡，而是要双工资喽！

汤：相当于双工资！

万：我再问你第三个问题：烈、军属和五保户、困难户没人管了，你看如何解决？

汤：不是没人管，而是比过去管得更好了！我们在金牛公社搞试点，五保户每年给口粮 700 斤，稻草 1000 斤，食油 5 斤，生活全包了，还发给 50 元零用钱，现已全面推广。至于烈、军属，比"大呼隆"时好多了，那时工分值很低，每年不过 25 元，现在超过那时 4—5 倍。

万：我再问你第四个问题：水利设施有没有受到破坏？

汤：我们过去在大集体时，争水争肥的现象也存在，包产到户后，我们确实发现李桥大队有三户农民为争水打架，后来把水塘划开了，也就稳定了。关键是领导问题，大塘有专人统一调配、统一管理，水利设施完整，没有遭到任何破坏。

万：我现在问你第五个问题：耕牛、农具，怎么保护好？

汤：牛、犁、耙统一折价落实到户保管，损失要赔。"大呼隆"时候，说是生产队管，实际上有的根本没人管，现在各户负责比那时管理得好，责任心强得多。

万：我再问你最后一个问题：穷队包产到户之后，能不能取得丰硕成果？

汤：能！

万：举个例子。

汤：馆东大队瓦屋生产队是个穷队，包产到户后，家家增产，光生产队长王光柱一年就产粮两万多斤。

万里听了汤茂林的回答之后，满意地说："不虚此行，不虚此行！看来怕这怕那都是不必要的。外界传的，有些根本不是问题，有些不是不可以解决的，关键在领导。"①

1979 年秋后，本已逐渐平息的有关包产到户的风波，又有卷土重来的迹象。对此，万里有所察觉，也有所思考。②此次再访山南，一些谣言不攻自破，也打破了万里心中的顾虑。比如，万里特别关心包产到户是否会影响拥军优属。作为一支重要的政治力量，军队的意见直接关系包产到户的存废。通过与汤茂林的一席谈话，这个问题得到了满意的答案。

1979 年 12 月 1 日，万里在安徽省军区第六次代表大会上坦率地指出，对十一届三中全会后安徽形势的估价，特别是对农村形势的估价，人们的看法并不一致。但他认为，要坚持实践是检验真理的唯一标准："一年来的实践证明，在目前主要靠牲畜耕作和手工劳动的条件下，农民积极性高低是农业生产发展快慢的决定性因素。联系产量的责任制，把生产队集体生产的成果同社员个人的物质利益结合起来了，把劳动的数量和质量统一起来了，使多劳多得的原则在分配上直接表现出来，极大地调动了社员的生产积极性，有利于提高出勤率、提高工效、提高农活质量；有利于勤俭办社，做到增产又节约；有利于民主办社，树立社员当家做主的思想；有利于巩固和壮大集体经济；有利于改进干部作风，密切干群关系。凡是实行联系产量责任制的地方，生产都有明显的大幅度的增长。难道这是复辟、倒退？现在还有些同志一方面承认这个办法增产效果明显，一方面又担心包产到组发展下去会不会越分越小，变成包产到户，刮单干风。实际上这完全是一种多余的担心，是受极左思想影响，精神枷锁没有打破的表现。联系产量责任制是中央的既定政策，包产到组是联系产量计算报酬的一种形式。革命是为了解放生产力，我们衡量各种劳动组织形式、计酬方法好坏，只能有一个标准，就是看它是否促进了生产的发展，而不是看它规模大小或公有化程度高低。包产到组，土地、牲口、大农具、水利设施等仍归生产队所有，由生产队支配，只要生产能够发展，就不会因此削弱生产队的集体经济。退一步说，即使有的地方搞了包产到户，也不必大惊

---

① 张广友：《改革风云中的万里》，人民出版社，1995，第 187~188 页。
② 张广友：《改革风云中的万里》，人民出版社，1995，第 187 页。

小怪，因为包产到户不同于分田单干。如果说分田单干意味着集体经济瓦解，退到农民个体所有和个体经营的状况，那么，包产到户并不存在这个问题，它仍然是一种责任到户的生产责任制，是搞社会主义，不是搞资本主义。"① 万里还说，要正确看待包产到户，将在年终分配中注重对军烈属的照顾：

> 对包产到户到底应该怎么看，至少是一个需要进一步看看和进一步探讨的问题，用不着听见这四个字就头皮发麻嘛！对军烈属的照顾，是党的既定政策，在这次年终分配中，省委已经专门布置了这个问题。省委一直强调，多种形式的责任制可以并存，因势利导，因地制宜，让群众择定，不要"一刀切"。……总而言之，一定要坚持实事求是，从实际出发，这是我们党的思想路线。思想路线是政治路线的基础。只有端正思想路线，才能深刻理解和正确执行搞四个现代化的政治路线和党中央一系列方针、政策，进一步发展大好形势。②

万里山南之行的重要意义，还将在不久后召开的全省农业会议上再次凸显。肥西山南喜获丰收且弊病较少，坚定了万里继续推进农村改革的决心（见图 7-1）。

图 7-1　反映万里在山南调研的雕塑《破茧》

① 《万里文选》，人民出版社，1995，第 134~135 页。
② 《万里文选》，人民出版社，1995，第 136 页。

第三节　地方户口

1980 年 1 月 2 日至 11 日，安徽省委召开全省农业会议。这次会议召开前夕，万里已获悉自己将赴京出任中央书记处书记。[①] 在安徽工作期间，万里在较短的时间内完成"清帮治皖"工作后，便将主要精力倾注在解决农业问题上。所以，全省农业会议有着特别重要的意义，一方面是总结前几年农村改革的经验，另一方面万里也希望离任后安徽能够保持政策的延续性。

1980 年 1 月 2 日，安徽省农业会议开幕，省委书记王光宇分析了当前的形势、任务，并表示将继续坚定地落实党的农村经济政策。王光宇说，全省农村形势大好，农业生产有较大幅度的增长。1979 年粮食总产量可达 320 亿斤，比 1978 年增长 8%，超额完成了国家计划。城乡经济活跃，农副产品收购量大幅增加。社员集体分配收入可增加 20%，是新中国成立 30 年来增幅最大的一年。人的精神面貌发生了可喜的变化，全省广大农村呈现一派生气勃勃的景象，干部群众笑逐颜开，对国家和自己的前途充满信心。[②]

王光宇说，万里对农业高度重视，"省委常委对农业抓得是紧的，许多重大问题，万里同志都亲自抓"。在刚刚召开的省五届人大二次会议上，万里同志在报告中提出的目标是：粮食总产量达到 350 亿斤；棉花总产量达到 300 万担；油料总产量达到 1100 万担；林牧副渔占农业总产值的比重，由 1979 年的 24% 上升为 30% ~ 35%；1980 年社队企业收入达到 12 亿元，1981 年达到 14 亿元；淮北地区社员人均收入为 150 元左右，江淮地区为 200 元左右，江南地区为 250 元左右。王光宇说，如期完成上述任务，可以为安徽农业现代化建设奠定坚实的基础。他号召各级党组织为实现这个任务而加倍努力。[③]

---

① 李嘉树对吴昭仁的采访笔记，2018 年 4 月 23 日。
② 《中共安徽省委转发万里、王光宇同志在全省农业会议上的讲话的通知》，1980 年 1 月 12 日。
③ 《中共安徽省委转发万里、王光宇同志在全省农业会议上的讲话的通知》，1980 年 1 月 12 日。

对各种形式的农业生产责任制，王光宇说虽然大家议论很多、分歧很大，但应该作出"实事求是的回答"。他说，实践证明，各种形式的生产责任制都有积极作用，但比较起来，实行联系产量责任制的生产队增产的幅度要大些。在遭受严重自然灾害的减产区，实行联系产量责任制的生产队，大大减轻了灾害造成的损失，有的还实现了增产。联系产量的责任制之所以有优越性，是因为它适应当前的生产力发展水平，把社员个人利益和集体利益紧密地结合了起来，体现了按劳分配、多劳多得的原则，从根本上调动了社员群众的生产积极性。实行了联系产量责任制后，由于作业组规模不大、人数不多，一般十来户、七八户，十几个、二十来个劳动力在一起干活，他们彼此了解，关系融洽，干起活来有了劲头。同时，由于生产范围不大，不仅对全组的劳动成果看得见、摸得着，而且对每个人的劳动态度、劳动数量和质量也都清清楚楚。这既克服了干活上的"大呼隆"，又防止了评工记分时的争吵，解决了长期以来始终没有很好解决的劳动计酬上的平均主义，真正贯彻了按劳分配的原则。最根本的一点是把农民的劳动好坏与其切身利益联系在一起，看得见、摸得着，这就是联系产量责任制比其他形式的责任制对生产具有更大的促进作用的关键所在。①

在联系产量的责任制中，王光宇特别提及"定产到田、责任到户"。这一做法实际上就是包产到户，王光宇作为省委书记当然不便直接提出"包产到户"，改称"定产到田、责任到户"显然是经过慎重考虑的。他说："有的同志害怕定产到田、责任到户，主要原因是把定产到田、责任到户和分田单干划了等号。实际上这两种办法是有本质区别的。定产到田、责任到户，同其它形式的联系产量责任制一样，都是经营管理的一种形式。定产到田是以产量为中心，合理确定劳动定额的问题。责任到户则属于明确分工的问题，这两方面都不涉及到所有制的问题。"②

---

① 《中共安徽省委转发万里、王光宇同志在全省农业会议上的讲话的通知》，1980 年 1 月 12 日。

② 《中共安徽省委转发万里、王光宇同志在全省农业会议上的讲话的通知》，1980 年 1 月 12 日。

肥西山南的包产到户，也被王光宇用于证明"定产到田，责任到户"的正确。王光宇说："肥西县山南区原来生产比较落后，1978 年秋种时，由于旱情严重，集体种麦困难很大，许多队在群众要求下，把秋种任务分到户，把定量定到田块，并规定超产奖励，多收可以多吃。区、社党委支持了群众的行动，促进了全区秋种的顺利进行，夺取了去年农业大幅度增产。这已经是客观存在的事实，我们只能加强领导，完善办法，而不能硬扭，挫伤群众积极性。山南区最近又把这种办法作了总结提高，提出'定产到田，责任到户；生产计划，队里作主；使牛用水，权力在组；收益分配，三者兼顾；执行合同，坚持制度；集体财产，人人爱护；蓄意损坏，从严论处；五保四属，酌情照顾；操心干部，合理补助'。山南区的情况说明，只要领导有力，措施得当，定产到田、责任到户是不会滑到分田单干的邪路上去的。"①

紧接着，王光宇代表安徽省委，郑重指出省委对农业生产责任制的态度"是明确的"："在坚持生产资料公有制和按劳分配原则的前提下，不论是哪种形式的生产责任制，只要有利于充分调动群众的生产积极性（可惜现在还很不够），有利于发展生产，符合群众意愿，得到群众的拥护，就应当允许实行。不管实行哪种形式，只要现在已经确定下来了，合同也订了，就要坚决稳定，不要再变动，使大家定下心来。我们一定要接受有些地方因摇摇摆摆给生产造成损失的教训。不论实行哪种形式的责任制，都要加强领导，使之不断完善、巩固和提高。"②

1980 年 1 月 11 日，万里以肥西为例明确阐释包产到户是一种联系产量的责任制。他说：

> 包产到户不是分田单干，分田单干也不等于资本主义，没有什么可怕。不是我们提倡，我们的态度是不能打击群众的积极性，群众已经

---

① 《中共安徽省委转发万里、王光宇同志在全省农业会议上的讲话的通知》，1980 年 1 月 12 日。
② 《中共安徽省委转发万里、王光宇同志在全省农业会议上的讲话的通知》，1980 年 1 月 12 日。

认可了，苦苦哀求："让我们干两年好不好呀？"那就只能同意，批准！为什么不可以，为什么责难那么多？我是不同意这种态度的，不同意责难那么多。肥西、凤阳、阜南，包产到户已搞到这个程度了，一定要满腔热情地帮助它完善，一年两年三年都可以，使农民富起来。[①]

正式印发的万里的总结讲话，对包产到户问题又完整地作了解释："有的地方旱情严重，麦子种不下去，群众自发搞了包产到户，主要是一些长期低产落后、社员生活严重困难的生产队。现在对这种包产到户的做法是不是联系产量责任制的形式之一，同志们的看法有分歧。有些同志承认这种形式对改变长期低产落后的生产队效果显著，但又担心这样做违背中央的决定。其实，这样做正是实事求是地执行中央的决定，和中央决定的基本精神是一致的。领导机关的责任是了解情况，掌握政策，也就是要按照本地的实际情况来落实党的政策。要做到这一点，必须解放思想，坚持实践是检验真理的唯一标准，坚持实践第一的观点，按辩证唯物主义的思想路线办事。"[②]

因为与会者对包产到组都比较一致地持肯定态度，万里便着重阐述了如何看待包产到户的问题。他说：

从一年来的实践看，包产到户原则上不同于分田单干。包产到户形式上与分田单干相似，而生产资料所有制没有变，而且坚持了生产队的统一分配。比如土地，固定到农户使用，所有权仍然是生产队的，生产队有权根据情况的变化加以调整。有些地方把包产到户叫做责任到户，两种叫法都可以，其前提是"三级所有，队为基础"，社员户必须完成包产任务，生产队必须抓好定产和交产，坚持统一分配。在那些长期搞平均主义、群众生产积极性受到严重挫伤的地方，

---

① 全国人大常委会办公厅万里论著编辑组编《万里论农村改革与发展》，中国民主法制出版社，1996，第82页。

② 《中共安徽省委转发万里、王光宇同志在全省农业会议上的讲话的通知》，1980年1月12日。

采取这种做法，尽管出过一些问题，总起来看效果还是好的。在基数低的情况下，增产幅度大，一举摘掉了吃回销粮的帽子，有的还向国家作了贡献；原来集体完全是空的，现在也开始有了一点积累；缺少劳力或因天灾人祸减产的困难户，也能得到生产队的救济和帮助。因此，对于集体经济受到严重破坏、干部的管理水平低、长期低产落后的地方或者居住特别分散的山区，应当承认这种在特定条件下采取的特殊办法。①

1980 年 1 月 12 日，安徽省委以 1980 年"一号文件"的形式，将万里、王光宇在全省农业会议上的讲话内容下发到各县。省委 1980 年"一号文件"指出，全省农业会议"认真总结一年来农业工作的经验，深入贯彻中央关于农业问题的决定，更好地建立和完善各种形式的生产责任制，进一步落实按劳分配的政策，充分调动农民的积极性，因地制宜，全面发展，加快农业生产的前进步伐"。这份文件要求各地"结合本地区、本部门的实际情况，认真贯彻执行"。省委 1980 年"一号文件"的重要意义是，安徽省委公开宣布包产到户是"联系产量责任制的形式之一"。这样一来，包产到户在安徽获得了公开的合法地位。虽然包产到户在很多省区仍不被准许，但它在安徽率先获得了"地方户口"。肥西山南包产到户的经验，对制定省委 1980 年"一号文件"发挥了积极的作用。

---

① 《中共安徽省委转发万里、王光宇同志在全省农业会议上的讲话的通知》，1980 年 1 月 12 日。

第八章

崭露头角

全省农业会议后，肥西县包产到户继续向前发展。为了积极引导包产到户的走向，肥西县委率先建章立制，试图为农村改革探索新路。

第一节　探索前行

1980年1月12日，安徽省委发出该年"一号文件"，相当程度地肯定了包产到户的做法。2月23日，肥西县委便发出《关于稳定和完善生产责任制的意见》，要求稳定"各种形式的生产责任制"。这份文件特别提到山南的包产到户："山南区有些条件差、低产、穷队搞了包产到户，增产也很显著。这就说明，建立生产责任制，一定要从当地的实际出发。"①

肥西县委对包产到户的支持态度更加明朗，只是这种支持还不能无所畏惧，毕竟包产到户还没有获得完全合法的地位。所以，肥西县委只能在微妙的平衡中探索前进。比如，《关于稳定和完善生产责任制的意见》中也有这样的内容："必须科学的（地）看待各种形式的生产责任制，以包产到户来说，在条件差的低产、穷队，增产显著。但在条件较好的高产地区，由于它不利于统一经营，不利于抗御洪涝、干旱等自然灾害，搞的（得）不好不但不能增产，还可能减产。因此，不能简单地肯定这一种形式是唯一的而否定其它形式。过去我们吃'一阵风'的'一刀切'的苦头

---

① 中共肥西县委：《关于稳定和完善生产责任制的意见》，1980年2月23日。

太多了，这些花了代价的教训要认真记取。前一阶段，有的高产地方一哄而起、盲目行动、自发地搞包产到户是欠妥的。各级党委，一定要以严肃认真的态度，积极做好工作，从当地的实际情况出发，认真发动群众讨论，能用大包干到组代替的就抓紧搞好完善工作。"[1]

对包产到户的实行条件、注意事项，肥西县委作了严格的限定。在"部分条件差、比较穷"的生产队，社员群众要求实行包产到户的，一定要经过公社党委批准。而且，必须要由点到面、有领导地进行，不能一哄而起，更不能把包产到户变成分田单干。肥西县委明确指出，少数生产队以人口数平分土地、分掉公共积累和集体财产的就是"分田单干"，必须"坚决纠正"。经过批准实行包产到户的生产队也必须遵守"十条规定"，即：（1）要发动群众认真讨论包产到户的利弊，弄懂包产到户统一分配的办法，明确包产到户不能变成分田单干，认识实行生产责任制是为了增产、增收、增积累、增贡献；（2）要按照人口数量和劳动力数量相结合的办法承包土地，不准简单地直接按人口数平分土地；（3）要先定产、定工、定费用到田，后责任到人；（4）根据国家下达的生产计划，留 5% 的余地进行包产，连续丰收的地方，以 3 年平均产量包产；（5）包产到田时，不准分掉公共积累，不准分掉集体储备粮、水利粮、饲料粮，不准分掉或扒掉集体公房、牛屋，不准分掉债权、债务，不准分掉或砍掉集体林木，不准分掉或卖掉农业机械，如拖拉机、电动机、柴油机、脱粒机、水泵等，不准分掉集体工副业的设备、财产和资金；（6）生产队现有的集体猪场要继续办好，不能把老母猪搞掉；（7）继续搞好集体工副业生产；（8）搞好耕牛、农具的折算价格，固定到作业组使用；（9）搞好非包工和各种农田基本建设的安排；（10）搞好 1980 年的生产分配"一年早知道"，与社员签订好三包（定产、定工和定费用）合同。肥西县委强调，经过批准搞包产到户的生产队必须遵守"十条规定"，"达不到的不准搞，要层层验收"。肥西县委特别重视"统一分配"这一环节，指出已经实行包产到户的生产队，要坚决搞好 1979 年年终分配，"没有实行统一分配，滑向单

---

① 中共肥西县委：《关于稳定和完善生产责任制的意见》，1980 年 2 月 23 日。

干的，一定要纠正过来"。①

从"46 号文件"的横加指责，到如今在遵守"十条规定"的基础上可以实行，肥西县委对包产到户的态度发生了重大转变。肥西县委副书记、革委会副主任张文题对包产到户的认识，也有显著的变化。1980 年 2 月 24 日，张文题在肥西县农业群英会上表彰山南区增产粮食 2700 多万斤，超过历史最高水平。他进而肯定了包产到户的"合法性"："对于包产到户是不是联系产量责任制的形式之一，它的方向对不对？是不是倒退？我们应该首先从理论上分清是非。列宁说：'人类从资本主义只能直接过渡到社会主义，即过渡到生产资料公有制和按劳分配。'这就是说，社会主义制度最根本的标志，主要有两条：一是生产资料公有制，二是按劳分配。只要坚持这两条，就是坚持了社会主义方向和道路，就是同资本主义和一切剥削制度有了根本的区别。再从实践来看，去年我县各地试行的包产到户，虽然在形式上与分田单干相似，但在原则上不同于分田单干。两者有本质区别。包产到户并没有改变生产队集体所有制性质，也没有违背按劳分配原则，只是经营管理上的变化。生产队对社员实行包工包产，社员户完成包产任务，生产队抓好定产和交产，坚持统一分配。而且，达到了增产、增收、增积累、增贡献。"②

当然，张文题仍高度重视"统一分配"工作，认为没有统一分配就会滑向"分田单干"。他强调要加强领导，不能放任自流。（1）要坚持在生产资料公有制和按劳分配原则的前提下，维护和加强生产队的统一领导、统一核算和分配，保证生产队有 5 项权力，即：有权支配生产队所有生产资料；有权指挥全队生产，安排作物茬口，决定增产措施；有权支配全队劳动力，进行农业基本建设，完成本队公务和上级分配的施工任务；有权统一安排和管理使用本队的农业机械和水利设施；有权执行包产合同，坚持以队核算，统一分配，完成国家各项征购、超购、派购任务。③（2）坚持"五统一"，即生产计划统一、分配统一、农具和耕牛使用统一、水利

---

① 中共肥西县委：《关于稳定和完善生产责任制的意见》，1980 年 2 月 23 日。

② 张文题：《在县农业群英会上的讲话》，1980 年 2 月 24 日。

③ 中共肥西县委：《关于稳定和完善生产责任制的意见》，1980 年 2 月 23 日。

和农田基本建设统一、集体工副业经营统一。（3）在实行包产到户的地方，凡是不能坚持生产资料公有制，不能坚持统一核算、分配，已经滑到单干的，要说服教育，积极引导，组织起来签订合同。①

第二节　完善提高

截至 1979 年底，山南区包产到户的生产队有 93.8%。到 1980 年初，山南区所有的生产队都实行了包产到户。② 1980 年 4 月 1 日，山南区委向肥西县委作了《关于完善生产责任制的报告》，汇报了完善农业生产责任制的若干做法。

山南区委在 1979 年粮食实际产量的基础上，增加 299.54 万斤，作为 1980 年的定产（10922.94 万斤）。同时，较大幅度地提高了农业总收入、提留公积金、人均集体分配收入等目标。山南区委完善农业生产责任制的主要做法如下。

（1）劳动力数量、人口数量相结合承包土地。如发现有单纯按人口数量包产的，则及时纠正。如山南镇有两个生产队仍按人口数量承包，得知这一情况后，区委、镇委负责人亲自到生产队做纠正工作。

（2）制订生产计划时留有余地，同时纠正包产偏低的现象。山南各公社在制订生产计划时，注意给生产队、社员留有余地，让他们有产可超。这样，能调动社员群众的积极性。同时，纠正了包产偏低的做法，以完成集体、国家的任务。

（3）坚持以生产队为单位统一交售任务、统一分配。如金牛公社有生产队交售任务时单纯按田亩摊派、年终分配时搞"两本账"，该队的生产队长主动检讨、及时纠正。

（4）坚持以生产队为单位经营林业、牧业和副业，千方百计增加社员

---

① 张文题：《在县农业群英会上的讲话》，1980 年 2 月 24 日。
② 据 1979 年 11 月 20 日的《关于山南区实行生产责任制后变化情况的汇报》，山南区 1096 个生产队中有 1028 个包产到户。到 1980 年 4 月 1 日，山南区委向肥西县委作《关于完善生产责任制的报告》，指出山南区 1107 个生产队全部包产到户。

集体分配收入。

（5）注重照顾"五保户"、"四属户"和困难户。山南区有"五保户"279 户、"四属户"1465 户、困难户 641 户。对他们缺钱、缺粮、缺技术的问题，给予了不同程度的解决。

（6）坚持水利统一、耕牛统一。水利管理实行"全队一把锹"或由生产队按塘口确定专人管理。耕牛、农具全部折算价格，列表登记，固定到作业组，由作业组确定专人养用。

山南区委在《关于完善生产责任制的报告》最后指出："完善生产责任制工作不是结束了，而是开端。所以，我们决心再接再厉，继续努力，做好工作。"对包产到户，山南区委重申：坚持生产队统一分配，不许分田单干。包产合同具有法律效应，社员户要在合同上加盖私章，超奖减赔，必须坚决兑现。①

1980 年 4 月 1 日，肥西县委以"肥发〔80〕16 号"文件（又称"16号文件"）的形式，将山南区委的《关于完善生产责任制的报告》转发至各区、各公社党委。肥西县委在"16 号文件"中指出："县委要求，（实行）各种形式生产责任制的都要坚决稳定，决不要再变来变去。"肥西县委转发山南区委的《关于完善生产责任制的报告》，表明肥西县委对山南包产到户合法性的再次确认，也表明肥西县委在农村改革的征程中又迈进了一步。

第三节　引人注目

在山南包产到户的带动下，在县委政策松动的刺激下，肥西县包产到户覆盖面不断扩大。1979 年夏，肥西有 37% 的生产队实行包产到户。1980年春，包产到户席卷整个肥西，有 8199 个生产队实行了包产到户，仅有3% 的生产队没有搞包产到户。②

---

① 中共山南区委员会：《关于完善生产责任制的报告》，1980 年 4 月 1 日。
② 中共安徽省委农村工作部：《安徽省农业生产责任制资料选编》内部资料，1983，第162 页。

包产到户在肥西再次显示了威力。1980 年夏收，肥西 40 多万亩小麦产量创下历史最高纪录。① 平均亩产 340 多斤，总产量超过 1.36 亿斤。不只是小麦，1980 年的午季油料产量也有大幅增长。全县 19.58 万亩油菜，平均亩产 177 斤，比 1979 年高出 21.2%，总产量则是 1979 年的 1.3 倍。普遍实行包产到户后的肥西县，实现了粮油全面丰收。喜获丰收的社员群众，积极向国家交售粮油。1980 年 9 月中旬，肥西小麦入库量高达 8402.3 万斤，是交售任务的 5.2 倍，比 1979 年同期多 300 万斤。油菜籽入库量高达 2669.8 万斤，是交售任务的 7.3 倍。② 截至 1980 年 11 月 5 日，肥西超额完成了全年的粮油征购任务。③

大丰收后的肥西，甚至出现了一个前所未有的问题——"卖粮难"。1980 年 4 月，中国社会科学院农业经济研究所工作人员来安徽调研后，写出调查报告《"农民卖粮难"的问题急待解决》。文章指出："三中全会以来，安徽省肥西县农村实行了深受农民欢迎的联系产量的生产责任制，农村经济开始出现繁荣景象。但面对今夏长势喜人的小麦和油菜，这个县却在为'农民卖粮难'的问题而发愁。"肥西县此前粮食产量约为 7 亿斤，全年的征购任务为 1.4 亿斤，库存量 5000 万斤。但大丰收带来了新难题，农民卖粮难，粮食部门因为粮食管理制度的不合理也不愿多收购。现在，全县库存量超过 1 亿斤，粮仓已无空余，有 1200 万斤粮食只好放在露天的堆子里。粮食收储量大，但又无法调出。不少粮站不愿多收，农民日夜排队卖粮，甚至为卖粮"走后门"。安徽省虽然规定每 1 万斤粮食拨给 90 元管理费，以鼓励粮站多收多储，但未能奏效。农民为卖粮难大发牢骚。多余的粮食，自然就流向了市场，但大部分在当地卖不掉。在肥西随处可见农民用好米煮成稠粥，喂养家畜、家禽。④

这篇报告谈的是"卖粮难"问题，实际上揭示出肥西的空前丰收，以及粮食收储制度的滞后。肥西"粮多为患"，这在当时确实是新鲜事。因

---

① 《肥西县今年小麦又获丰收》，《安徽日报》1980 年 6 月 20 日，第 1 版。
② 《肥西午季粮油大丰收》，《安徽日报》1980 年 10 月 3 日，第 1 版。
③ 《肥西超额完成今年粮油征购统购计划》，《安徽日报》1980 年 11 月 11 日，第 1 版。
④ 陈一谘：《"农民卖粮难"的问题急待解决》，《农业经济问题》1980 年第 6 期。

为中国不少地方粮食紧缺，北京、上海、山西、江西、福建、广东等地都有单位到肥西买米。一枝独秀的肥西县，不仅不缺粮，还出现有粮不能卖的局面。根据当时的政策规定，异地只能进行小宗的粮食交易，所以上述单位来肥西购米，肥西只能供给少量粮食，对于大宗交易则无权做主。《"农民卖粮难"的问题急待解决》一文还指出："据我们从有关部门了解，他们认为，主要现在国家上调粮油都以平价计算，因而收购越多，上调越多，地方财政包干后亏损越多。这样，地方上自然不愿多收，因而就出现了'农民卖粮难'的问题。"①

《"农民卖粮难"的问题急待解决》在最后郑重提出："希望有关部门的负责同志，到实际中来，到群众中来，认真作些调查研究，制定合乎当地情况的粮食收购计划和政策，解决'农民卖粮难'的问题，否则将会影响农民群众的生产热情。"② 平心而论，也不能一味指责政策制定者的短视。在长期粮食普遍紧张的年代，又有谁能预料到粮仓不够用、粮食卖不掉呢?! 所有这些"新问题"，都要归功于包产到户后的"新变化"，这是一个全新的挑战。

1980 年 7 月，安徽省委抽调《安徽日报》社 4 名工作人员汪铭琛、杨佩良、吕式毅、汪言海组成调查组，赴肥西展开深入调查。7 月 10 日下午，调查组听取了肥西县委副书记、革委会副主任张文题的介绍。张文题说，肥西普遍实行了包产到户，就连发展最好的新仓公社也"全线崩溃"。③ 调查组随后召开座谈会，并分头实地调查，听取肥西县委意见后，于 1980 年 8 月初形成定稿——《迅速恢复和发展农业生产的有效办法——肥西县包产到户情况调查汇报》。调查报告肯定了包产到户，认为它"进一步调动了农民生产积极性，促进了农业生产的恢复和发展，实现了增产增收增贡献"。（1）有效克服了过去干活中的"三个一样"，劳动工效大为提高。先前"大呼隆"干农活，干与不干一个样、干多干少一个样、干好干坏一个样，严重挫伤了农民的生产积极性。包产到户后，把产量同劳动

---

① 陈一谘：《"农民卖粮难"的问题急待解决》，《农业经济问题》1980 年第 6 期。
② 陈一谘：《"农民卖粮难"的问题急待解决》，《农业经济问题》1980 年第 6 期。
③ 汪言海：《艰辛的"第一步"》，未刊书稿，第 130 页。

者的物质利益直接联系起来，超产奖励、减产赔偿，社员劳动积极性很高。（2）精耕细作管理好。过去生产队的地和社员自留地的庄稼，一眼就能分清好坏。包产到户后，各个地方庄稼长势基本一样。调查组成员所到之处，均消灭了空白田，基本上消灭了草荒。（3）千方百计筹集生产资金，深挖增产增收潜力。包产到户后，社员大量购买氮肥、磷肥和农药。（4）农民自主安排农活，有时间开展家庭副业，广开财路。（5）实现了增产增收增贡献。肥西县委认为，在包产到户的地方，实收粮食产量远高于年报产量。从全县粮食入库量和对国家的纯贡献的绝对数也可见一斑：1979 年肥西向国家纯贡献粮食 2.538 亿斤，约是 1978 年的 4 倍。

当时，人们对包产到户的质疑，除了"方向性错误"外，还有是否能够坚持统一分配、是否有损于集体经济、是否会出现争水争牛的矛盾、能否顾及"五保户"和"四属户"等。对上述问题，调查组也作了深入的剖析。

（1）关于统一分配的问题。1979 年，肥西包产到户的生产队，有50% 实行了统一分配。1980 年初，肥西县委吸取教训，从年初便抓年终分配，集中力量抓将以产定工为中心的承包合同，试算了"一年早知道"，规定征购粮、超购粮分户交售。从 1979 年的年终分配和 1980 年午季预分配来看，肥西县委抓统一分配是有成效的。但许多干部、社员反映，按目前办法抓统一分配难度很大，基层干部甚至要花 80% 的精力抓统一分配。

（2）关于生产队集体经济的问题。肥西多数生产队的集体经济本来就没有什么家底，不能把集体经济"很空"归罪于包产到户。有的公社集体固定资产的构成发生了变化，主要是现金积累减少了，但农具、耕牛增加了。有的公社由于加强了领导，有组织地推行包产到户，集体经济不但没有受到损失，耕牛、农具还大幅增加。这说明，包产到户与集体经济受损没有必然的联系。包产到户能迅速恢复和发展生产，恰恰有利于巩固集体经济。

（3）关于争水争牛的问题。一些地方确实出现了"争水打破头，耕地累死牛"的现象，但各地在实践中逐步找到了解决这一问题的办法。

（4）关于"五保户"、"四属户"、困难户的问题。人们普遍关心包产到户后，"五保户"、"四属户"和困难户的生产生活状况。根据在金牛公社的调查，随着农业生产的发展，"五保户"、"四属户"和困难户的收入和生活水平也在普遍提高。但也有照顾得不够好的地方，困难户有减产的趋势。特别是民办教师，不得不利用课余时间和节假日回家务农，影响了教育质量。①

这份调查报告的创见之处还在于，对高产富队的包产到户情况作了调查和分析。当时，无论是在政策规定中还是在一般认知中，包产到户都只不过是低产穷队的权宜之计，高产富队不宜实行。有反对者便说："真正要求包产到户的不到20%，是少数人哄起来的。"真实的情况到底如何呢？调查组在肥西深入群众进行了"民意测验"，发现有70%以上的农民赞成包产到户，高产富队同样要求包产到户。这绝不是什么"外界的影响"，而是高产富队自身的要求和呼吁。其主要原因有三点。（1）高产富队同样存在"大呼隆"的现象，有着出勤多、出力少、工效低的弊病。这些地方的干部群众普遍反映，包产到户后一般农活的工效能提高30%。（2）在高产富队里，土地增产仍有很大空间。在现有技术条件下，只要充分调动人的积极性，仍有产可增。实行包产到户，社员家庭发展副业的潜力会更大。社员在精心种好包产田之外，尚有充裕的时间经营自留地和家庭副业。（3）高产富队一般都有较强的领导班子，但也不同程度地存在家长式领导。少数干部甚至专断独行、强迫命令，社员民主权益得不到充分保障。很多女社员反映，集体干活在一起"绑够了"，"包产到户自由了"。调查组发现，包产到户确实有助于实现农民所要的"小自由"，有助于保障社会主义劳动者必不可少的休息权利。②

对包产到户在高产富队导致的问题、矛盾，调查组认为"现在还看不清楚"，只能作初步的分析。（1）关于农业机械的使用问题。以较为富裕的新仓公社为例，农业机械过去使用较多，机耕面积可达67%。包产到户

---

① 安徽省委赴肥西调查组：《迅速恢复和发展农业生产的有效办法——肥西县包产到户情况调查汇报》，1980年8月。

② 安徽省委赴肥西调查组：《迅速恢复和发展农业生产的有效办法——肥西县包产到户情况调查汇报》，1980年8月。

后，机耕面积明显减少，但春耕并没有受到影响。调查组认为："可见群众对机耕，特别是大型拖拉机的需要并不迫切。这些地区的干部群众普遍反映，迫切需要轻便、实用、价廉的插秧机、收割机。"（2）关于土地肥力的问题。高产富队土壤肥沃，这是经过多年培养而成的。包产到户后，个别社员为了高产过量使用化肥，有的还造成了"肥害"。为了多产麦产油，老百姓缩小了绿肥的种植面积。有些人担心这样下去会破坏地力，出现"一年大增产，二年小增产，三年不增产，四年要减产"的后果。调查组认为："这种情况虽然还没有出现，但是这种担忧是有道理的，应当引起我们足够的重视。"（3）关于农业增产潜力的问题。高产富队农业增产潜力不大了，在个人积极性充分调动后的几年内，还可能有小幅度的增产。调查组认为："这些地方今后发展生产的关键，是靠科学，靠技术上的突破，靠统一规划，扬长避短。这样看来，目前包产到户的个体经营方式，将会出现很大的矛盾，这也是值得注意研究的问题。"①

调查组指出，随着包产到户的推行，领导方法也必须适应新的情况。过去很长时间内，开展农业工作主要靠行政手段。80%以上的精力用于催耕催种、催征催购，工作方法是"发号召、抓进度、掀高潮、造声势"。表面轰轰烈烈，实际上流于形式。包产到户后管理农业应该主要是抓政策，应结合经济手段而不是单纯依靠行政手段。农民在包产到户后，能自觉主动地种植、饲养，无须政府号召。由于农产品价格的调整、农副产品的增产，粮油等农副产品的入库、收购无须政治动员便可顺利完成。近一年多来，肥西县各级党组织的主要工作是抓政策，完善包产到户责任制，解决用水、用牛、用农机具等矛盾，解决对"五保户"、"四属户"和困难户的照顾问题，解决"五统一"特别是统一分配问题。此外，包产到户后的农民增产心切，对种植、施肥、防治病虫害等都极为关心。山南公社党委书记王尚荣说："现在农民看到干部，经常问你科学种田的方法，如什么虫什么病，怎样防治等，有时我们答不出，很被动，看来领导农业生产也得懂科学才行。"调查组发现，干部群众普遍要求政府抓紧做两件事。

① 安徽省委赴肥西调查组：《迅速恢复和发展农业生产的有效办法——肥西县包产到户情况调查汇报》，1980 年 8 月。

（1）多产化肥。化肥供不应求，农民要通过各种关系从外地采购，成本高、负担重。为买化肥"走后门"的现象严重，群众意见很大，迫切要求解决。（2）多建粮仓和油缸。调查组指出，肥西仓库容量小、盛油容器不足、调运困难，严重影响了粮油入库保管。调查组也再一次指出"卖粮难"的问题："谷贱伤农，我们已经听不少农民声言今秋多种油菜，少种小麦，不能说和这种情况没有关系。"①

对肥西县的包产到户，调查组的结论是"坚持稳定，积极引导"。调查组指出，包产到户在肥西穷队和富队实行已成为事实，广大干群的思想情况是"社员怕变，干部怕错"。少数反对包产到户的人，希望上级下达禁令，以便立即动手"纠偏"。肥西农村中弥漫着惶惑不安的情绪，许多干部、群众恳请"千万不要变"。大家普遍认为，如果强行纠扭，势必引起大的波动和群众思想的混乱，造成生产的破坏。调查组建议：既然包产到户在肥西穷队、富队的实行，在极短的时间之内，促进了生产的显著发展，那就应当肯定这种形式在当地是合适的。这一条是判断肥西县包产到户是非正误、得失利弊的主要标准，其他都是次要的标准，否则会众说纷纭，让人无所适从。应当满足绝大多数干部、群众的要求，在业已实行包产到户的地方（包括高产富队）把这种形式稳定下来，并有必要向群众讲明，以安定人心。在稳定的基础上，积极引导、解决矛盾、克服弊病，使之不断完善。对稳定包产到户的时限，调查组认为以"不要定下框框为好"，"我们的设想是走专业化、联合协作的路，这应当是积极引导的长期目标，但一定要因地制宜，从实际情况出发，在条件具备的情况下去做，万万不可赶任务，搞'一刀切'，更不能像过去搞运动那样一哄而起。这个问题应在实践过程中，不断总结经验教训，积极地、谨慎地逐步解决"。②

---

① 安徽省委赴肥西调查组：《迅速恢复和发展农业生产的有效办法——肥西县包产到户情况调查汇报》，1980 年 8 月。

② 安徽省委赴肥西调查组：《迅速恢复和发展农业生产的有效办法——肥西县包产到户情况调查汇报》，1980 年 8 月。

第四节　积极引导

鉴于包产到户的普遍推行，肥西在总结经验教训的基础上于 1981 年初制定了《关于实行包产到户的生产队经营管理试行办法（草案）》（简称《试行办法》）。此举表明，肥西县委既谋求普遍实行包产到户的"合法性"，也在积极引导包产到户进入设想的轨道。

肥西县委正式发布《试行办法》前，安徽省委政策研究室 1981 年第 6 期的《调查研究》（1981 年 1 月 21 日编印）刊发了评论员文章《对包产到户的办法要积极完善提高》。文章指出，安徽农村有相当多的生产队已经实行了包产到户，应当积极地引导这些生产队，帮助其做好完善和提高工作，这对进一步巩固和发展集体经济、夺取农业生产的全面丰收起着举足轻重的作用。文章认为包产到户有"两重性"：（1）能够调动群众的生产积极性，能增产，在长期贫穷落后的"三靠"地区效果尤为显著；（2）出现了很多问题和矛盾。但文章以肥西为例，特别指出："只要领导上认真对待，这些矛盾和问题也不是不可以解决的。肥西县两年的实践，就是很有说服力的证明。"评论员文章认为《试行办法》是"很好的"，"切实按照这些规定去做，就能在坚持以生产队集体经济为主体的前提下，充分调动社员个人的生产积极性，正确处理国家、集体、个人三者关系"。

《调查研究》刊发的评论员文章，坚定了肥西推行包产到户的决心和意志。1981 年 2 月 10 日，肥西县委以 1981 年 "6 号文件"的形式发出《关于印发实行包产到户的生产队经营管理试行办法的通知》，将《对包产到户的办法要积极完善提高》和《关于实行包产到户的生产队经营管理试行办法（草案）》，一并印发至各生产大队党支部。《试行办法》指出，包产到户"是在生产队统一经营下组织劳动的一种形式"。将包产到户界定为组织劳动的一种形式，回避了对其性质是非的争论，有利于绕开政策障碍。《试行办法》对生产队和社员分别作了"五权"、"五统一"和"五不准"的规定。"五权"即生产队有权支配生产队所有的生产资料、有权指挥全队生产、有权支配全队劳力、有权统一管理农业机械和水利设施、有权对定产部分由队统一核算和分配,"五统一"即生产计划统一、分配统一、水利统一、农机具和耕牛统一管理、集体工副业经营统一,肥西此前便出台过相关管理办法。为进一步消除外界对包产到户的责难,对社员作出"五不准"的规定:(1)不准随便在承包的耕地上盖房、葬坟,不许买卖土地或雇工剥削;(2)不准拆毁、平分集体财产和乱砍林木;(3)不准各顾各,要照顾好烈军属、职工家属和困难户;(4)不准争水、抢水;(5)不准无故不服从生产队派工。《试行办法》除详细规定承包土地方法、交产方法、收益分配方法、财务管理方法等外,还单列了一章"安排好烈军属、职工家属和困难户的生产生活"。内容主要有:劳力弱或无劳力的烈军属、职工家属和困难户,可以少包田或不包田,由生产队安排做一些力所能及的其他集体农活,尽量增加他们的集体分配收入,还要帮助他们发展家庭副业生产;必须保证烈军属的吃粮标准达到所在生产队的平均水平;在劳力上给予帮助,在技术上予以指导,切实解决他们生产中的问题;在分配化肥、农药、农业贷款时,必须首先考虑他们的需要,有些可以直接安排到户。①

肥西县委1981年的"6号文件",是一份顺应形势、尊重民意的文件。作为县一级的党组织,肥西能够挺身而出为包产到户建章立制,是难能可贵的。虽然"6号文件"对包产到户的社员作了一些限制,但它旨在引导包产到户向更高层次发展。"6号文件"出台后不久,《安徽日报》便给予了正面肯定。1981年4月8日,《安徽日报》刊发《管理得法、有章可循——肥西县制定包产到户经营管理试行办法》。报道说,肥西县委早在1980年6月便组织了3个小组,在深入调查研究的基础上,把原来各个方面的、分散的经验,总结为全面的、系统的包产到户经营管理办法,经过半年多时间上上下下的反复讨论和修改,才形成《试行办法》。这篇文章还报道《试行办法》受到了普遍欢迎:"肥西县包产到户经营管理试行办法公布后,绝大多数社队干部和群众都说这个办法是符合实际情况的,可

---

① 中共肥西县委:《关于印发实行包产到户的生产队经营管理试行办法的通知》,1981年2月10日。

行的。他们说，没有规矩，不成方圆。有了这个办法，我们搞包产到户就有章可循了。目前，全县社队干部和群众，正在围绕签定今年的'三包'合同，认真讨论执行这个管理办法。"①

肥西县委"6号文件"特别重视的照顾困难户的问题，也得到较为妥善的解决。1981年9月12日，《安徽日报》刊发《肥西县积极开展扶贫工作》，介绍了肥西县的扶贫工作。肥西从县到社队都成立了扶贫组织，党政主要负责同志将扶贫工作列入议事日程并亲自过问。银行、供销社、民政部门等给予专项资金、物质扶持。对困难户子女的学杂费，教育部门还予以减免。报道说："各级党委和政府在这项工作中，都分别采取多种形式，召开会议，大力宣传扶贫工作的意义、政策和扶贫户的条件，使广大干部群众认识到，做好扶贫户工作，不仅是'解民愁，得民心，合时宜，利四化'的重要工作，也是提高和完善农业生产责任制的一项具体措施和内容；实行生产责任制后，不仅要让一部分农民先富裕起来，而且要使一部分贫困户不致相差太远，这是社会主义制度优越性的具体体现。"② 的确如此，照顾好贫困户，不仅如报道所说可以体现"社会主义制度优越性"，还有助于扫除农村改革过程中的阻力和障碍。

---

① 《管理得法、有章可循——肥西县制定包产到户经营管理试行办法》，《安徽日报》1981年4月8日，第2版。
② 《肥西县积极开展扶贫工作》，《安徽日报》1981年9月12日，第3版。

第九章

凤凰涅槃

肥西农村改革急速发展时，安徽农村改革又横生波折。也正是这场波折，让肥西进入决策层的视线，并将肥西农村改革推向新的高潮。

第一节　千锤百炼

1980 年 1 月，安徽省委发出"一号文件"，肯定了全省农业会议将包产到户确定为"联系产量责任制的形式之一"的决定。包产到户在安徽获得了"地方户口"，在全省范围内取得了合法性。农村改革似乎可以阔步向前了，然而事情又发生了新的变化。1980 年 2 月，万里离任安徽省委第一书记，赴京出任中央书记处书记。万里离开后，安徽农村改革形势陡转直下，肥西县农村改革面临一场新的考验。

1980 年 2 月、3 月，《农村工作通讯》接连发表批评包产到户的文章，矛头直接指向安徽。《农村工作通讯》1980 年第 2 期刊发原芜湖地区干部印存栋的文章《分田单干必须纠正》。这篇文章将农村改革斥责为"分田单干"，并且指出其有五大弊病。（1）不符合党的现行政策。党的十一届四中全会正式通过了《中共中央关于加快农业发展若干问题的决定》（以下简称《决定》），明确规定"不许分田单干"和"不要包产到户"。要全面贯彻《决定》，对分田单干不能放任自流。现在，有的基层领导同志没有一个鲜明的态度，这是很不应该的。（2）不能如实反映劳动成果。《决定》明确指出：人民公社的基本核算单位是生产队；在实行联系产量责任制的地方，要坚持生产队的统一核算、统一分配。但分田单干否定了生产队的统一核算和分配。有的地方只顾国家和社员，不顾生产队，这样下去将会造成生产队一级的集体经济成为"空壳"，"队为基础"被瓦解。（3）不利于贯彻按劳分配、多劳多得的社会主义分配原则。（4）不符合党和人民的根本利益。《决定》指出，要"在农业集体化的基础上，实现对农业的技术改造"。分田单干的结果是，变农业集体化为一家一户生产，个别地方已经平整的大片土地本来适应机耕，现在又变得支离破碎，有机没有路了。（5）两极分化不可避免。在分田单干的地方，国家、集体、个人三者之间的关系难以兼顾，"五保户"、困难户难以照顾，下放知青和城镇居民不安心。个别地方已出现变相出租和买卖土地现象。印存栋最后指出："一定要坚持'三级所有，队为基础'的制度，坚持生产资料集体所有，坚持按劳分配的原则，加强党的领导和政治思想工作，坚决反对和防止分田单干和包产到户的错误作法。对于少数已分田单干的要做过细的工作，积极引导农民组织起来。"① 《农村工作通讯》1980 年第 3 期又刊发农业部副部长李友九（署名"刘必坚"）的文章《包产到户是否坚持了公有制和按劳分配?》。② 这篇文章认为，包产到户变集体经营为个体经营，动摇了公有制。这篇文章还认为，包产到户后实行按劳分配是不可能的，"（因为）包产数是固定的，生产费是各户自筹的，记多少工分和工分值多少，也就没有实际意义"。文章的结论是："包产到户既没有坚持公有制，也没有坚持按劳分配，它实质上是退到单干。"③

《农村工作通讯》是农业部主管的刊物，刚刚复刊便剑指安徽。1980 年 3 月上旬，万里注意到了《农村工作通讯》上这两篇来势汹汹的文章。万里指示吴象、张广友写出"摆事实讲道理"的文章，进行不点名的反驳。④ 吴象、张广友很快便写好《联系产量责任制好处多》，并打出清样交万里审阅。万里的意见是在《安徽日报》发表，以消解《农村工作通讯》

---

① 印存栋：《分田单干必须纠正》，《农村工作通讯》1980 年第 2 期。
② 《李友九回忆录》收录了此文。参见李友九《李友九回忆录》，内部资料，2004，第 119 ~ 120 页。
③ 刘必坚：《包产到户是否坚持了公有制和按劳分配?》，《农村工作通讯》1980 年第 3 期。
④ 张广友：《改革风云中的万里》，人民出版社，1995，第 225 页。

的负面影响。可是，新任的安徽省委主要负责人不同意在《安徽日报》刊发此文。《人民日报》当时的负责人看到清样后，十分赞赏，他说："这样吧，如果你们同意的话，就以你们两位署名，在我们报上发表，文责自负。"① 于是，《联系产量责任制好处多》于1980年4月9日在《人民日报》全文发表。这篇文章先是说明"定产到田、责任到人"（笔者注：其实就是"包产到户"）是联系产量责任制的形式之一："去年以来，在贯彻执行党中央关于发展农业两个文件的过程中，全国各地从实际出发，因地制宜地建立了各种不同形式的生产责任制。基本上可分为两大类：一类是不联系产量的责任制，其特点是按工计酬，包工不包产，其形式有的是以队集体劳动评工记分；有的是包工到组，组内评工记分；有的是小段包工、季节包工、田间管理包工到户；有的是定额管理，按件记工等等。另一类是联系产量的责任制，其特点是定产定工，包工包产或直接的包产制。其形式有的是定产到组，以产计工；有的是任务到组，大包干；有的是小宗作物定产到田、责任到人；还有些居住分散的偏僻山区或者长期低产落后的生产队，采取定产到田、责任到人的办法。"肯定了包产到户是联系产量的责任制后，《联系产量责任制好处多》从实证的角度论证了"联系产量的责任制比不联系产量的责任制更有利于提高出勤率，提高劳动效率，提高农活质量，增产效果更为显著"。②

吴象、张广友有的放矢地指出，联系产量责任制绝不是"倒退"，"社会主义最根本的标志，主要有两条：一是公有制；二是按劳分配。只要坚持这两条，就是坚持了社会主义的方向和道路，就同资本主义和一切剥削制度有了根本区别。至于经营管理的方法，劳动组织的规模等，是可以灵活运用，可以根据实际情况变通的。实行联系产量责任制，定产到组、以产计工也好，包产到组也好，大包干也好，责任到人也好，从所有制看，土地、耕畜、大农具等生产资料仍然归生产队集体所有，可以根据情况加以调整，社员个人没有所有权，只有使用权，不能私自买卖或转让；从分配上看，包产以内的产品收入仍然归生产队统一分配，超产部分奖给社

---

① 张广友：《改革风云中的万里》，人民出版社，1995，第225页。
② 吴象、张广友：《联系产量责任制好处多》，《人民日报》1980年4月9日，第2版。

员，也是按劳分配的一种形式；从人与人之间的关系看，是生产队领导下的分工协作，不存在剥削与被剥削的关系。由此可见，无论从生产关系的哪个方面来看，都没有改变社会主义的性质。有人把包产制说成是刮单干风，这是不对的"。文章提出，要采取积极态度解决问题，不能因噎废食，"应该确立实践第一的观点，充分走群众路线，越贴近实际、越贴近群众的人，思想越解放。农民的衣食温饱直接和农业生产的好坏联系在一起，他们比任何别人更关心农业的发展。支持绝大多数农民的正当要求，尊重农民的选择和创造，就可调动农民的生产积极性，更好地发展农业生产"①。

《安徽日报》之所以不刊发《联系产量责任制好处多》，是因为当时新任的省委主要负责人对包产到户的看法发生了变化。这位主要负责人在安徽政声很好，一开始也积极响应万里倡导的农村改革。但在后来的一段时间里，他对包产到户却提出激烈的批评。1980 年 4 月 4 日至 5 日，省委主要负责人在蚌埠召集阜阳地委、宿县地委、滁县地委和淮南市委、淮北市委、蚌埠市委主要负责同志开会。各地委、市委负责人汇报结束后，省委主要负责人向支持包产到户者施压：

> 工团主义者、经济主义者、机会主义者，他们搞工人罢工，只是为了眼前利益。离开了引导工人最终为共产主义奋斗的远大目标。
>
> ……
>
> 我们的最低纲领和孙中山先生的三民主义即三大政策的三民主义差不多。但我们又有不同，我们还有最高纲领，我们的世界观、思想体系不同。所以县委一级领导要有明确的指导思想。眼前的有些事情必须和最终奋斗目标联系起来考虑，既要对当前任务有作用，又要对今后目标增加助力。
>
> ……
>
> 我们是有条件的、有办法的。因为我们是执政党，政权掌握在我们手

---

① 吴象、张广友：《联系产量责任制好处多》，《人民日报》1980 年 4 月 9 日，第 2 版。

里，有好多手段在我们手里，我们可以运用。可是如果指导思想不明确，就有可能限于眼前和局部，越滑越远，走向单干。这不是没有可能的。①

如果说这一次的讲话还比较简短、语言还不太尖锐，那么这位省委主要负责人在芜湖的长篇讲话则充满了火药味。1980 年 4 月 23 日至 26 日，安徽省委在芜湖市铁山宾馆召开"南三区"（宣城地区、徽州地区、贵池地区）地市委书记碰头会。根据省委领导同志的意见，吴象、张广友参加了这次会议。会议一开始，就有人指责吴象、张广友的《联系产量责任制好处多》，说："春耕生产大忙期间发这么大块文章，啥意思！"省委主要负责人则说："'四人帮'批右无边无际，我们批'左'也要有个界限，不能无边无际，不能把正确的东西当成'左'来批，正确的东西越过一步就变成谬误。包产到户在穷地方效果明显，但不能把它说成是'灵丹妙药'，可以说是'治穷之一方'。如果是'灵丹妙药'，那马克思就不灵了，社会主义合作化就不灵了。包产到户，我们说在一定条件下可以搞，是带着惭愧的心情同意的。因为过去犯了许多错误，带来严重后果，对不起人民，没有办法，才搞这种办法。有人把它作为好办法推广，条件好的地方也搞包产到户……那与我们就有分歧了。至于农民要求包产到户，可以说这是对我们几十年来没有搞好集体生产的一种抗议，不能说是优越性。如果户比组、比队优越，那社会主义怎么干呢？"他越讲越带感情，站起来边走边说："毛主席说，没有调查研究就没有发言权，现在了解了一些情况，不能再抽象地讲，要稍微具体一点了。我引过马克思的话，'运动的今天意味着运动的明天'。有人说我引这句话有针对性，我是有针对性的。有的人说：以队为单位只能调动农民 80% 的积极性，以组为单位能调动 90% 的积极性，包产到户能调动 100% 的积极性。队不如组、组不如户。所以，包产到户是'灵丹妙药'，不搞包产到户就是'管卡压'，就是'捆住农民手脚'，就是'僵化'，等等，怎么能简单到如此地步！那么马克思主义就不灵了，社会主义就不灵了？……如果认为这是新发明，甚

① 《张劲夫同志四月五日在蚌埠市召开的部分地市委书记碰头会议上的讲话》，1980 年 4 月 5 日。

至还要推广，那就错了！这实际上是在搞'经济主义'、'机会主义'、'工团主义'……"①

肥西县的包产到户，也受到了批评。1980 年 8 月 14 日，省委主要负责人在检查灾情途中召集部分地委、县委书记开会时说，搞包产到户，暂时会起作用，像定远、凤阳、嘉山一带，集体经济没有搞好，长期低产落后，暂时可以先搞一段时间。但像肥西的三河一带，一直很富，那里也搞包产到户，就有疑问了。他还说，对肥西的包产到户，"现在我不愿去过问，因为搞包产到户太出名了嘛！"②

第二节　大唱赞歌

安徽省委主要负责人对包产到户的严厉批评，在一段时间内引发了人们对农村改革前途和命运的担忧。万里离任安徽省委第一书记后，对安徽农村改革的局势依然十分关心。在万里的指示下，张广友、吴象于 1980 年 4 月中旬走访了江淮地区。回顾这段历史时，张广友写道："我们来到了江淮地区的六安、肥西等县，发现全省农业会议以后，围绕联产承包责任制问题，主要是包产到户问题，斗争很激烈。一方面，群众根据万里在全省农业会议讲的'包产到户是责任制的一种形式'，普遍要求搞包产到户；另一方面，省地县某些领导坚决反对，于是在全省范围内出现了一次激烈争论。"③ 正是这场激烈的争论，直接推动了高层领导关注发轫于肥西、凤阳的农村改革。

从安徽回到北京后，张广友、吴象向万里汇报了安徽之行。万里说："情况我大体上知道了。你们要尽快把这次采访中的所见所闻，如实地写出来，有针对性地回答人们提出的一些问题，通过你们的小范围内部报道刊物，向中央领导反映。"④ 于是，张广友和吴象奋笔疾书，为包产到户大

---

① 张广友：《改革风云中的万里》，人民出版社，1995，第 229~231 页。
② 《张劲夫同志在芜湖汇报会结束前的讲话》，1980 年 8 月 14 日。
③ 张广友：《改革风云中的万里》，人民出版社，1995，第 228 页。
④ 张广友：《改革风云中的万里》，人民出版社，1995，第 235 页。

唱赞歌，写下 8 篇内部报道：《生产形势很好，群众生活稳定——安徽省江淮地区农村见闻之一》、《联产责任制威力大——安徽省江淮地区农村见闻之二》、《从小岗生产队一年翻身看包产到户改变穷队面貌的作用——安徽省江淮地区农村见闻之三》、《富队包产到户增产效果也比较显著——安徽省江淮地区农村见闻之四》、《群众为什么喜欢包产到户——安徽省江淮地区农村见闻之五》、《关键在于加强领导——安徽省江淮地区农村见闻之六》、《有关包产到户的几个认识问题——安徽省江淮地区农村见闻之七》和《包产到户是不是权宜之计——安徽省江淮地区农村见闻之八》。

这 8 篇内部报道，有 4 篇提及肥西县的包产到户，分别是第一篇、第四篇、第五篇和第六篇。

《生产形势很好，群众生活稳定——安徽省江淮地区农村见闻之一》对肥西县的介绍是："肥西县是实行包产到户比较早、比较多（97%）的一个县，今年夏季作物长势之好在全省是数一数二的。1978 年春天也正是这个时候，记者曾经在去六安途中，从东到西横穿肥西县，深刻的印象是：一是空田多，二是三类苗多，三是自留地与集体地庄稼长势明显不同。这次记者又从东到西横穿肥西全县。深感三点显著变化：空闲田少，三类苗很少，自留地与集体地分不清。县委估计，夏季将在去年大丰收的基础上大幅度增产。其中油菜籽总产量将由去年的 1400 万斤，增加到 3000 万斤以上。""当前人们普遍担心的倒不是吃饱吃不饱的问题，而是夏收后国家收不收议购粮的问题。现在农村集市上粮食价格很便宜。有些地方不收粮票，价格还比北京市国家供应价格便宜。肥西县公路旁的山南公社农村集市上的晚粳米（不收粮票）每斤才 2 角 2 分钱。偏僻的地方价格甚至低于国家牌价。肥西县一些干部要记者向上反映，现在全县库存小麦 3000 多万斤，粮库放不下，有 1100 多万斤不得不在 57 个露天粮点堆放着。眼看夏收已到，粮食无处堆放会造成严重损失，一些农村干部为此发愁，他们希望上级有关部门迅速把粮食调走，或建造新粮库，以便为夏季征购腾出粮库。类似肥西县的反映，记者在其他县也听到过。"①

---

① 张广友：《联产承包责任制的由来与发展》，河南人民出版社，1983，第 77 ~ 79 页。

《富队包产到户增产效果也比较显著——安徽省江淮地区农村见闻之四》对肥西县的介绍是："1978 年秋季，安徽省少数贫困落后社队经过省委负责同志批准同意，进行联系产量的责任制试验时，少数收入比较高、经济条件比较好的富裕队，特别是一些穷困地区中的富裕队，也跟着搞了包产到户。两年来的实践证明，这类队搞包产到户后，增产效果也很显著。肥西县山南区山南公社馆西大队李洼生产队就是其中一例。这个队是山南区集体经济比较巩固，收入比较高的一个生产队。全队 52 户，235 人。1978 年，虽然遇到严重旱灾，全队生产仍然保持在 1977 年丰收年景水平上，粮食平均亩产 1200 多斤，总产达到 27 万斤，人均收入 154 元。像这个队的生产水平在全省来说也够得上是富裕队。1978 年秋种，山南区搞包产到户时，这个队的绝大部分社员和干部也都积极主张包产到户。富裕队搞包产到户按规定来说是不允许的。但是因为上级同意山南区搞包产到户了，李洼这个穷区里的富队，在群众迫切要求下，也就跟着搞了包产到户了。去年，这个队在严重自然灾害的不利自然条件下，也获得了大幅度增产。据不完全统计，全队粮食总产量达 31 万斤（社员包产超产部分因不好统计，没有统计在内），比上一年增产了 15%。卖给国家的粮食比上年增加两万多斤（实际上大大超过这个数字）。其他各项作物也普遍增产。人均收入达 200 元以上（实际也大大超过这个数字）。"①

《群众为什么喜欢包产到户——安徽省江淮地区农村见闻之五》对肥西县的介绍是："社员群众为什么喜欢包产到户？记者访问了一些社员家庭，他们谈了很多真实情况和心里话。其中比较突出的有以下两点：一是收入增加了。记者访问了来安、凤阳、肥西等县十几个生产队和一些社员家庭。从这些生产队可以统计的收入分配表上看，一般都是增产三成到五成，有的七八成，个别的甚至一倍以上。……社员群众喜欢包产到户的第二个原因是'自由了'，特别是女社员对这一点反映最强烈。她们说：包产到户后，一是收入多，吃得饱了；二是'家也像家样了'。正当春播大忙季节的一天下午，记者在肥西县山南公社李洼生产队女社员康秀梅家门口碰到了女主人。她正

---

① 张广友：《联产承包责任制的由来与发展》，河南人民出版社，1983，第 89~90 页。

在喂着一头一百七八十斤重的肥猪。记者问：你怎么没下田呀？她笑着说：地里那点活茬，除了双抢大忙我们帮帮忙，他（指她爱人）一个人就够了，平时用不着我们下田。康秀梅是1962年从上海市下放来的女青年，和本队社员结了婚。她今年36岁，有3个孩子。她说：要说过去社员生活苦，女社员最苦，上工同男社员一样干，回到家里还得干，又带孩子，又做饭，又喂猪，又洗涮，没完没了的家务事累死也干不完。过去规定每个月要保证出工25天（基本劳动日），不出工不给工分，还要扣口粮。前些年孩子小的时候更难，家里没人看，只好把孩子带到地里，放在箩筐里，上面支个伞。天气太热不能带到地里去，有时就只好把孩子拴在桌腿上去出工。心里惦记着孩子，哪还有心思在地里干活？等到下了工回到家一看，孩子滚得满身粪尿，嗓子都哭哑了。其实，地里活根本用不了那么多劳力，但是人们都是出工不出力，泡时间，混工分。下工了忙着做饭又喂猪，家里活干不完。农忙时一天只能睡上3个小时觉。那时别说不叫搞家庭副业，叫搞也没有时间……可是，就这样一年到头还是吃不饱穿不暖，有时还超支欠款。包产到户后可算好了：农忙时，前后也不过个把月的时间，我们能下田的都下田抢种抢收；平常愿意什么时候上工就去上工，什么时候要回来就回来。再也用不着上工街头等，迟到误工挨批判了。给自己干活效率高、质量好。过去'皮条活'没完没了，现在要不了几天就干完了。我们家包产六亩田，平常地里活还不够爱人一个人干的，农闲时间还得找点副业干。我在家看孩子、做饭、养猪、养鸡搞副业。现在孩子有人管教了；饭也吃得应时，身体好，病也少了；衣服、被子、鞋，到时候都准备好了。家里也干净整齐，真像个家样了！去年，我们包产6亩田，定产4100斤，实产6000多斤；还收了一些芝麻、绿豆等油料和杂粮。我在家还喂了2头大肥猪、12只鹅、30多只鸡。全年收入1500多元。前些年农村生活苦，总想回城。照这样下去我就不想回城了。在城里当工人收入也不比我多。今年我们新盖了3间瓦房，明年准备买缝纫机、自行车……记者在江淮农村访问中，类似康秀梅这样的话，听到何止一次。"①

---

① 张广友：《联产承包责任制的由来与发展》，河南人民出版社，1983，第92~95页。

《关键在于加强领导——安徽省江淮地区农村见闻之六》对肥西县的介绍是："从记者走访的县、社、队看，实际上大部分干部也都在加强对包产到户的领导，认真总结经验，不断解决前进中遇到的问题。来安、宣城、无为等包产到户比例比较大的县，普遍发了关于加强包产到户生产队领导的指示。有的还派出了工作组，及时召开有关会议，总结交流经验。肥西县在总结包产到户碰到的矛盾与处理办法的基础上，概括为十八句话七十二字方针：定产到田，责任到户；生产计划，队里作主；使用牛水，权力在组；收益分配，三者兼顾；执行合同，坚持制度；集体财产，人人爱护；蓄意破坏，从严论处；四属五保，酌情照顾；操心干部，合理补助。"①

第三节　尚方宝剑

张广友、吴象的 8 篇内部报道，于 1980 年 5 月 27 日至 30 日连续刊出。这组报道每天送至邓小平等在京的政治局委员处。② 邓小平显然及时注意到了相关情况，并在 5 月 31 日与胡乔木、邓力群的谈话中坚定地支持了肥西、凤阳的农村改革（见图 9-1）。他说："农村政策放宽以后，一些适宜搞包产到户的地方搞了包产到户，效果很好，变化很快。安徽肥西县绝大多数生产队搞了包产到户，增产幅度很大。'凤阳花鼓'中唱的那个凤阳县，绝大多数生产队搞了大包干，也是一年翻身，改变面貌。"③

对包产到户是否有损于集体经济问题，邓小平作了正面的回答："有的同志担心，这样搞会不会影响集体经济。我看这种担心是不必要的。我们总的方向是发展集体经济。实行包产到户的地方，经济的主体现在也还是生产队。这些地方将来会怎么样呢？可以肯定，只要生产发展了，农村的社会分工和商品经济发展了，低水平的集体化就会发展到高水平的集体

---

① 张广友：《联产承包责任制的由来与发展》，河南人民出版社，1983，第 97~98 页。
② 张广友：《改革风云中的万里》，人民出版社，1995，第 235 页。
③ 《邓小平文选》第二卷，人民出版社，1994，第 315 页。

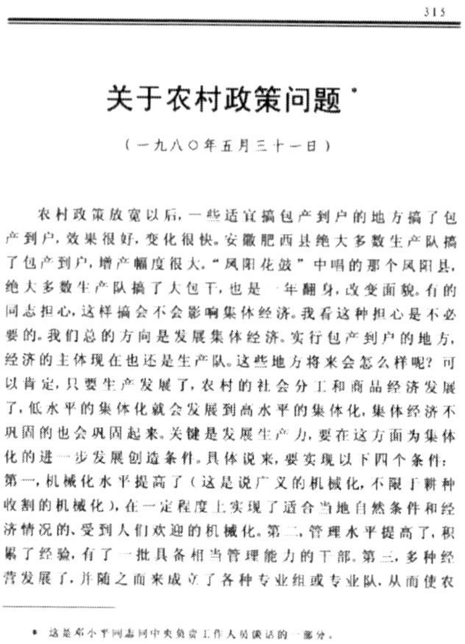

图 9 - 1　《邓小平文选》中有关肥西农村改革的内容

化，集体经济不巩固的也会巩固起来。"① 邓小平说，关键是发展生产力，要在这方面为集体化的进一步发展创造条件，"具体说来，要实现以下四个条件：第一，机械化水平提高了（这是说广义的机械化，不限于耕种收割的机械化），在一定程度上实现了适合当地自然条件和经济情况的、受到人们欢迎的机械化。第二，管理水平提高了，积累了经验，有了一批具备相当管理能力的干部。第三，多种经营发展了，并随之而来成立了各种专业组或专业队，从而使农村的商品经济大大发展起来。第四，集体收入增加而且在整个收入中的比重提高了。具备了这四个条件，目前搞包产到户的地方，形式就会有发展变化。这种转变不是自上而下的，不是行政命令的，而是生产发展本身必然提出的要求"②。

对农业合作化的进度，邓小平认为搞快了："有人说，过去搞社会主义改造，速度太快了。我看这个意见不能说一点道理也没有。比如农业合作化，一两年一个高潮，一种组织形式还没有来得及巩固，很快又变了。

① 《邓小平文选》第二卷，人民出版社，1994，第315页。
② 《邓小平文选》第二卷，人民出版社，1994，第315～316页。

从初级合作化到普遍办高级社就是如此。如果稳步前进，巩固一段时间再发展，就可能搞得更好一些。一九五八年大跃进时，高级社还不巩固，又普遍搞人民公社，结果六十年代初期不得不退回去，退到以生产队为基本核算单位。在农村社会主义教育运动中，有些地方把原来规模比较合适的生产队，硬分成几个规模很小的生产队。而另一些地方搞并队，又把生产队的规模搞得过大。实践证明这样并不好。"①

邓小平还认为，农村工作中存在"思想不够解放"的问题，应该因地制宜发展生产："总的说来，现在农村工作中的主要问题还是思想不够解放。除表现在集体化的组织形式这方面外，还有因地制宜发展生产的问题。所谓因地制宜，就是说那里适宜发展什么就发展什么，不适宜发展的就不要去硬搞。像西北的不少地方，应该下决心以种牧草为主，发展畜牧业。现在有些干部，对于怎样适合本地情况，多搞一些经济收益大、群众得实惠的东西，还是考虑不多，仍然是按老框框办事，思想很不解放。所以，政策放宽以后，还有很多工作要做。"②

最后，邓小平说："从当地具体条件和群众意愿出发，这一点很重要。我们在宣传上不要只讲一种办法，要求各地都照着去做。宣传好的典型时，一定要讲清楚他们是在什么条件下，怎样根据自己的情况搞起来的，不能把他们说得什么都好，什么问题都解决了，更不能要求别的地方不顾自己的条件生搬硬套。"③

邓小平的讲话，很快便通过内部文稿的形式下发。对肥西县的包产到户而言，这可以说是一柄尚方宝剑，有力地支持了农村改革。

1980 年 10 月 7 日至 14 日，中共安徽省委召开省、地（市）、县三级干部会议，省委第一书记张劲夫传达了《关于进一步加强和完善农业生产责任制的几个问题》（以下简称"75 号文件"）。1980 年 11 月 22 日，中共安徽省委转发了肥西等地贯彻"75 号文件"的情况汇报材料。④ 肥西县委

---

① 《邓小平文选》第二卷，人民出版社，1994，第 316 页。
② 《邓小平文选》第二卷，人民出版社，1994，第 316 页。
③ 《邓小平文选》第二卷，人民出版社，1994，第 316～317 页。
④ 中共安徽省委：《转发部分地、县委关于贯彻中央 75 号文件情况汇报材料的通知》，1980 年 11 月 22 日。

在汇报材料中说："我县是全省实行包产到户较早，面比例较大的一个县。到目前为止，全县已有百分之九十七的生产队实行了包产到户。"为了贯彻"75号文件"，肥西县委召开了县、区、公社三级干部会议，深入讨论和分析了包产到户的利弊得失，结论是"包产到户是有利有弊、有得有失的"。在长期贫穷落后的地方，包产到户利大于弊、得大于失，是"治穷的有效办法"。但是，包产到户仍未摆脱"小农经济的束缚"，"很容易产生对集体经济的离心力"。从发展趋势来看，包产到户既有可能经完善提高后向专业承包联产计酬责任制或其他形式的责任制发展，也有可能"滑向分田单干"。肥西县委要求，在不断完善提高的基础上，积极创造条件，让包产到户逐步向专业承包联产计酬的责任制过渡。肥西县委制定了如下措施。（1）继续抓紧抓好包产部分的统一分配。要特别抓好年终分配、已签署的包产合同以及"一年早知道"的兑现。力争年终包产部分统一分配，以取信于民，调动社员的积极性，巩固和壮大集体经济。（2）适当增加生产队统一经营的结构和比例，提高非包工或集体派工的工分值，以利于巩固和加强生产队集体经济的主体地位，保障生产队对"五保户"、"四属户"和个别特殊困难户的照顾，合理解决好固定补贴的大队干部、民办教师、赤脚医生的工分报酬。县委规定，从事农业基本建设、抗灾、管水、使用和管理大型农业机械等一些非包工的工分值一般要高于农业包工值的30%至50%；"五保户"的口粮不低于社员的平均水平，口粮费用由生产队从公益金中支付；烈属、军属的工分，与大队补贴干部的工分统一提取，保证兑现；对一些特殊困难户，由生产队统一派工帮助育秧、播种、治虫，工分纳入生产队统一分配。（3）加强生产队的统一领导，妥善处理争水、争牛、争农业机械的矛盾。生产队要牢牢掌握生产资料支配权、生产措施决定权、劳力统一调配权、水利设施统一管理使用权、执行"三包"合同权。水库、水塘、渠、坝的管理，耕牛、农具的使用，都要由生产队或作业组统一管理，制定制度，并派专人负责。管水员、饲养员、拖拉机手均被纳入非包工，参加集体分配。（4）大力发展林业、牧业、渔业、副业等，因地制宜地增加多种经营项目。凡是有条件、有资源、有技术人才的生产队，都要尽可能地多开门路，搞种植业、养殖业或加工业，逐步增强集体经济的物质基础。（5）因地制宜、分类指导，引导生产队走上专业承包联产计酬的道路。对开始演变或已经演变为专业承包联产计酬的生产队，要大力总结和推广其经验。在发展多种经营基础较好、干部管理水平较高、能坚持生产队统一核算和分配的生产队，要积极开展多种经营，有计划有步骤地组织专业队或专业户、专业工，用包、定、奖的合同形式确定下来，把集体经济和个人责任结合起来，然后再全面实行专业承包联产计酬的责任制。在多种经营、集体工副业不强的生产队，可组织经济作物专业户和养牛、管水、管用机械专业工，开辟多种经营项目，把能工巧匠组织起来办一些工副业，为向专业承包联产计酬责任制过渡创造条件。对全县仍未解决温饱问题的 10% 的生产队，只要求他们保护好现有的集体财产，集中力量搞好生产，尽快解决社员的温饱问题。安徽省委将肥西县完善包产到户的做法，转发至各地、市、县，供其"参考"。①

随着观察、思考的不断深入，安徽省委第一书记的张劲夫对包产到户有了全新的认识。尤其是 1981 年 5 月在滁县地区的所见所闻，让他"很受鼓舞""很受启发"。1981 年 5 月 6 日至 14 日，张劲夫在滁县地区实地察看灾情并了解各县的生产工作后，有感于农村形势"越来越好""新的东西不断涌现"，提笔写出调查报告《关于滁县地区当前农村的形势》。这篇报告指出，包产到户后各地制定具体办法，比较稳妥地解决了困难户问题、用水问题、农机具管理和使用问题、减轻农民负担问题、保护集体财产问题、土地管理问题和社队干部责任制问题。此外，包产到户后的群众更加重视科学种田，"特别是一些年轻人，一般过去只干那些简单、粗重的活，对泡种、育秧、治虫、追肥、间苗等技术性较强的农活干得少、学得少，缺乏对生产全过程的独立操作能力，有的甚至连农事'四时'、'八节'都搞不清楚，因而他们迫切要求学习生产技术"。他在调查报告中说："我们接触到一些干部群众精神很振奋，都由衷地为党的十一届三中全会以来的路线、方针、政策叫好，认为只要照这样干下去，农村是大有希望

---

① 中共安徽省委：《转发部分地、县委关于贯彻中央 75 号文件情况汇报材料的通知》，1980 年 11 月 22 日。

的。他们对我们主要有两点要求：一是当好后勤，及时帮助解决生产上的具体问题。这方面各地都提了一些意见和要求。二是政策要稳定。"据反映，大部分人对责任制的问题比较放心，但还有一部分人怕变的思想没有消除。对此，张劲夫表示："过去曾在一些地方说过包产到户、包干到户的办法，可以搞 3 年。现在看来，如果群众认为这种办法好，不要受这个时间限制，可以表态同意长期搞下去，但要帮助其完善、提高。至于群众从实践中感到需要进一步发展，自己起来变，我们应当积极支持。"①

农民持续不断的呼吁，加上省委主要负责人的支持，包产到户在安徽逐渐普及开来。1980 年春，包产到户在全省的比例约为 25%，其中"先行者"肥西普及面高达 97%。② 而到 1981 年底，安徽有 84.64% 的生产队实行了包产到户或包干到户。③ 农村改革浴火重生，包产到户由星星之火发展为燎原之势，席卷了江淮大地。

第四节　观察者说

普遍实行包产到户的肥西县，为观察中国农村改革提供了重要的窗口。在众多的观察者中，安徽省政协委员、省参事室参事郭崇毅和安徽省委常委、省人大常委会副主任胡开明是比较突出的。

对郭崇毅的情况，此前已作过介绍。郭崇毅的可贵之处是，不因为肥西是自己的故乡就文过饰非，他曾因揭露其问题而吃尽了苦头。1979 年 8 月，郭崇毅的《关于参观肥西县午季大丰收情况的报告》，得到安徽省委的高度肯定。此后，他持续关注肥西农村改革，调研时间之长、撰写文章之多，在众多观察者中是首屈一指的。1981 年底到 1982 年初，包产到户已经在肥西深深扎根。郭崇毅在此期间的调研文章，对肥西农村改革作了深度剖析。

---

① 张劲夫编《嘤鸣·友声》，中国财政经济出版社，2004，第 53 ~ 57 页。
② 中共安徽省委农村工作部编《安徽省农业生产责任制资料选编》，内部资料，1983，第 161 ~ 162 页。
③ 苏桦、侯永主编《当代中国的安徽》上，当代中国出版社，1992，第 186、189 页。

　　1981 年重阳节后，郭崇毅又回肥西调查。之所以再访故乡，是因为曾有人说："包产到户后，农业会一年增，二年减，三年乌龟过门槛——有一跌！"郭崇毅此行的目的，就是要验证此言是否属实。按照他本人的说法，"解放三十多年，我很少回家乡。一九七八年秋后，肥西县实行包产到户责任制，因喜庆丰收，竟一连去了九趟。……这一次我与文艺界一位同志一起，就是想去看它'跌'了没有"。一进肥西境内，他就看到了沉甸甸的晚稻正待收割；有些田块，畦齐沟深，油菜已经播种。汽车里，挤满了带扁担、麻袋的人；车外，成群结队骑自行车的人，驮着大包小包的农副产品，向市区方向进发。在肥西县委驻地上派镇，农贸市场水泄不通，花生的日交易量有四五万斤。因为产量高，花生的市场价比国家收购价还低。粮食丰产使粮食局忙得不可开交，干部都下去督促粮站抓紧收购。①

　　郭崇毅广泛接触各界人士，了解肥西的情况。粮食局长孙保善担心的仍是老问题，他说："愁着粮食油料收购不了，调不出去。全县今年粮食要比包产到户前增长 30%，油菜籽增长 5.4 倍。"县长张文题说："油菜籽统购任务只有 360 万斤，去年收购了 2000 多万斤，今年计划收购 5000 万斤，没想到 9 月底已入库 8300 多万斤，还有许多社员抱怨菜油卖不掉。今年到底能收多少油菜籽，谁也说不清。区、社上报县里是 9300 万斤，县上报 9030 万斤，实际上是 1 亿斤露头。"一些熟识的县人大代表，还介绍了农村中五业兴旺、兴建新房的喜事。全县社员人均收入，也由 1978 年的 95 元增长至约 250 元。全国已有 20 多个省、市来肥西参观。郭崇毅感慨："乌龟过门槛之说，再没人说了。大家形容农业生产的前景是'鲤鱼过龙门——有一跳！'"②

　　通过解剖山南公社向阳生产队这一"麻雀"，郭崇毅探讨了高产富队实行农村改革后的前景。向阳生产队原来是"农业学大寨"的标兵，人均产粮 2000 斤，有集体储备粮 13 万斤。1979 年 5 月 21 日，万里造访山南时，公社党委书记王立恒说，"这个队不能包产到户"，"社员也不敢包"。万里当时只好说："社员不愿包就不包，要帮助他们把生产搞好。"实际

---

①　郭崇毅：《故乡探访》，《安徽日报》1981 年 11 月 30 日，第 2 版。
②　郭崇毅：《故乡探访》，《安徽日报》1981 年 11 月 30 日，第 2 版。

上，向阳生产队社员包产到户的意愿十分强烈。1979年肥西全县粮食大增产，向阳生产队却减产12万斤。1980年1月，社员童庆国、童庆祝兄弟二人吵着要干部同意他们包产到户，把生产队长王方山急得满头大汗，连说"没门""没门"。1980年2月，王立恒在向阳生产队待了9天，终于让该队包产到户。王立恒介绍道："今年（1981年）向阳生产队人均生产粮食2800多斤，全队70户可收粮96万斤，加上成倍增长的工、副业收入，全年人均收入达到564元。"对此，郭崇毅抱着"不敢相信"的态度，来到了向阳生产队。他找到执意要求包产到户的童氏兄弟，了解到童庆国一家6口人、人均收入891元，童庆祝一家7口人、人均收入713元。这已经很高了，但还不是最高的——有一家人均收入911元，还有一户寡汉收入高达1500元。在郭崇毅与他人说话时，童庆国竟溜到山南镇买柴油去了。原来，向阳生产队社员自己购置了3台拖拉机，其中有1台就是童庆国的。为了拉石头盖瓦屋，童庆国忙得不可开交。在一户社员家外，屋檐下挂的十几只咸鸭、大鹅很是引人注目；墙根边，整整齐齐摆着7双新的深筒胶靴，从老奶奶到小孙子每人一双。陪同的一位干部感慨："到现在，我还和老伴伙穿一双胶鞋，赶不上他家。"透过这一细节，郭崇毅不由地深思："我深为搞工业的同志担忧：农民现在只有少数人想买自行车、缝纫机，多数人正忙着盖房子，你们就忙不过来了。过三五年，农村房子盖好了，几亿双手伸出来向你们买各式各样的东西，你们怎么办？"①

"农业学大寨"的标兵官亭区英雄大队，也搞起了包产到户。1979年冬，大队书记陈本山找到区委书记汤茂林，询问试验包产到户是否得到了万里的同意。得到肯定的答复后，陈本山感叹说："这一来，我们农民的问题就解决了。"他说："我们大队包产到户不到一年，70%的农户收入翻了一番。再试验几年，家家都要翻几番。"郭崇毅此行，与陈本山作了深夜长谈。这一次，陈本山说出了"新的忧虑"："现在肥西很少有人再担心不准包产到户了。可是生活开始富裕之后，又出现了一些新的问题，如搞迷信活动、赌博的多了。"郭崇毅也有同感："并非说包产到户就万事大吉

---

① 郭崇毅：《故乡探访》，《安徽日报》1981年11月30日，第2版。

了，而是说农业生产走上了正确的道路以后，要引导农民更好地坚持社会主义方向，还有大量的工作要做。"①

对肥西县坚持搞的"统一分配"，郭崇毅认为其可以取消。郭崇毅说，1981年上半年，全省包产到户、包干到户的生产队比例高达84.64%，其中70%是包干到户。肥西县较早地推行了了包产到户，因怕被指责为"带头单干"，而一直坚持统一分配。实际上此举制造了新的矛盾，社员也很有意见。山南区委的一位副书记，毫不讳言其弊端："你看我墙上贴的这张分配大表，是我们春天费了九牛二虎之力，用两个月的时间搞出来的，猛一看，全区分配好像很清楚，实际上行不通，还耽误完成征购任务的时间。"区委书记石春安说："山南区今年已有60%的生产队自动搞包干到户，自卖粮自结算。秋后，我们也打算用小本子做包干合同，一包几年不变。"②

由此，郭崇毅得出结论："我的故乡自实行'双包'到户后，农业生产确似鲤鱼跳过了龙门，跃上了一个加速发展阶段。当然，这距农业现代化还有一段很长的路程，但它毕竟是向农业现代化发展的一个新的起点。"③

1982年春节期间，郭崇毅再次回到肥西，写下了《肥西县农村春节见闻》。郭崇毅在肥西县官亭区农村住了8天，走访了一些农户，发现当地群众的生活与3年前"大不相同"："房屋盖得比较整齐，有的地方瓦屋成片出现。年轻人穿的一般都是化纤与的确良衣服，新婚的与爱穿着的妇女，都是从大城市买的成品服装，还有穿丝绵、驼毛棉袄的。"有老年人嗔怪道："现在年轻人不知贵贱，我们活了六七十岁还未见过驼毛像什么样呢！"除了极个别困难户、"五保户"外，绝大部分人都解决了温饱问题。一般的家庭过新年，都买了二三十斤肉，杀几只家禽，打十斤甚至几十斤酒。④

官亭区人均收入大幅度增长。1981年，其人均收入为243元，是农村

---

① 郭崇毅：《故乡探访》，《安徽日报》1981年11月30日，第2版。
② 郭崇毅：《故乡探访》，《安徽日报》1981年11月30日，第2版。
③ 郭崇毅：《故乡探访》，《安徽日报》1981年11月30日，第2版。
④ 中共安徽省委办公厅：《转发一篇〈春节见闻〉》，1982年3月2日。

改革前的 3 倍。虽然整体上还不算富裕，但与 3 年前相比，可以说是发生了翻天覆地的变化。以官亭公社仓房生产队为例，该队 16 户人家，从 1975 年至 1977 年人均口粮仅有 200 多斤，家家户户不得不外出讨饭。1981 年，该队粮食产量增长了 3 倍多，油菜籽产量增长了 10 多倍。计算人均收入时，该队社员李学华竟把 160 斤花生刨除在外，并说："这一点点东西不要算，过年时大人、小孩抓抓就吃掉了！"家里摆放的新制的碗柜、五斗橱等家具，也表明李学华家已告别了贫困。在焦婆公社给两位 80 岁的老人拜年时，郭崇毅发现，虽然其中一人是"五保户"，另一人是困难户，但生活过得还不错。对这家"五保户"，生产队每年供应口粮 800 斤、菜油 12 斤、零花钱 24 元。春节时，公社另发了 25 元。困难户刘奶奶，春节也买了 8 斤肉、1 只卤鹅、1 只鸡。双目失明的刘奶奶说："旧社会国民党要粮要伕，又有土匪，到年三十都不得安，前几年也是想吃搞不到，今年又平安，又有得吃，是最好的一个春节。"不过，郭崇毅也发现有的地方对"五保户"和困难户照顾不周全。其主要原因是，责任制的合同未能落实，以及部分干部不够尽职。①

从 1979 年夏收起，郭崇毅去了肥西 11 次，发现农民的需求不断变化。1979 年，农民们迫切希望能搞包产到户；1980 年，农民们强烈要求搞包干到户。而这一次，大家普遍希望整顿社会风气。在与农民、教师、退休干部深入交谈后，郭崇毅严肃地指出，端正党风才能从根本上扭转社会风气。郭崇毅回合肥时，搭乘的是省建三公司的回头车。这位司机与郭崇毅素不相识，但他的一席话引人深思。他说，自己两年前认为包产到户"大方向错了"，1981 年家里收获了 5000 多斤小麦，比包产到户前约多 4000 斤。经过了现实的教育，他不再怀疑包产到户。但他接着说："农民现在积极性真调动起来了，工交战线还不行，利用职权营私舞弊，赏罚不明。不负责任的坏风气不整好，工业是上不去的。"郭崇毅说，端正党风已是党内外干部群众的一致呼声。②

虽然农村改革已取得了巨大成绩，但郭崇毅认为应继续完善农业生产

---

① 中共安徽省委办公厅：《转发一篇〈春节见闻〉》，1982 年 3 月 2 日。
② 中共安徽省委办公厅：《转发一篇〈春节见闻〉》，1982 年 3 月 2 日。

责任制。春节已经过去，可在肥西的一些地方1982年的生产合同还未签署。有的地方甚至不知道如何制定合同。1981年，肥西县强调"统一分配"，这既不可行，又造成了诸多矛盾。有人反映：有的地方，粮食收上来了才看到合同，这实际上是要粮要款的通知书；有的合同只规定了社员义务，没写生产队的责任，这成了社员向生产队交的保证书。郭崇毅认为，应该在一个生产年度开始前，就把合同制定好，明确告知农民的义务和权利。农民是通情达理的，不论是征购、提留、按计划生产，还是完成各项派购，都不会发生问题。以焦婆公社焦婆大队派购生猪为例，其中5个生产队经过社员讨论确定出售秩序后，便很少发生纠纷；其余的生产队因未制定制度，经常出现纠纷。如果完善了责任制，这类问题其实可以避免。此外，林业的"三定"（定山权林权、定自留山、定林业生产责任制）工作，出发点是促进林业生产、保护山林。但是，因为工作不够细致，实行"三定"后农民仍在砍伐幼树。在一些地方，仅茶杯粗的松树，竟被砍伐售卖。有的地方，"三定"工作队发放林权证时没有开社员大会。有的地方，一个队只有一张集体林权证。群众弄不清哪块山是自己的，因而人心不定。还有的地方林权纠纷尚未解决，滥砍滥伐现象严重。①

对赌博与治安问题，郭崇毅依然高度关注。赌博风气日盛，是因为社员现在有钱又有时间，禁赌力度又不大。赌博的人越来越多，胆子越来越大，甚至有党员、干部参与。农村治安基本是稳定的，但因赌博滋生的偷鸡摸狗也时有发生。据反映，距离官亭区政府、派出所不远的地方，竟发生了拦路抢劫案件。这类案件虽然不多，却是"一个值得注意的苗头"。如不严厉制止，会很快蔓延的。好在官亭区委与派出所认真抓了赌博和治安问题。1981年，官亭区共发生刑事案件44起，其中41起被破获。②

最后，郭崇毅提了五点意见。（1）肥西农村搞包产到户已有3年时间，但农业、林业、牧业、渔业以及工副业依然有很大潜力。关键是要狠抓责任制的完善。选择什么样的责任制，社员和生产队有自主权。但在完

① 中共安徽省委办公厅：《转发一篇〈春节见闻〉》，1982年3月2日。
② 中共安徽省委办公厅：《转发一篇〈春节见闻〉》，1982年3月2日。

善责任制方面，建议省委有关部门检查督促，要求社队在年度生产开始前，召开社员会议，深入讨论生产计划，制定承包合同。不能让下面拖拖拉拉，贻误生产。有的地方提出合同应将生产队与社员的权利责任都写上，一定几年不变，这是个好办法。(2) 端正党风，势在必行。光靠党的各级纪委不行，指望干部自觉改正错误也不行。有人说，城市机关、企业要靠职工工会，农村要靠农民协会。只有群众在党的领导下共同起来反对歪风邪气，社会风气才能有根本性好转。有些县还挂着"贫协"的牌子，有名无实。区、社以下这一组织已不存在。有些农民要求恢复基层农民协会，协助政府办事，不拿补贴。这是促进完善生产责任制与整顿农村社会风气不可缺少的力量。(3) 在没有认真抓林业"三定"工作的地方，应当由原承办单位重新来做。遭受破坏的地方，要追究责任，以切实保护林业生产。(4) 对拦路抢劫等案件，无论抢走多少财物，公安机关和当地政府都要认真追查，迅速破案，从严惩处，以儆效尤。(5) 各级民政部门对日益增多的外来人员的婚姻问题，应加以注意。即使不便发给结婚证也要进行婚姻法教育，并登记其来龙去脉，以及介绍人的姓名。这对抑制买卖婚姻、防止虐待妇女、安定社会秩序、提倡精神文明而言，都是有利而无害的。①

对郭崇毅的《肥西县农村春节见闻》，安徽省委给予了高度肯定。1982 年 3 月 2 日，中共安徽省委办公厅向各地委、市委、县委转发这篇文章时指出："省委负责同志认为（郭崇毅的《肥西县农村春节见闻》）很好。这个报告，对我们的工作有褒有贬，讲得比较全面、中肯，值得我们深思。一个党外人士能给我们写这样的报告，很够朋友。现转发给你们，请认真看一看。报告中指出的问题，各地都应引起注意，采取措施，抓紧解决。"② 2002 年 8 月 16 日，郭崇毅逝世。在他去世 6 年后的 2008 年 12月，国务院参事室与中央文史研究馆联合发出《关于学习政府参事的楷模郭崇毅的通知》，号召"向政府参事的楷模郭崇毅学习！学习他以天下为己任、实事求是、不计较个人荣辱得失的精神风范，是我们在新形势下进

---

① 中共安徽省委办公厅：《转发一篇〈春节见闻〉》，1982 年 3 月 2 日。
② 中共安徽省委办公厅：《转发一篇〈春节见闻〉》，1982 年 3 月 2 日。

行社会主义现代化建设的宝贵财富!"①

　　另一位观察者胡开明,不是因为位高权重,而是因为他的传奇经历,引起了笔者的注意。1962 年,时任河北省委常委的胡开明因建议实行"'三包'到组的生产责任制"而遭到批判。"文革"中,胡开明被定性为"犯走资派错误","决定给予党内严重警告处分"。② 直到粉碎"四人帮"后,胡开明才被安排为县级革委会中排名最末的副主任。③ 1978 年 6 月,胡开明任安徽省委常委、省革委会副主任。胡开明复出后,继续关注安徽农村改革。

　　1981 年 5 月,时任安徽省委常委、省人大常委会副主任的胡开明,以题为《用凤阳、肥西的事实回答八个问题》(与高思明合作)的文章,旗帜鲜明地支持农村改革。文章开宗明义地盛赞肥西、凤阳:"肥西普遍实行的是'包产到户',凤阳实行的是'包干到户'。两年的实践证明,这两种十分接近而稍有差别的责任制形式,都有力地调动了群众的生产积极性,促进了生产的发展,增产、增收、增贡献的幅度很大,今年午季作物长势之好,是建国三十多年来所没有过的。"这篇文章"回答"了八个问题,即"包产到户和包干到户是不是'分田单干'?""包产或包干到户后,集体经济是发展了还是削弱了?""包产或包干到户后,对国家的贡献是大了还是小了?""包产或包干到户后,社队企业是发展了还是倒退了?""包产或包干到户后,农业机械化是不是受到阻碍了?""包产或包干到户后,科学种田是削弱了还是增强了?""包产或包干到户后,是否会造成军烈属、五保户没人管,甚至出现'两极分化'?""包产或包干到户后,多种经营是否没有办法搞?"文章认为:(1)包产到户和包干到户不是"分田单干",而是"目前农村集体经济中一种行之有效的责任制形式,而且为将来逐步向'专业承包、联产计酬'的较高级责任制形式发展提供了有利的条件"。(2)农村改革前,农村生产搞不好、社员透支户多,生产队

---

① 丁育民:《郭崇毅传奇人生》,光明日报出版社,2015,第 301 页。
② 贾文平:《真理与命运:胡开明传略》,人民出版社,1995,第 225 页。
③ 贾文平:《真理与命运:胡开明传略》,人民出版社,1995,第 230 页。

还要吃返销粮，集体的公益金、公积金、储备粮等都是账上的数字，实际上根本没有。实行包产到户、包干到户后，社员手中有粮有钱，能实打实地完成各项提留，实实在在地壮大了集体经济。（3）实行包产到户、包干到户后，对国家的贡献也增大了。肥西县1979年向国家纯贡献粮食超过2.53亿斤，1980年虽遭受严重自然灾害仍向国家交售粮食2.6亿多斤。凤阳县1953年至1978年，倒吃国家粮食3.6亿斤。而1979年，凤阳纯贡献粮食8650万斤；1980年凤阳纯贡献粮食1.1亿斤。实行了包产到户后，有些原来生产比较好的地方，对国家的贡献也越来越大。如肥西县小庙区，粮食征购任务是1540万斤。该区1978年仅完成征购1400万斤，1979年则完成了1900万斤，1980年这一数字跃升至3880万斤。（4）实行包产到户或包干到户，促进了社队企业的发展。1980年肥西县的社队企业收入2870万元、人均收入39元，分别比1979年增长18%、21%。实行责任制，为发展社队企业提供了更多的劳动力。粮油的大幅增产，社员收入的普遍增加，有利于社队企业筹集资金。农民富裕起来后，盖新房的需求又促进了社队建材企业的兴起。（5）肥西、凤阳实行农村改革后，出现了集体买、集体与个人合资买、社员与社员合资买、社员个人出钱买各种农业机械的新情况。农业机械非但没有减少，反而越来越多了。（6）在肥西、凤阳，普遍出现学科学、用科学、普及科学的景象。1981年，肥西、凤阳由社员集资、生产大队或生产队出面买了许多塑料薄膜，采用塑料棚育苗技术来进行早稻育秧，取得了很好的效果。若是在"大呼隆"的年代，这是很难办到的。（7）农村改革后，农民普遍富裕起来，虽然富裕程度不同，但并没有出现两极分化。有20%至30%的农户先富起来，40%至50%的农户处于中间状态。还有10%的农户出现暂时的困难，但也比先前要好，并开始朝富裕方向发展。对军烈属、"五保户"等，凤阳、肥西均给予了照顾。在责任制比较完善的地方，对军烈属、"五保户"的照顾要更好一些。农民们深有体会地说："只要这种办法稳定三五年，我们都会过上好日子，哪会出现什么'两极分化'！"（8）包产到户或包干到户后，农民有了种田的自主权，也有了发展家庭副业、发展多种经营的自主权。普遍出现劳力富余现象，妇女、老人、小孩都可以发挥潜力，发展各种家庭副业。肥西、凤阳认真规划了多种经营工作，争取在两三年内有个大的发展。[1] 时隔约 20 年，胡开明由呼吁包产到组到力挺"双包到户"。初心未改的胡开明，思想升华的原因之一是对肥西、凤阳农村改革进行了深入思考。

---

[1] 中共安徽省委农村工作部：《安徽省农业生产责任制资料选编》，内部资料，1983，第 401～406 页。

| 第十章 |

生生不息

回顾历史，肥西等地率先启动农村改革，离不开 1961 年"责任田"奠定的社会基础，离不开极端干旱的侧面驱动。肥西农村改革的实践，为中国农村改革作出了巨大的贡献。

第一节　历史基因

在叙述安徽农村改革的历史进程时，笔者多次提及"责任田"。什么是"责任田"？它对安徽农村改革又发挥着怎样的作用？回到历史的现场，我们可以说，"责任田"是安徽农村改革重要的历史基因。

所谓"责任田"，指的是 1961 年以曾希圣为首的安徽省委，在全省范围内推行的将集体土地交由社员家庭耕作的应急之策。"责任田"几次易名，但其实质是包产到户。"责任田"的试点之地，就是安徽省省会合肥市。

1961 年 2 月，安徽省委第一书记曾希圣交代省委常委、合肥市委第一书记刘征田等人，在合肥市蜀山公社找一个穷队，作为试点之地。之所以选择蜀山公社，是因为其地处省会，便于省委及时了解情况。此外，因毛泽东 1959 年曾来视察，蜀山公社有很高的知名度。如在此地试点成功，有利于下一步的推广。出于保密的需要，曾希圣还要求试点的生产队不能在马路边。经过筛选，刘征田等人最终选定了蜀山公社的南新庄生产小队。[①] 2 月底，

---

① 安徽省经济文化研究中心、安徽省政协文史资料委员会编《1961 年推行"责任田"纪实》，中国文史出版社，1990，第 47~48 页。

省委委员张立治率工作组成员赵岭峻、周曰礼、陆德生进驻南新庄，开展包产到户的试点工作。

为多方面听取群众意见，张立治等人分别住在四个地方。张立治住在队屋，以便跟生产队干部联系。赵岭峻住在一户劳力较多、生活较好的社员家。[1] 陆德生则住在牛棚旁的一间小屋，跟饲养员睡在一起。这位饲养耕牛的社员，讲了很多养牛的经验，还反复试探"上面叫不叫搞包产到户"。[2]

工作组进驻后不久，便召集社员座谈，提出把田包到户，由户负责按包产指标交粮食，超产全部归己，这样做是否可行？社员们普遍反映，这样干一定可以增产，但不知上级领导是否允许。在试点过程中，工作组还到附近的生产队召开社员座谈会，提出包产到组的方案。社员说，包产到组比"大呼隆"好，但矛盾也不少，最好还是包产到户。经过调查：在南新庄29户社员中，有25户积极支持；3户缺少劳动力，有一定的顾虑；只有1户队干部不赞成。工作组得出结论：搞包产到户好。在具体实施过程中，工作组遇到一系列实际问题。比如，如何划分农户承包田地的数量和地块？解决的方法是：按劳动底分加上人口来确定，好田和差田互相搭配。再如，怎样定包产指标？经过研究，采取的办法是：逐丘定产、承包到户。定产根据土质、水利等条件，先由定产小组评定，经过群众讨论，三榜定案。工作组"包产到户"的方案，在南新庄反响热烈。据陆德生回忆：

> 在试点过程中，社员欢天喜地，精神振奋，纷纷利用庄前屋后的空闲地扩种瓜菜，补充口粮的不足；有的赶修厕所，大搞积肥；有的筹划养猪，添置农具。全队包产指标由上年的实际产量87000斤，提高到107000斤，增长23%，大家还信心十足地认为一定能够超产。全队很快掀起春耕生产热潮，再也没有偷懒混工的现象，干起活来都

---

① 陆德生：《"责任田"兴衰的轨迹》，《江淮文史》1993年第1期。

② 安徽省经济文化研究中心、安徽省政协文史资料委员会编《1961年推行"责任田"纪实》，中国文史出版社，1990，第60页。

是"起早、摸黑、不歇中",不仅主要劳力积极干活,全家老少一齐上阵,呈现出一片热火朝天的景象。①

包产到户鼓舞了干劲,"包产到户"之名却不便公之于众。农业合作化运动后,包产到户逐渐成为禁忌。比如,1959 年 11 月 2 日《人民日报》便刊载《揭穿"包产到户"的真面目》,言辞激烈地批判包产到户(见图 10-1)。这篇文章写道:

> "包产到户"是极端落后、倒退、反动的做法,凡是这样做了的地区,不止在生产上造成了损失,在经济上、政治上、思想上都引起了严重的后果。
>
> ……
>
> "包产到户"之类的右倾机会主义的主张和活动,在它们刚一出头露面的时候,就碰到广大贫苦农民和大部分基层干部的反对。可是,右倾机会主义者仍然顽固不化,他们用种种伪装、想种种"理由",为资产阶级和部分富裕中农反社会主义的私货寻找销路。
>
> ……
>
> 人们知道,不要说"包产到户"之类的做法的实质了,就连"包产到户"之类的鬼名称,也不是多么新鲜的东西。在 1957 年,在一些地方,这个阴魂就出现过,有的叫做"三包到户",有的叫做"按劳分田,包产到户"。凡是出现了这些做法的地方,就立即同统一经营发生了不可调和的矛盾,计划生产归于乌有,统一分配也成了空谈,生产资料集体所有制在实质上发生了向个体所有制倒退的变化,部分富裕中农乘机隐瞒产量,对抗粮食统购统销,黑市活动大量增加。很明显,这是资本主义的阴魂。部分富裕中农对它鼓掌欢迎;贫农、下中农则气愤填膺坚决反对。②

---

① 陆德生:《"责任田"兴衰的轨迹》,《江淮文史》1993 年第 1 期。
② 《揭穿"包产到户"的真面目》,《人民日报》1959 年 11 月 2 日,第 4 版。

图 10-1　《人民日报》刊文批判包产到户

曾希圣提出"包产到户"后，张立治曾将《揭穿"包产到户"的真面目》等材料送给曾希圣过目。曾希圣看后，说："这些文章可以作为我们研究问题的资料，作为推行农业生产责任制的参考，使我们多考虑一些问题，多想一些办法，搞得更周密些，减少一些矛盾和阻力。"他还说："包产只是一种责任制的形式，它没有改变所有制的性质和按劳分配的制度。相反，它会进一步巩固和发展社会主义所有制和按劳分配制度。你们不必担心，一切责任由我一人承担。"① 南新庄试点工作开始后，张立治建议将"包产到户"改为"包产到田，责任到人"。② 曾希圣接受了这个建议，关于"责任田"的第一份文件就是《关于包产到田责任到人问题（草稿）》。

1961 年 3 月，毛泽东在广州会议上一度接受了曾希圣的建议，同意在安徽试点"责任田"。3 月 15 日，曾希圣当面向毛泽东简要说明了该政策的优点和缺点，说："过去评工记分不起作用，有的是生产队长包办，社员追求数量，不讲究质量，划片记工，好的和坏的一样多工分，不合理，对生产不利。"对此，毛泽东表示了肯定："你们试验嘛！搞坏了检讨就是了，如果搞好了，能增产十亿斤粮食，那就是一件大事。"③

---

① 《曾希圣传》编纂委员会编《曾希圣传》，中共党史出版社，2004，第 475 页。
② 中共安徽省委办公厅：《张立治同志在一九六二年三月省委三级干部会议上的自我检讨》，1962 年 3 月 7 日印发。
③ 安徽省农村经济委员会、安徽省档案局编《安徽责任田资料选编》，内部资料，1987，第137 页。

安徽省委在蜀山公社试点"责任田"，肥西县随之在较短的时间内普遍实行了该政策。肥西县成立于1948年，是析合肥县西、南乡建立的新县。中华人民共和国成立后，肥西县先后隶属巢湖专区（1950年）、六安专区（1952年）、合肥市（1958年）、六安专区（1961年），1983年7月至今复属合肥市辖。肥西地处合肥市区之西，两地可以说是鸡犬相闻、声气相通。据时任粮食部副部长的周康民在安徽6个县的调查，截至1961年7月，肥西99%的生产队实行了"责任田"，位居六县之首。[①]

周康民曾率调查组了解"责任田"的情况，与肥西等6县的社队干部、社员群众座谈。大多数社队干部对"责任田"的评价较好，认为"在现在生产条件下，这个办法是一个好办法，对鼓舞社员的生产积极性、增产粮食很有好处"。只有少数社队干部感到"五统一"很难实现、大小农活不容易区分、粮食管理存在困难。社员群众则普遍拥护"责任田"，劳动力强、掌握技术农活的社员积极性尤其高。在已经实行"责任田"的生产队，社员要求继续实行；在未实行"责任田"的生产队，社员要求改行这一办法。只有少数劳动力弱的困难户和不会技术农活的社员有顾虑，他们主要担心赔产。调查组发现，凡是社队干部能力强、责任心强、做事公正，而且向群众宣传解释透彻、真正按照安徽省委的规定办事的，实行"责任田"后群众的积极性都提高了，生产也变好了。[②]调查组以是否实行"责任田"为标准，对比了其中两个生产队的生产、生活情况，得出的结论是："只要认真实行田间管理责任制加奖励办法（即责任田），在当前生产水平和口粮消费水平比较低的情况下，是有很大好处的。""责任田"的主要优点有：（1）激发农民群众的生产积极性，发挥辅助劳动力的作用，提高出勤率和劳动效率；（2）鼓舞了农民群众积肥的积极性，解决了大田和自留地用肥的矛盾；（3）田间管理加强了，农活质量提高了；（4）社员更好地安排农活和家务劳动；（5）干部减少了事务，能够更多地参加生

---

① 安徽省经济文化研究中心、安徽省政协文史资料委员会编《1961年推行"责任田"纪实》，中国文史出版社，1990，第110页。

② 安徽省经济文化研究中心、安徽省政协文史资料委员会编《1961年推行"责任田"纪实》，中国文史出版社，1990，第110~111页。

产。之所以有上述优点，是因为"责任田"能把集体的责任和个人的责任结合起来，做到了责任到人，破除了互相依赖的心理。家庭中的男女老少，只要能劳动的都参加劳动，进一步挖掘了农村劳动力的潜在力量。增产减产与每个人的利益直接相关，社员自然千方百计地多积肥施肥。调查组也发现，少数地方出现了一些问题，如：（1）"五统一"没有很好地执行；（2）社员不愿意交产；（3）对困难户照顾不够；（4）劳动力增减后，"责任田"没有进行调整，生产出现忙闲不均的现象。调查组认为，这些问题主要出在基层干部身上，有的生产队干部自实行"责任田"后便放松了领导；有的新干部工作能力弱、经验少，没有能力抓"五统一"等；有的干部承包近田和好田，只顾自己生产，不负责任。这些因素造成了"五统一"无法落实，大农活无法派工，社员不愿交产，对困难户缺乏照顾等。调查组认为解决问题的办法是"训练干部"，"安徽省委已经决定要各县在种麦前办训练班，通过总结工作，交流责任田的经验，提高对责任田的领导水平。……只要干部把这个办法的精神和具体做法真正弄懂，思想端正，方法对头，再通过他们把这个办法向群众宣传解释深透，特别是把'五统一'解释清楚，而且坚决执行，上面的问题是可以克服的"。[1]

1961 年底，肥西县除个别生产队外，均实行了"责任田"。[2] "责任田"在肥西也显现出巨大威力。本来，由于"大跃进"造成严重破坏，肥西县 1961 年的粮食产量跌至历史最低点（7.5 万吨）。实行"责任田"后，肥西县粮食总产量逐渐恢复到 20 万吨。[3] 《肥西县志》记载，实行"责任田"后，肥西"生产力迅速恢复，农民生活得到改善"。[4]

1962 年 8 月后，增产显著的"责任田"却被指责为"单干风"，最终被断然废止。1962 年安徽省委发出《关于当前工作的指示》后，肥西县当年"改正"了 706 个生产队的做法。1963 年秋后，肥西县的"责任田"基本"改正"，但"有的明改暗不改，改一点留一点，直至 1964 年才全部

---

[1] 安徽省经济文化研究中心、安徽省政协文史资料委员会编《1961 年推行"责任田"纪实》，中国文史出版社，1990，第 112～119 页。

[2] 肥西县地方志编纂委员会编《肥西县志》，黄山书社，1994，第 88 页。

[3] 肥西县地方志编纂委员会编《肥西县志》，黄山书社，1994，第 104 页。

[4] 肥西县地方志编纂委员会编《肥西县志》，黄山书社，1994，第 88 页。

改完"。①

"责任田"虽然被"改正",但其实践效果深藏于广大干部和群众的心间。正是因为普遍实行过"责任田",17 年之后遇到旱灾时,山南区委书记汤茂林立即想到"责任田"的办法:"要想调动千家万户的积极性,就要按原省委书记曾希圣 1961 年在安徽推行的包产到户,把麦、油菜种上。"②

此外,"责任田"还为安徽农村改革作了组织准备。安徽农村改革进程中的重要人物——时任安徽省委书记的王光宇、时任安徽省农办调研处处长的周曰礼——都是"责任田"政策的重要制定者、参与者。他们将"责任田"的历史经验,直接应用于轰轰烈烈的农村改革。正如王光宇撰文回顾时所说:

> 经常有人提出这样的问题:为什么以家庭联产承包责任制为主要内容和形式的农村改革会从安徽最先兴起?我认为,包产到户是农民群众的伟大创造,安徽农民对我国的改革开放,对中华民族的复兴,作出的贡献是巨大的,应当永远载入史册。追溯起原因,应当说是多方面的,就它的历史渊源来说,是和 1961 年推行的"责任田"分不开的。③

第二节　旱灾驱动

气候与历史有着极为紧密的联系,有时气候甚至会改写历史。耶鲁大学教授埃尔斯沃斯·亨廷顿曾指出:"我们已经展示出气候的脉动变化,直接或间接对历史的走向产生了重要影响。所以,只有当气候脉动的影响能够彻底地被了解之后,我们才能真正评价其他的种种因素,在形成人类

---

① 肥西县地方志编纂委员会编《肥西县志》,黄山书社,1994,第 88~89 页。
② 中共安徽省委党史研究室编《安徽农村改革口述史》,中共党史出版社,2006,第 260 页。
③ 孟富林等:《农村改革创新亲历记》,安徽人民出版社,2008,第 13 页。

复杂的历史中的作用。"①

肇始于肥西的农村改革，受到了极端干旱的直接驱动。1978年，罕见的干旱侵袭了肥西。是年，肥西全县降水日数（91天）、总降水量（582.2毫米），均为新中国成立后有记录以来的最低值。②

1978年10月，肥西县生产救灾办公室报送的材料显示，全县3620个生产队因干旱缺水、断水。这意味着，半数以上生产队的人畜用水十分困难。长期干旱造成了严重问题，值得注意的问题如下。

（1）劳力外流。一些灾情严重的生产队，发生了劳力外流。肥光公社的一个生产大队，粮食减产一半以上。当地群众生活困难，很多社员只能早出晚归做点小生意谋生。孙集公社的一个生产队共计24户，其中11户已经断炊。有的人只好外出贩运生姜、菱角等。

（2）人畜多病。因为供水不足，很多地方只能靠挖土井，打水上来后澄水饮用。但水质不洁，导致人畜发病现象增多。城西桥公社1.1万多人，入秋后约四分之一的人患有肠道传染病，到1978年9月底仍有300多人没能治愈。城西桥公社向阳生产队共计156人，患有肠道病的高达100人次。牲畜发病后死亡率很高。小庙区在1978年8月、9月，有250多头耕牛因饮水不洁而患肠道病。长镇公社东桥大队、长东大队等地的24头耕牛，也患有肠道病。巨新公社有1219头生猪患病，患病率高达30%，另有104头猪死亡。从1978年1月至9月，肥西共有17300多头猪死亡，比1977年同期增长5600多头。

（3）火灾频发。1978年9月下旬，很多地方发生了火灾。9月18日，燎原公社苏湾大队王大郢生产队的仓库起火，烧掉稻种2400斤、籽棉3000斤。9月20日，青山公社李岗生产队草堆起火，烧掉牛草5万多斤。9月30日上午，将军公社李岗大队单桥生产队草堆起火，烧掉牛草6万多斤。9月30日下午，柿树公社黄花大队何老家生产队烧掉牛草17万多斤，造成14头耕牛没有饲草喂养。这些地方因普遍缺水、断水，发生火灾后无

① 〔美〕狄·约翰、王笑然主编《气候改变历史》，王笑然译，金城出版社，2014，第20页。

② 肥西县地方志编纂委员会编《肥西县志》，黄山书社，1994，第49页。

法及时扑灭，造成了很大的损失。[①]

不只是肥西县，安徽全省的旱情也异常严峻。根据安徽省气象台情报组提供的旱情资料，我们可以比较直观地看到问题的严重性：

1679 年（清康熙十八年）大旱，三月至八月不雨。阜阳大饥，人多食麻饼及榆皮。泗州蝗食禾尽。六安秋飞蝗蔽天，野无遗草。天长湖水皆涸，民大饥，人相食。霍邱大饥，路多饿莩，人民相食。贵池旱蝗，谷涌贵。

1785 年（清乾隆五十年）亳州等八州旱。五河二麦失种。霍山川竭草枯，有以千五百钱易粟一斗者，民掘草根树皮以食，道殣相望。霍邱斗米一千一百有奇，人相食，民死十之有四，且有全家毙者。无为奇旱，自去冬至是年岁终无雨，江潮闭，山田子粒无收，人民饥饿死者相枕笈。合肥秋冬疫，郡属俱大旱，道殣相望。繁昌民多饥馑，死者无算。怀宁大饥，人相食。至德民饥，野莩无算。旌德斗米值足百钱，五百民多殣死。南陵自春至秋不雨，斗米钱五百文，民食草根木皮几尽，山有土青白色（观音粉）取和麦粉，藉以救饥，食者或致闷死。宣城自夏初至冬不雨，民饥食草根树皮，死者枕笈于道。

1856 年（清咸丰六年）江南北三十县均大旱，庐、凤、颍、六四属蝗甚。霍山自五月不雨至八月，郡邑数百里尽赤。定远七月不雨，千里地皆赤。全椒斗米千钱，人相食。合肥大旱蝗。六安自春末不雨至八月，草木干，秋蝗。南陵自二月至七月始雨，禾苗枯死，八月蝗大起。怀宁赤地千里，自四月到八月不雨，饥民嗷嗷，食榆树皮叶殆尽。广德夏五月至六月不雨，九月蝗，大饥。宁国人相食，祁门七月大旱岁饥。

1934 年，全省大旱，饥饿而死者不下数千人，逃亡者数百户，民间草根树皮食尽，哀鸿遍地，惨目伤心。[②]

---

① 中共肥西县委办公室：《送阅材料》第 13 期，1978 年 10 月 13 日。
② 安徽省气象台情报组：《我省历史上几次大旱和今年旱情资料》，《安徽日报》1978 年 11 月 1 日，第 3 版。

　　而 1978 年的大旱，安徽旱灾的地域范围和严重程度超过了 1856 年和 1934 年，接近破坏性最大的 1785 年。

　　在百年不遇的旱灾面前，安徽省委作出了"借地种麦"的决策。这一政策的出台，是集体智慧的结晶。1978 年 9 月 1 日，安徽省委第一书记万里在省委召开的紧急会议上指出："必须尽一切力量，千方百计地搞好秋种，争取明年夏季有个好收成。""我们不能眼看着农村大片土地撂荒，那样明年的生活会更困难。与其抛荒，倒不如让农民个人耕种，充分发挥各自潜力，尽量多种'保命麦'度过灾荒。"[①] 在罕见旱灾的危急时刻，如果再不搞好秋种将会冲击来年的夏收，造成更加严重的后果。这个时候，安徽省委书记王光宇想到了 1954 年"借田育秧"的办法。当时，长江洪水肆虐，安徽沿江地区受灾严重。很多农田被水淹没，无法育秧。为抵御涝灾，农民们自发互助，退水晚的地方向退水早的地方借田育秧，最大限度地挽回了损失。王光宇向万里提议，现在土地是集体的，不归农民，我们能不能从集体地里借一点给农民，调动千家万户积极性，自种自收自吃，种点保命麦；到明年收麦以后，土地再归还给集体。万里说，这个办法好，我们借出土地，小麦收获后，马上收回来；这不是分田，这是短期的帮助抗灾，不会犯原则性错误。[②] 1978 年 9 月 8 日，万里在安徽省委常委会议上正式提出"非常时期必须打破常规"："省委研究，一是在完成秋种计划之后，凡是积极创造条件扩种小麦的，其扩种的面积明年收购时不计统购，由生产队自己支配。二是要放手发动群众，充分利用'四旁'、一切可以利用的空闲地、开荒地多种蔬菜、蚕豆，也可以种粮食，水库周围可以撒播油菜，谁种谁收谁有。集体无法种的，也可单独划出一定数量耕地借给社员种。老母猪也要划一点菜地，猪要保住，猪是一个肥源，也是群众收入的重要来源。"[③]

　　"借地"的标准原为每人 2 分地，万里将之提高到 3 分地。这样五口

---

① 张广友：《改革风云中的万里》，人民出版社，1995，第 163 页。
② 吴昭仁：《吴昭仁发言录音整理稿》，未刊文稿。
③ 全国人大常委会办公厅万里论著编辑组编《万里论农村改革与发展》，中国民主法制出版社，1996，第 16 页。

之家能借 1.5 亩地，可以收获一两百斤甚至三百斤粮食。① "借地种麦" 极大地调动了千家万户的积极性。不少人把洗锅洗碗、洗脸洗脚的水都浇到田里，想尽一切办法抗旱。②

"借地种麦" 政策直接催生了肥西山南的包产到户。1978 年，肥西县山南区的秋种任务是 46000 亩。区委书记汤茂林希望多种些 "保命麦"，便将计划提高至 48000 亩。可直到 9 月 15 日县委书记常振英前来检查时，山南区只完成了 1000 多亩。③ 在研究如何贯彻 "借地种麦" 以抵御旱情时，汤茂林说 "借地" 固然好，但每人只借 3 分地还不足以充分调动农民积极性，希望可以借鉴 "责任田" 的经验搞包产到户。④ 这样一来，在汤茂林蹲点的柿树公社黄花大队，便以 "四定一奖" 的名义率先搞起了包产到户的试点工作。后来名扬天下的农村改革，就这样在肥西山南先行先试了。

第三节　政策坐标

发轫于肥西的安徽农村改革披荆斩棘，最终冲破艰难险阻取得决定性胜利。将其放在政策坐标里考察，可以更清晰地看出这场改革的来之不易和伟大意义。

粉碎 "四人帮" 后，经历浩劫后的中国呈现出欣欣向荣的局面，但也有少数领域仍前途未卜。中共中央党史研究室著的《中国共产党的九十年》，将粉碎 "四人帮" 后的一段时间界定为 "徘徊中前进"："十年内乱留下的后果十分严重，要在短期内消除它在政治上思想上造成的混乱并非一件容易的事情。这种混乱的形成，固然与林彪、江青两个反革命集团的兴风作浪有直接关系，但也与在错误方针指导下作出的一些决定和采取的

---

① 吴昭仁：《党的领导与人民意愿的紧密结合》，未刊文稿。

② 吴昭仁：《党的领导与人民意愿的紧密结合》，未刊文稿。

③ 安徽省人民政府参事室、安徽省政协文史资料委员会编《诤友之言》，内部资料，1996，第 12 页。

④ 中共安徽省委党史研究室编《安徽农村改革口述史》，中共党史出版社，2006，第 260 页。

一些措施有关，与党内长期存在的'左'倾错误有关。"① 这种说法是有道理的。当时中国的农业政策仍未走出"左"的泥淖，正处于何去何从的十字路口。

1976年12月，召开了规格甚高的第二次全国农业学大寨会议，会议向全国发出号召，"彻底批判'四人帮'，掀起普及大寨县运动的新高潮"。当时主管农业的国务院副总理陈永贵在报告中，将安徽作为"加快农业机械化的步伐"的先进典型加以肯定：

> 这几年，由于"四人帮"的干扰破坏，我国钢铁工业受到损害，影响了农业机械化的进程。我们一定要争取时间，战胜各种困难，坚决把农业机械化搞上去。要学习河北、山东、广西、江苏、湖南、安徽等省的经验，依靠群众，自力更生，充分利用本地资源，大力发展"五小"工业，大搞农业机械制造，多生产化肥、农药、农业机械、维修配件和塑料薄膜。在各省、市、区自力更生为主的基础上，国家要大力帮助各省、自治区尽快把地方小钢铁和支农工业发展起来，保证完成毛主席提出的在1980年基本上实现农业机械化这一伟大任务。②

安徽的与会代表则在发言中介绍了安徽捍卫集体生产、反对"单干"的做法："（安徽）贯彻（第一次）全国农业学大寨会议精神，进行党的基本路线教育，大批修正主义，大批资本主义，通过调查研究，发动群众批斗了一批有破坏活动的四类分子，揭露了一批新资产阶级分子，动员外流劳力回队参加集体生产，把分散单干的工匠组织起来。许多开展党的基本路线教育的公社、大队，都认真揭了领导班子内部的问题和集体经济内部的资本主义倾向。"③ 不久，安徽又召开了声势浩大的"农业学大寨"会

---

① 中共中央党史研究室：《中国共产党的九十年》，中共党史出版社、党建读物出版社，2016，第646~647页。
② 陈永贵：《彻底批判"四人帮"，掀起普及大寨县运动的新高潮》，《人民日报》1976年12月24日，第1版。
③ 郭宏杰：《加强党的领导，加快普及大寨县步伐》，《人民日报》1976年12月19日，第3版。

议（见图10－2）。

图 10－2　安徽省第九次农业学大寨会议于 1977 年 2 月 26 日
在萧县郭庄召开

　　除大力提倡"农业机械化"外，中央文件还正式写入了核算单位变大的内容。1977 年 12 月 19 日，中共中央发出"49 号文件"，提出"各级党委应当采取积极热情的态度，做过细的工作，因势利导，努力创造条件，逐步向以大队为基本核算单位过渡"。不仅如此，"49 号文件"还规定了具体的比例："目前全国已有百分之七点七的大队实行大队核算，绝大多数是办得好的，应当总结经验，加强领导。今冬明春，可以再选择一部分条件已经成熟的大队，例如百分之十左右，先行过渡，进一步取得经验。"① 如果按照这份文件的思路和方法走下去，中国的农村改革就无从谈起，因为以肥西为代表的先行改革县域，走的是一条不断冲破生产小队桎梏、不断释放社员家庭活力的道路。"49 号文件"却认为生产小队的组织规模还不够，还要过渡到生产大队。可以说，这是发展农业的两条完全相反的路径。当然，"49 号文件"也没有讳言农业的裹足不前，其中提到："1976 年全国每人占有粮食只 614 斤，和 1956 年一样。1970 年以来，有的省粮食产量只增长百分之零点儿，有的省不但没有增加，反而倒退了。"② 所以说，"49 号文件"清醒地看到了农业的弊病，却开错了药方。

① 中共中央文件：中发〔1977〕49 号，1977 年 12 月 19 日。
② 中共中央文件：中发〔1977〕49 号，1977 年 12 月 19 日。

1978 年底，中共中央先后召开了中央工作会议和十一届三中全会，农业是主要议题之一。尤其是党的十一届三中全会，结束了粉碎"四人帮"后党和国家工作在徘徊中前进的局面。党在思想、政治、组织等领域的拨乱反正开始全面展开，我国的改革开放由此拉开了序幕。[①] 十一届三中全会原则通过了"两个文件"。较之"49 号文件"，"两个文件"按捺住了向生产大队核算过渡的冲动，宣告继续维持"三级所有，队为基础"的格局："人民公社现在要继续稳定地实行公社、生产大队和生产队三级所有，以生产队为基本核算单位的制度，集中力量发展农村生产力。不允许在条件不具备时，匆匆忙忙地搞基本核算单位的过渡；条件具备的过渡，要报省一级领导机关批准。"[②] 对"割资本主义尾巴"、搞"穷过渡"等错误做法，"两个文件"更是明令禁止："社队的多种经营是社会主义经济，社员自留地、家庭副业和农村集市贸易是社会主义经济的正当补充，决不允许把它们当作资本主义经济来批判和取缔。按劳分配、多劳多得是社会主义的分配原则，决不允许把它当作资本主义原则来反对。"[③] "两个文件"对农业政策中"左"的做法及时纠偏，有重大的进步意义。但是，"两个文件"仍留有"尾巴"，其明确规定："不许包产到户，不许分田单干。"[④]

以万里为首的安徽省委解放思想、锐意改革，安徽走在了中国农村改革的第一方阵。1977 年 11 月 20 日，安徽省委制定《关于当前农村经济政策几个问题的规定（试行草案）》，其主要内容有六条：（1）搞好人民公社的经营管理工作；（2）积极地有计划地发展社会主义大农业；（3）减轻生产队和社员的负担；（4）分配要兑现；（5）粮食分配要兼顾国家、集体和个人利益；（6）允许和鼓励社员经营正当的家庭副业。"省委六条"最重要的一项内容，是提出尊重生产队的自主权，规定："要尊重生产队的自主权，防止瞎指挥。生产队按照国家关于粮食和各项经济作物种植面积和

---

① 中共中央党史研究室：《中国共产党的九十年》，中共党史出版社、党建读物出版社，2016，第 660 页。
② 中共中央文件：中发〔1979〕4 号，1979 年 1 月 11 日。
③ 中共中央文件：中发〔1979〕4 号，1979 年 1 月 11 日。
④ 中共中央文件：中发〔1979〕4 号，1979 年 1 月 11 日。

产量指标的要求,有权因地制宜、因时制宜地安排作物茬口,决定增产措施。"① 我们可以注意到,"省委六条"的制定时间比"49号文件"约早1个月。"49号文件"动员要由生产小队向生产大队过渡,"省委六条"则是在捍卫生产小队的自主权。1978年3月12日,《红旗》杂志刊发了万里的《认真落实党的农村经济政策》。万里在文章中指出:"要把农业尽快搞上去,靠什么?要靠真学大寨,靠大搞农田基本建设,靠加速实现农业机械化,靠科学种田。但最根本的还是靠人的积极性。人是生产力中决定的因素,有了人的积极性,什么人间奇迹都可以创造出来。人的积极性从哪里来?要靠加强思想政治工作,落实党的政策去调动起来。"②

1978年秋,肥西山南在安徽省委"借地种麦"政策的鼓舞下,直接搞起了包产到户。虽然"两个文件"规定"不许包产到户,不许分田单干",但安徽省委仍于1979年2月6日决定在山南公社进行包产到户试验。一个省级党委决定在一个公社的范围搞包产到户,自1962年以来在全国尚属首例。

1979年3月12日至24日,国家农委召开有安徽、广东、湖南、河北、吉林、四川、江苏农村工作部门负责人和安徽全椒、广东博罗、四川广汉县委负责人参加的农村工作座谈会。安徽参会代表周曰礼倡言包产到户,与反对者展开激烈辩论。"七省三县农口干部座谈会"讨论的《关于农村工作座谈会纪要》,被中共中央于1979年4月3日转批,成为1979年"31号文件"。"31号文件"规定:"不论实行哪种办法,除特殊情况经县委批准者以外,都不许包产到户,不许划小核算单位,一律不许分田单干。"③ 不过,"七省三县农口干部座谈会"为农村改革也作了一定的贡献,最大的贡献是以下两项规定。(1)"深山、偏僻地区的孤门独户,实行包产到户,也应当许可。"(2)对包产到户的农民,"如果一时说不服,也不要勉强去纠正,更不能搞批判斗争。可以让他们在实践中去总结经验,明

---

① 中共安徽省委:《关于当前农村经济政策几个问题的规定(试行草案)》,1977年11月20日。

② 万里:《认真落实党的农村经济政策》,《红旗》1978年第3期。

③ 黄道霞、余展、王西玉主编《建国以来农业合作化史料汇编》,中共党史出版社,1992,第919页。

确是非好坏。应当热情地帮助他们解决困难，搞好春耕生产"。①

以万里为首的安徽省委领导不是孤军奋战，农村改革得到了邓小平、陈云等人的支持。1979 年 6 月 18 日，五届全国人大二次会议举行开幕式。会议休息时，万里到大会主席团对陈云说："安徽一些农村已经搞起了包产到户，怎么办？"陈云答复："我双手赞成。"之后，万里又找到邓小平。邓小平答复："不要争论，你就这么干下去就完了，就实事求是干下去。"②在万里等人的不断推动下，在邓小平、陈云等人的大力支持下，1979 年 9 月中共十一届四中全会通过了《关于加快农业发展若干问题的决定》。这份文件对包产到户的措辞显然比 1979 年的"31 号文件"柔和一些。"31 号文件"规定"不许包产到户""一律不许分田单干"，《关于加快农业发展若干问题的决定》则规定："不许分田单干。除某些副业生产的特殊需要和边远山区、交通不便的单家独户外，也不要包产到户。"③

1980 年 9 月 27 日，中共中央在召开各省区市第一书记座谈会集思广益的基础上，出台"75 号文件"。"75 号文件"避开包产到户姓资姓社的敏感问题，只是指出"为了有利于工作，有利于生产，从政策上（对包产到户）做出相应的规定是必要的"。文件指出：

> 我国多数地区集体经济是巩固或比较巩固的；但也有一些地区，主要由于左倾政策或者其他领导工作上的原因，集体经济没有办好，生产力水平依然很低，群众生活十分困难。根据这种情况，对于包产到户应当区别不同地区、不同社队采取不同的方针。

"75 号文件"划了两类地区："一般地区"与"边远山区和贫困落后的地区"。允许包产到户的，是"边远山区和贫困落后的地区"，对"长期吃粮靠返销，生产靠贷款，生活靠救济"的生产队，"群众对集体经济丧

① 余国耀、吴镕、姬业成：《农村改革决策纪实》，珠海出版社，1999，第 49 页。
② 中共中央文献研究室编《陈云年谱》（修订本）下卷，中央文献出版社，2015，第 280 页。
③ 黄道霞、余展、王西玉主编《建国以来农业合作化史料汇编》，中共党史出版社，1992，第 912 页。

失信心，因而要求包产到户的，应当支持群众的要求，可以包产到户，也可以包干到户，并在一个较长时间内保持稳定"。而在"一般地区"，则"不要搞包产到户"，"这些地方领导的主要精力应当放在如何把集体经济进一步加以巩固和发展。已经实行包产到户的，如果群众不要求改变，就应允许继续实行，然后根据情况的发展和群众的要求，因势利导，运用各种过渡形式进一步组织起来"。①

在中央不断放宽政策之际，1981 年 2 月 10 日，肥西县委发出"6 号文件"，将包产到户定性为"在生产队统一经营下组织劳动的一种形式"。这是在"75 号文件"的基础上，向前迈进的一大步。②

1981 年 10 月，中央农村工作会议在北京召开。经过半个多月的讨论，形成了《全国农村工作会议纪要》。该纪要指出：

> 目前实行的各种责任制，包括小段包工定额计酬，专业承包联产计酬，联产到劳，包产到户、到组，包干到户、到组，等等，都是社会主义集体经济的生产责任制。不论采取什么形式，只要群众不要求改变，就不要变动。③

《全国农村工作会议纪要》明确指出，包产到户是"社会主义集体经济的生产责任制"。中共中央特别选定在 1982 年 1 月 1 日发出《全国农村工作会议纪要》，作为 1982 年的中央"一号文件"。此后，中共中央又连续 4 年在元旦当天发出涉农的"一号文件"，这就是著名的 5 个"一号文件"。

我们知道，从"包产到户""包干到户"到"家庭联产承包为主的责任制"，不仅是相关提法的发展变化，更是农业政策的深刻变迁。1983 年

---

① 黄道霞、余展、王西玉主编《建国以来农业合作化史料汇编》，中共党史出版社，1992，第 927 页。
② 中共肥西县委：《关于印发实行包产到户的生产队经营管理试行办法的通知》，1981 年 2 月 10 日。
③ 《中共中央国务院关于"三农"工作的一号文件汇编（1982—2014）》，人民出版社，2014，第 3 页。

中央"一号文件"指出:"联产承包制采取了统一经营与分散经营相结合的原则,使集体优越性和个人积极性同时得到发挥。这一制度的进一步完善和发展,必将使农业社会主义合作化的具体道路更加符合我国的实际。这是在党的领导下我国农民的伟大创造,是马克思主义农业合作化理论在我国实践中的新发展。"① 1984 年中央"一号文件"指出:"继续稳定和完善联产承包责任制,帮助农民在家庭经营的基础上扩大生产规模,提高经济效益""土地承包期一般应在十五年以上。"② 1985 年中央"一号文件"指出:"联产承包责任制和农户家庭经营长期不变。"③ 1986 年中央"一号文件"指出:"家庭承包是党的长期政策,决不可背离群众要求,随意改变。"④ 1993 年 2 月 14 日,中共中央委员会向第七届全国人民代表大会常务委员会提出《关于修改宪法部分内容的建议》,其中一条内容是:

> 宪法第八条第一款:"农村人民公社、农业生产合作社和其他生产、供销、信用、消费等各种形式的合作经济,是社会主义劳动群众集体所有制经济。参加农村集体经济组织的劳动者,有权在法律规定的范围内经营自留地、自留山、家庭副业和饲养自留畜。"修改为:"农村中的家庭联产承包为主的责任制和生产、供销、信用、消费等各种形式的合作经济,是社会主义劳动群众集体所有制经济。参加农村集体经济组织的劳动者,有权在法律规定的范围内经营自留地、自留山、家庭副业和饲养自留畜。"⑤

1993 年 3 月 14 日,中共中央委员会在提出修改宪法的补充建议的同

① 《中共中央国务院关于"三农"工作一号文件汇编(1982—2014)》,人民出版社,2014,第 20 页。
② 《中共中央国务院关于"三农"工作一号文件汇编(1982—2014)》,人民出版社,2014,第 40 页。
③ 《中共中央国务院关于"三农"工作一号文件汇编(1982—2014)》,人民出版社,2014,第 61 页。
④ 《中共中央国务院关于"三农"工作一号文件汇编(1982—2014)》,人民出版社,2014,第 73～74 页。
⑤ 许崇德:《中华人民共和国宪法史》,福建人民出版社,2003,第 849 页。

时，还提交了一份《关于修改宪法部分内容的建议的说明》。其中，涉及"家庭联产承包为主的责任制"的内容是："家庭联产承包为主的责任制，是在农村土地集体所有的前提下生产资料与劳动者相结合的一种方式，是社会主义劳动群众集体所有制经济的一种形式，并且是现阶段农村中农业生产合作经济的主要形式。实行家庭联产承包为主的责任制，不是解决温饱问题的权宜之计，而要作为农村集体所有制经济的一种基本形式和制度长期稳定下来，并不断加以完善。"①

1993 年 3 月 29 日，第八届全国人民代表大会第一次会议通过了宪法修正案，"家庭联产承包为主的责任制"正式写入了宪法。对此，有论者指出此举"充分体现了党的实事求是的思想路线，表明了我们党和国家尊重亿万农民的创造和选择，反映出党和国家对改革开放大业的信心和决心。这是人民群众的意志和共同心愿。这对于巩固农村改革成果，维护农民合法权益，调动广大农民的生产积极性，发育农村市场经济，解放和发展农村生产力意义重大而久远"②。

从"包产到户"的山南试验到"家庭联产承包为主的责任制"写入宪法，中国农村经历了一场历史巨变。作为安徽农村改革的重要发源地，肥西山南为安徽乃至全国作出了卓越的贡献。1993 年 6 月 20 日，中共中央政治局常委、全国政协主席李瑞环在听取安徽省委、省政府工作汇报后说："中国的改革由农村开始，农村的改革由安徽开始。安徽农村联产承包责任制的试点，起到了先锋和示范作用，促进了全国农村改革的成功。人们从农村改革中尝到了甜头，增加了勇气，进一步统一了认识，从而使改革由农村到城市逐步推开。"③ 诚哉斯言！

---

① 许崇德：《中华人民共和国宪法史》，福建人民出版社，2003，第 852 ~ 853 页。

② 洪绂曾：《以家庭联产承包为主的责任制写入〈宪法〉意义重大》，《农村合作经济经营管理》1993 年第 6 期。

③ 安徽省政协文史资料委员会编《农村改革的兴起》，中国文史出版社，1993，卷首语。

附录1

农村改革是"边缘革命"还是"核心突破"?

—— 对科斯、王宁的补正兼谈改革之缘起

摘　要　对中国改革史的研究中,有一种较为流行的看法:改革在农业领域率先突破,是因为农业比较"边缘"。诺贝尔奖获得者科斯教授和助手王宁,便持这种看法,他们认为农业改革(包产到户)是一场"边缘革命"。对此,笔者并不认同。通过分析改革的背景,包产到户在地方的实践过程、在中央的决策过程,笔者研究发现:农业在当时的中国并不"边缘",而是处于比较核心的地位。包产到户由禁区走向正名,是一场渐进式改革。也就是说,这是"核心突破"的过程,而非"边缘革命"。

关键词　边缘革命　包产到户　农业

粉碎"四人帮"后,中国改革的突破口在农业,这已为历史和实践所证明。问题在于,对改革之缘起应该如何认知。这场改革,很容易让人联想起"农村包围城市"的经验,进而得出"最薄弱的环节也最容易孕育改革"之类的结论。随着罗纳德·哈里·科斯(Ronald H. Coase)和他的助手王宁合著的《变革中国》(*How China Became Capitalist*)被译介至中国,"边缘革命"(marginal revolution)之说更是流行于政界和学界。一时之间,追捧者甚众，俨然成为对改革缘起的经典阐释。

虽然科斯和王宁的研究很有启发性，我们基于历史事实所作的研究却表明：作为传统的农业大国，中国农业领域里的变革向来都是十分重要的，"边缘"的说法并不准确；此外，"革命"更像是对这场改革意义的阐述，而不是对其历史进程的准确描绘。与科斯和王宁的结论不同，我们认为这场改革更为准确的说法应该是"核心突破"。

"边缘革命"的问题和改革的背景

罗纳德·哈里·科斯是新制度经济学的鼻祖、产权理论的创始人，于1991 年获得诺贝尔经济学奖。他的杰出贡献是发现并阐明了交换成本和产权在经济组织和制度结构中的重要性及其在经济活动中的作用。在 102 岁高龄之际，科斯与助手王宁合著的《变革中国》问世，这种治学精神和对中国的深切关注，都是令人敬佩的。该书 2013 年推出中文版后，受到了中国学者的高度赞扬，有学者认为，"在诺贝尔经济学奖得主中，科斯教授最为关注中国"，此书"大约是诺贝尔奖得主中唯一专门讨论中国的著作"。[1] 这样的评价，确实是比较中肯的。

在此书中，科斯和王宁提出了三个核心论点，"边缘革命"便是其中之一。[2] 科斯和王宁认为，中国社会主义经济启动改革，"并不发生在其中心，而是在它的边缘，在受国家控制最弱的地方"。"边缘"和"国家控制最弱的地方"，指的就是农业。他们进一步解释说，真正的改革先锋，是"落后的、被边缘化的群体"，"他们游离在政府机构和中央计划之外，在现有的体制下饱受歧视"，"正是这些处在中国社会主义边缘的经济力量成就了一系列变革"。由此，科斯、王宁得出"边缘革命"的结论，认为"意义最为重大的变革是在中国经济最为薄弱的环节农业中爆发的"。[3] 为核对中文翻译的准确性（尤其是"群体"二字很容易让人认为是"农民群

① 姚中秋：《中国何以发生边缘革命》，《学术界》2014 年第 1 期。
② 张曙光：《对科斯和王宁著〈变革中国〉的几点评论》，《学术界》2014 年第 1 期。
③ 〔英〕罗纳德·哈里·科斯、王宁：《变革中国》，徐尧、李哲民译，中信出版社，2013，第 70 页。

体"），为避免误读，笔者查阅了该书英文原著，再次确认科斯所言的"落后的、被边缘化的"、"游离在政府机构和中央计划之外"的、"在现有的体制下饱受歧视"的，指的均是农业。[①]

"边缘革命"提出后，受到了学界人士的高度肯定，有学者认为"这是一个极富洞见的命题，开启了重新理解中国市场经济形成过程的窗口。它给中国学人提出的问题是：中国的'边缘'何以能够发生市场化革命？"。[②]

如果当时的中国农业真的"游离在政府机构和中央计划之外"、真的"饱受歧视"，那么"边缘革命"之说确实是值得深思的。如若不是，"边缘革命"之说便失去了事实根基。从科斯、王宁的立论来看，他们的分析涉及两个方面的问题：在意识形态领域，农业处于何种位置；在国民经济领域，对农业的管控以及农业的地位如何。只有综合地分析这些问题，才有可能依据事实得出恰当的结论。笔者认为，"边缘革命"的说法，是值得商榷的。因为党中央对农业的重视以及农业的实际权重，决定了农业的

---

① 为力求准确，笔者抄录该书英文版（Ronald Coase and Ning Wang, *How China Became Capitalist*, Palgrave Macmillan, 2012）第 46 页内容如下："While the state-led reforms stalled, real change was smoldering along the margins of the socialist economy. The most significant developments were to occur not at the core of the socialist economy but on its periphery, where state control was at its weakest. The real pioneers were not state-owned enterprises, the privileged actors and jewels of socialism, but the disadvantaged and marginalized. On the fringe of government bureaucracy and excluded from state planning, they had suffered the worst of the existing system. Nonetheless, it was at the margins of the Chinese economy that a concatenation of revolutions brought private actors back to the economy, paving the way for a market transformation. China became capitalist with marginal revolutions. The most significant of these marginal revolutions erupted in agriculture, the weakest sector of the Chinese economy." 科斯和王宁用的是 agriculture（农业），而非 peasant（农民）。该书中译本为："在国家主导的改革陷入停滞之时，真正有突破性的改变却在社会主义经济的边缘暗潮涌动。中国社会主义经济最为重要的发展并不发生在其中心，而是在它的边缘，在受国家控制最弱的地方。真正的改革先锋不是拥有各种特权并被奉为社会主义'掌上明珠'的国营企业，而是那些落后的、被边缘化的群体。他们游离在政府机构和中央计划之外，在现有体制下饱受歧视。尽管如此，正是这些处在中国社会主义边缘的经济力量成就了一系列变革，将私营企业重新带回到经济体制中，为日后的市场转型铺平了道路。在这一系列'边缘革命'的带动之下，中国逐渐步入了现代市场经济。在这些'边缘革命'中，意义最为重大的变革是在中国经济最为薄弱的环节农业中爆发的。"参见〔英〕罗纳德·哈里·科斯、王宁《变革中国》，徐尧、李哲民译，中信出版社，2013，第 70 页。

② 姚中秋：《中国何以发生边缘革命》，《学术界》2014 年第 1 期。

地位并不"边缘",甚至可以说农业是当时比较核心的问题。农村改革的启动,并非在边缘地带爆发了革命,而是核心问题逐渐被突破。农村改革在地方的实践、在中央的决策,无不证明了这一点。

为了探讨科斯、王宁提出的问题,我们还是要回到历史的现场。1976 年 10 月,华国锋接任中共中央主席、中央军委主席。考虑到国际舆论、国内形势,华国锋选择走没有毛泽东的毛泽东路线,以消除由粉碎"四人帮"带来的"非毛化"争议。10 月 8 日,中共中央作出两项重要决定:建立毛泽东纪念堂和出版《毛泽东选集》、筹备出版《毛泽东全集》。不久,《人民日报》(1976 年 12 月 26 日)和《红旗》(1977 年第1 期)刊发了毛泽东生前并未公开发表的《论十大关系》。1956 年 4 月,毛泽东在中央政治局扩大会议上发表讲话,论述重工业和轻工业、农业的关系等十个问题。由于种种原因,《论十大关系》一直没有公开发表。毛泽东刚刚去世,中共中央两家最重要的报刊,同时刊发这篇文章,释放出来的信号是不同寻常的。文章批评了苏联和一些东欧国家"片面地注重重工业,忽视农业和轻工业",并且指出,"我们现在的问题,就是还要适当地调整重工业和农业、轻工业的投资比例,更多地发展农业、轻工业",虽然重工业"还是投资的重点。但是,农业、轻工业投资的比例要加重一点"。① 此外,"以农业为基础、以工业为主导"仍然以黑体字的形式,出现在从上到下的各级刊物上,显示出这一"最高指示"仍不可撼动。1962年的八届十中全会,第一次正式地、完整地提出"以农业为基础、以工业为主导"是发展国民经济的"总方针"。② 对这一方针,华国锋可以说是大力继承。1976 年 12 月 25 日,华国锋在第二次全国农业学大寨会议上指出:

> 我们一定要切实贯彻执行"备战、备荒、为人民"的战略思想和
> "以农业为基础、工业为主导"的方针,充分发挥中央和地方两个积

---

① 毛泽东:《论十大关系》,《人民日报》1976 年 12 月 26 日,第 1 版。
② 戚义明:《"以农业为基础、以工业为主导"方针的逐步形成和最终确立》,《毛泽东研究》2016 年第 4 期。

极性，发动群众，下大决心，花大力气，首先把农业搞好。①

在华国锋眼中，农业是要"首先"搞好的对象。农业的重要性，由此可见一斑。之所以不厌其烦地回顾《论十大关系》的公开发表、华国锋对"以农业为基础、以工业为主导"的重视，笔者想要说明：农业并没有"饱受歧视"，否则，可以"忽视"之甚至"无视"之；而中央领导人在讲话中、各级报刊在宣传中继续强调"以农业为基础、以工业为主导"，恰恰说明了农业在意识形态领域受到的重视。

农业所处的重要地位，也决定了其必然会受到重视。1958 年"大跃进"后，中国陷入了三年困难时期，缺乏粮食造成饥馑的阴影一直笼罩在决策者身上。正是在这样的背景下，1962 年八届十中全会提出的"以农业为基础、以工业为主导"，是对"大跃进"时期片面发展工业等盲动做法的某种纠偏。再看看华国锋接班前后全国的工农业生产总值及构成：1976 年为 4536 亿元，农业、轻工业、重工业分别为 1258 亿元、1448 亿元、1830 亿元；1977 年为 4978 亿元，农业、轻工业、重工业分别为 1253 亿元、1638 亿元、2087 亿元。② 考虑到农产品产值不高、工农业"剪刀差"等因素，农业仍然能贡献 25% 以上的总产值，这正说明了农业举足轻重的地位。更为重要的是，农业牵涉面之广、涉农人口之多，也决定了其地位之重要。据国家统计局公布的数据，1977 年全国总人口 9.4974 亿，乡村人口 7.8305 亿，所占比例高达 82.4%。③

一言以蔽之，在思想上、行动上、宣传上，国家都高度重视农业的发展。然而，这种重视未能扭转农业的困局。以 1977 年为例，当年粮食总产量 2.8273 亿吨。④ 如果把这些粮食全部发放给国人，平均每人只能领到 595 斤。扣除储备、饲料、种子等，这一数字还将进一步降低。这个数据，足以说明当时农业裹足不前、困境重重的局面。为什么农业受到如此高度

① 《中国共产党中央委员会主席华国锋同志在第二次全国农业学大寨会议上的讲话》，《红旗》1977 年第 1 期。
② 国家统计局编《中国统计年鉴 1989》，中国统计出版社，1989，第 51 页。
③ 国家统计局编《中国统计年鉴 1989》，中国统计出版社，1989，第 87 页。
④ 国家统计局编《中国统计年鉴 1989》，中国统计出版社，1989，第 198 页。

的重视，却连自给自足都难以实现呢？原因在于，不恰当的重视给农村套上了难以打破的枷锁。1962年9月，中共八届十中全会通过的《农村人民公社工作条例修正草案》《中共中央关于进一步巩固人民公社集体经济、发展农业生产的决定》，明确规定：

> 要贯彻实行以生产队为基本核算单位的规定。除了少数继续以生产大队为基本核算单位的地方外，生产队应该实行独立核算，自负盈亏，直接组织生产，组织收益分配。条例规定，这种基本核算单位制定下来以后，至少三十年不变。①

但是，这样的制度性规定，在现实中很难得到保障。以安徽定远为例，由于在不适宜种水稻的地方强行扩种水稻，导致每年20多万亩水稻基本没有收成。② 种什么、怎么种，生产队无权决定；收成如何分配，生产队也无权决定。这一切与农民切身利益相关的事务，都要由"上面来规定"。万里在回顾当时的情景时，感喟："人民公社实际上是把农民当作'奴隶'了。"③

之所以罗列上述数据和事实，笔者想要再次说明：农业并没有"游离在政府机构和中央计划之外，在现有的体制下饱受歧视"，恰恰相反，中央对农业是高度重视的，但不恰当的重视确实阻碍了农业的发展。实际上，在计划经济尚未解冻的年代，农业不会也不可能游离在国家计划之外。1978年1月，中央政治局委员、国务院副总理兼国家计委主任余秋里仍强调："计划部门要按农、轻、重的次序安排好国民经济计划，切实把农业放在首位。"④ 1978年底召开的十一届三中全会，正式决定"全党工作的着重点应该从一九七九年转移到社会主义现代化建设上来"，会上讨

---

① 中共中央文献研究室编《建国以来重要文献选编》第15册，中央文献出版社，1997，第608页。
② 全国人大常委会办公厅万里论著编辑组编《万里论农村改革与发展》，中国民主法制出版社，1996，第4页。
③ 张广友、韩钢：《万里谈农村改革是怎么搞起来的》，《百年潮》1998年第3期。
④ 《第三次全国农业机械化会议文件和材料汇编》，人民出版社，1978，第37页。

论的事关经济建设的两份文件，都是涉及农业的——《中共中央关于加快农业发展若干问题的决定（草案）》和《农村人民公社工作条例（试行草案）》（简称"两个文件"）。农业不仅在国民经济计划之内，且居于首位，十一届三中全会还要求"全党目前必须集中主要精力把农业尽快搞上去"。① 凡此种种，无不证明"边缘革命"之说不过是皮相之论。

改革发源地安徽的突破

与科斯、王宁商榷过程中，笔者大致勾勒了农村改革启动前夕的背景，即：在意识形态领域、国民经济管理等方面，农业都处于比较核心的地位。农业需要改革、农村需要发展，是各方都十分关注的焦点问题。华国锋、陈永贵等人提出的主流方案，是矢志不移地继承毛泽东的"遗志"，恪守八届十中全会提出的"农业问题上的根本路线"，即"第一步实现农业集体化，第二步在农业集体化的基础上实现农业的机械化和电气化"。② 经过多年的宣传、教育、批判，先集体化再机械化和电气化的这套方案，已深入广大干部、群众的思想和行动中。万里等人则采用另一套方案，他们在集体化上打开缺口，让核心问题有了突破的空间，最终实现包产到户。

率先、积极、普遍推行包产到户的，是万里在安徽的实践。③ 1977 年 6 月，中共中央决定：万里任安徽省委第一书记。作为传统的农业大省，农业在安徽更是占据首要地位。1977 年，安徽工农业生产总值 168.429 亿元，农业总产值位居第一（69.5694 亿元），超过轻工业（51.9745 亿元）和重工业（46.8851 亿元）。④ 万里也把农业当作核心问题来抓，政治上、

---

① 《中国共产党第十一届中央委员会第三次全体会议公报》，载中共中央文献研究室编《三中全会以来重要文献选编》上，人民出版社，1982，第 7 页。
② 《第三次全国农业机械化会议文件和材料汇编》，人民出版社，1978，第 21 页。
③ 对待包产到户问题，赵紫阳显然不如万里积极。他在 1980 年主持国务院工作、任副总理后仍较为谨慎。如 1980 年 6 月 20 日，赵紫阳在致华国锋、胡耀邦等人的信中指出："在那些生产比较正常、基础比较好的地方，原则上不要搞包产到户，已经包产到户的，应按这种形式（在生产队的统一领导下，在专业协作的基础上建立个人责任制）进行试验，这样生产力就会大大发展，农村集体经济也会日益巩固。"参见《赵紫阳文集》编辑组编《赵紫阳文集》第 1 卷，香港中文大学出版社，2016，第 46~47 页。
④ 安徽省统计局编《安徽四十年》，中国统计出版社，1989，第 29 页。

组织上"清帮治皖",基本理顺干部队伍后,他在经济上的第一个动作,就是在农业上打开局面。换言之,万里是在核心问题上啃着硬骨头,但他也十分注重讲究策略和方法。1977 年 10 月 27 日,万里在全省"普及大寨县座谈会"上指出:"搞农村经济政策,这要作为大事来抓。"这次会议上,安徽省委散发《关于当前农村经济政策和收益分配工作中几个问题的规定(修改稿)》,万里要求把这份文件"先拿到群众中去念念"。① 11 月 20 日,安徽省委正式发布《关于当前农村经济政策几个问题的规定(试行草案)》(简称"省委六条"),核心便是"尊重生产队的自主权"。这是万里在农村改革上迈出的第一步,虽然步子不大且存在一定的风险,但因为没有突破《农村人民公社工作条例修正草案》、调动了生产队积极性取得了切实效果,还得到了中央的肯定。1978 年 2 月 3 日,《人民日报》刊发《一份省委文件的诞生》,表扬推出"省委六条"的安徽省委"深入实际,注重调查研究,走群众路线,认真贯彻落实党的政策,是恢复和发扬党的优良传统和作风的一个好榜样"(见图 1)。②

图 1 《人民日报》肯定"省委六条"

① 《万里同志在省召开的普及大寨县座谈会上的讲话》(油印件),1977 年 10 月 27 日。
② 田文喜、姚力文:《一份省委文件的诞生》,《人民日报》1978 年 2 月 3 日,第 1 版。

我们知道,农业问题在中央、在安徽都是核心问题之一。实践也证明,农业集体化既不能调动农民积极性,在现实中也面临难以突破的瓶颈。最能调动农民积极性的,当然是赋予其完整的土地权益。但在人民公社化运动后,土地由农民所有转化为集体所有(实际上是国家所有)。对高度敏感的土地所有权问题,谁也不敢越雷池半步,万里当然也不例外。万里采用的办法,是将完整的土地权益分解为所有权和使用权,在使用权上进行突破,试验包产到户并扩大范围。共产党人将农业集体化奉为圭臬,包产到户虽然并不合法,但毕竟规避了土地所有权问题。即便如此,万里也不敢贸然行事,他采取的是渐进式的变革,最终实现了包产到户的正名。所以,我们认为:农村改革的过程,是核心问题中相对薄弱的环节被打开缺口,随着缺口不断扩大,改革也逐渐走向纵深。

且看万里如何破局,迈出农村改革的下一步,开始试点包产到户。1978 年春夏之交,安徽遭遇特大旱灾,省委作出"借地种麦"的决定,将凡是集体无法耕种的土地,借给社员种麦种菜;鼓励多开荒,谁种谁收,国家不征统购粮,不分配统购任务。[①] 9 月 15 日,肥西县山南区黄花大队党支部在落实"借地种麦"时,提出"全大队每人包一亩地种麦,半亩油菜"的办法,把田地分包给个人耕作。[②] 这个做法,实际上就是包产到户。1978 年底,肥西县山南区 77% 的生产队实行了包产到户。[③] 山南区的做法,当时属于犯忌之举。1978 年 12 月,十一届三中全会原则通过的"两个文件",明确规定"不许包产到户,不许分田单干"。[④] 1979 年 2 月 6 日,安徽省委召开常委会议讨论如何处置山南区的问题——这也是安徽省委集体第一次商议是否试验包产到户。面对几位常委的疑虑,万里明确表态:"我主张应当让山南公社进行包产到户的试验。"他设想了三种情况:如果试验成功,当然最好;如果试验失败,也没有什么了不起;如果滑到

---

① 张广友:《改革风云中的万里》,人民出版社,1995,第 163 页。
② 中共肥西县委党史研究室:《中国农村改革的发端》,内部资料,第 194 页。
③ 全国人大常委会办公厅万里论著编辑组编《万里论农村改革与发展》,中国民主法制出版社,1996,第 44 页。
④ 《农村经济政策汇编 1978—1981》上册,农村读物出版社,1982,第 32 页。

资本主义道路上去，也不可怕，我们有办法把他们拉回来。① 虽然省委只作了"试验"的决定，其意义却是划时代的。在此之前，安徽省委第一书记曾希圣于1961年推行包产到户性质的"责任田"，结果在1962年的北戴河会议上被毛泽东批判为"代表富裕农民"。② "文化大革命"期间，"责任田"作为"三自一包"的典型，更是受到连篇累牍的批判。万里率先在全国试验包产到户，面临的风险可想而知，所以他下令"暂不宣传、不登报、不推广，秋后总结了再说"。③

　　长期在北京工作的万里，深知自己已经触碰了政策的红线，他也在向上寻求支持。1979年6月18日，五届全国人大二次会议举行开幕式，会议休息时，万里到大会主席团对陈云说，安徽一些农村已经搞起了包产到户，怎么办？陈云答复："我双手赞成。"之后，万里又找到邓小平。邓小平答复："不要争论，你就这么干下去就完了，就实事求是干下去。"④ 1979年9月，中共十一届四中全会通过《关于加快农业发展若干问题的决定》前，万里找到中共中央秘书长胡耀邦，要求不要再提"不许包产到户"。胡耀邦说，他们起草人都不同意，我再去做做工作。⑤ 有了陈云、邓小平、胡耀邦等人的首肯，万里遂向前迈出一大步。1979年12月1日，在省军区第六次代表大会上，万里称赞包产到户"是一种责任到户的生产责任制，是搞社会主义，不是搞资本主义"。不过，在公开讲话中，他继续肯定"农业集体化"，仍然用"没有改变生产资料集体所有制的性质"解释"包产到户"的合理性。⑥ 万里离任省委第一书记前夕，安徽约有10%的生产队实行了包产到户。⑦

---

① 全国人大常委会办公厅万里论著编辑组编《万里论农村改革与发展》，中国民主法制出版社，1996，第43页。
② 袁小荣编著《毛泽东离京巡视纪实》下卷，人民日报出版社，2014，第1005页。
③ 全国人大常委会办公厅万里论著编辑组编《万里论农村改革与发展》，中国民主法制出版社，1996，第43页。
④ 中共中央文献研究室编《陈云年谱》（修订本）下卷，中央文献出版社，2015，第280页。
⑤ 郑仲兵主编《胡耀邦年谱资料长编》上册，时代国际出版有限公司，2005，第411页。
⑥ 全国人大常委会办公厅万里论著编辑组编《万里论农村改革与发展》，中国民主法制出版社，1996，第62页。
⑦ 苏桦、侯永主编《当代中国的安徽》上，当代中国出版社，1992，第186页。

决策层由分歧走向统一

叙述了包产到户在安徽的实践后，我们再来观察这一问题在中央决策层如何由分歧走向统一。对包产到户的态度，高层领导之间意见不一。如果作一个粗略的划分，华国锋等人属于"反对派"，陈云、邓小平等人则属于"支持派"。如前所述，华国锋不会也不能丢掉毛泽东的旗帜，摆脱人民公社体制的桎梏。1979 年 2 月 20 日，在听取杜润生汇报工作时，华国锋说：应该注意总结发挥集体生产优越性的好经验、好典型，加以推广。① 得知华国锋的态度后，国家农委主任指示《人民日报》1979 年刊发张浩来信，信中指责包产到组"脱离群众、不得人心"。《人民日报》于 3 月 15 日不仅刊发此信，还配发了措辞严厉的"编者按"。② 包产到组都不被允许，遑论包产到户。但是，陈云、邓小平等人，则对万里有肯定性的表态。

1980 年 2 月 29 日，中共十一届五中全会第三次会议决定：万里任中央书记处书记。有论者指出，这是"关键性的人事变动"，"为实现农村改革并取得成功做好了组织保证"。③ 不久，万里又任国务院副总理兼国家农委主任。同时在中央和国务院任职，是万里推广包产到户的重要前提。不过，此时的形势仍不明朗。在国家农委内部，反对包产到户的声音仍很强大。农业部一位副部长坚决反对包产到户，他还指示在《农村工作通讯》上，刊发《分田单干必须纠正》等文章，矛头直指万里。在安徽，万里的继任者，对包产到户也提出严厉的批评。在这种情况下，邓小平再度发声表示支持。邓小平说，在甘肃、内蒙古、贵州和云南，政策要放宽，要使每家每户都自己想办法，多找门路，增加生产，增加收入。有的可包给组，有的可包给个人。④ 5 月 31 日，邓小平同胡乔木、邓力群的谈话中指出：

---

① 余国耀、吴镕、姬业成：《农村改革决策纪实》，珠海出版社，1999，第 45 页。
② 《"三级所有，队为基础"应该稳定》，《人民日报》1979 年 3 月 15 日，第 1 版。
③ 余展、高文斌主编《我认识的杜润生》，山西经济出版社，2012，第 113 页。
④ 中共中央文献研究室编《邓小平年谱 1975—1997》上卷，中央文献出版社，2004，第 616 页。

农村政策放宽以后，一些适宜搞包产到户的地方搞了包产到户，效果很好，变化很快。安徽肥西县绝大多数生产队搞了包产到户，增产幅度很大。"凤阳花鼓"中唱的那个凤阳县，绝大多数生产队搞了大包干，也是一年翻身，改变面貌。有的同志担心，这样搞会不会影响集体经济。我看这种担心是不必要的。我们总的方向是发展集体经济。实行包产到户的地方，经济的主体现在也还是生产队。可以肯定，只要生产发展了，农村的社会分工和商品经济发展了，低水平的集体化就会发展到高水平的集体化，集体经济不巩固的也会巩固起来。①

这一次，邓小平不仅突破了四省范围的限制，而且肯定包产到户"不会影响集体经济"。邓小平的讲话，很快便以内部征求意见的形式下发。② 这个讲话流传甚广，有力地支持了包产到户的主张。

随着华国锋的权力走向式微，反对包产到户的声音逐渐衰弱。这一过程，同样充满艰辛和挑战。1980 年 4 月 8 日至 16 日，五届人大常委会第十四次会议决定，任命万里等人为国务院副总理。高层领导的人事变动，开始朝着有利于包产到户的方向发展。③ 围绕包产到户问题，不再是一致的反对声音。1980 年 9 月，在中央召开的省、市、区党委第一书记座谈会期间，贵州省委第一书记池必卿和黑龙江省委第一书记杨易辰之间爆发了关于"阳关道"和"独木桥"的争论。不过，积极支持包产到户的是少数派，"多数表示沉默，有的还坚决反对"。④ 这次会议通过的《关于进一步加强和完善农业生产责任制的几个问题》（简称"75 号文件"）规定：在"边远山区和贫困落后的地区"，对"长期吃粮靠返销，生产靠贷款，生活靠救济"的生产队，"群众对集体丧失信心，因而要求包产到户的，应当支持群众的要求，可以包产到户，也可以包干到户，并在一个较长的时间

---

① 中共中央文献研究室编《邓小平年谱 1975—1997》上卷，中央文献出版社，2004，第 641 页。
② 王郁昭：《往事回眸与思考》，中国文史出版社，2012，第 216 页。
③ 赵蔚：《赵紫阳传》，中国新闻出版社，1989，第 233 页。
④ 张广友、韩钢：《万里谈农村改革是怎么搞起来的》，《百年潮》1998 年第 3 期。

内保持稳定"；在"一般地区"，则"不要搞包产到户"，"这些地方领导的主要精力应当放在如何把集体经济进一步加以巩固和发展"。①

为争取包产到户的合法性，万里强力统一农委口径。1981 年 3 月 2 日，万里当面批评农业部那位副部长，将他的问题上升到了思想路线、群众观点和组织纪律的高度。② 3 月 11 日，万里严厉批评农业部"不能自己另搞一套"，"有些同志不是从党和农民的关系这个战略高度上去考虑问题，不去想我们搞了三十年，农民连吃饱肚子的问题也解决不了，现在刚刚有希望解决，却想不通。忧心忡忡。他们脑子里只有抽象的农民，哪怕农民饿肚子也不理"。③ 此后不久（4 月 24 日），农业部那位副部长作了深刻的检讨。④ 基本消除完"杂音"后，万里便着手开展对"75 号文件"的修改工作。

1981 年 6 月，当时的中共中央主席和国务院总理都大力支持万里的农村改革。1981 年 12 月 8 日，国家农委向中央作《关于为邓子恢同志平反问题的请示报告》。邓子恢受到批判的重要原因，就是在 1962 年"鼓吹"包产到户。针对这一问题，国家农委的报告指出：

> 回顾当时实际情况，在一些经济极端困难的地区，允许包产到户、包干到户也是必要的，也不算什么错误。⑤

"鼓吹"包产到户的邓子恢都可以平反，这预示着一个重要时刻即将到来。果然，中央政治局于 12 月 21 日通过的《全国农村工作会议纪要》，正式指出：

---

① 黄道霞、余展、王西玉主编《建国以来农业合作化史料汇编》，中共党史出版社，1992，第 927 页。
② 张根生：《中国农村改革六十年的回顾》，海天出版社，2004，第 76 页。
③ 全国人大常委会办公厅万里论著编辑组编《万里论农村改革与发展》，中国民主法制出版社，1996，第 114 页。
④ 张根生：《中国农村改革六十年的回顾》，海天出版社，2004，第 76～81 页。
⑤ 黄道霞、余展、王西玉主编《建国以来农业合作化史料汇编》，中共党史出版社，1992，第 891 页。

> 目前实行的各种责任制，包括小段包工定额计酬，专业承包联产计酬，联产到劳，包产到户、到组，包干到户、到组，等等，都是社会主义集体经济的生产责任制，不论采取什么形式，只要群众不要求改变，就不要变动。

《全国农村工作会议纪要》不仅取消了"75号文件"对实行包产到户区域的限制，还确认包产到户是"社会主义集体经济的生产责任制"。在中华人民共和国的历史上，包产到户第一次得到了如此全面的肯定。

这份文件报送至中央，邓小平看了后说"完全同意"，陈云则让秘书打电话说，这个文件我已看了，这是个好文件，可以得到干部和群众的拥护。陈云还亲自参加政治局会议，听取了说明，最后说，文件好，说明也好，所提问题，我赞成。[①]

政治局通过会议纪要后，当时的中共中央主席和国务院总理当即表示赞同，并签发了这份文件。[②] 这样，1982年的"一号文件"就此诞生，包产到户从此洗刷了一切污蔑之辞，实现了彻底的正名。

有必要指出的是，即便是支持包产到户的领导或文件，也无一例外地宣称其"社会主义集体经济"性质，以避免无谓的争论。这再次证明：农村改革如此重大，改革者不得不用自己的政治智慧，来破解理论的困局。这又从侧面说明：农村改革不能走激烈的变革之路，而只能是渐进式突破。

结 论

农村改革的背景、农村改革在地方的启动以及农村改革在中央的决策，其大致脉络如前所述。在这段历史叙事中，有几点结论值得我们注意。

第一，农村改革启动前期，农业是中国政治议题中的核心问题之一。

[①] 杜润生：《杜润生自述：中国农村体制变革重大决策纪实》（修订版），人民出版社，2005，第137页。

[②] 杜润生编《中国农村改革决策纪事》，中央文献出版社，1999，第135页。

从上至下，都信奉"以农业为基础、以工业为主导"。在制订国民经济计划时，先后次序为农业、轻工业、重工业，农业居于首位，体现了决策层对农业的高度重视。但是不恰当的重视，把农民捆在人民公社的体制之上，影响了农民的积极性，导致农业长期裹足不前，连最基本的自给自足都难以实现。

第二，农业积重难返，各方都在谋求变革。华国锋等人继续走先集体化再机械化和电气化的道路，将农业机械化作为主要解决方案，提出要在1980年"基本上实现农业机械化"，并将之作为"抓纲治国战略部署的重要内容"。[①] 万里、邓小平等人，则以提高农民的生产积极性为突破口，先在制度框架内提出尊重生产队的自主权，再试验包产到户，后逐渐扩大包产到户的范围。

第三，万里、邓小平等人的改革路径，是选择相对薄弱的环节进行突破。如直接变革土地所有权，阻力之大，是足以扼杀改革的。选择包产到户，从土地使用权着手，则要顺利许多。包产到户之所以能够正名，既有历史渊源，又有现实因素。1961年安徽在全省范围内普遍推广包产到户性质的"责任田"，此后虽然一直受到严厉批判，但包产到户在安徽有着深厚的群众基础和组织基础。农民拥护包产到户，大批受到批判的干部也希望为包产到户正名以自证清白。包产到户带来的争议，主要集中在意识形态领域。因为其并未动摇土地所有权，国家、高层的利益并未受损，所以大大减少了推行阻力。

第四，农村改革的启动，是中共领导人主导的有序的、渐进的变革。包产到户虽然受到农民的普遍拥护，但由于人民公社的强大控制力，但凡出现包产到户的苗头，就有被扑灭的风险。万里允许肥西县山南试验，包产到户才能在此地普遍进行。万里离开安徽后，继任者批评包产到户，又出现一段时间的反复。调任中央工作后，万里通过寻求邓小平、陈云等人支持，又统一国家农委内部思想，在决策层达成共识后，包产到户才最终被正名。可以说，这场变革始终是由中共领导人主导的，在高层掌控之

---

① 《华主席视察农业机械化展览》，《人民日报》1977年12月25日，第1版。

中，其路径是文明有序的、平缓温和的，其效果也是较为良好的。

由此，我们可以得出最后的结论：农村改革的历程，毋庸置疑是一场"核心突破"。

原作发表于《党史研究与教学》2018 年第 3 期

安徽"责任田"问题再辨析

——兼论运用粮食数据应注意的若干事项

摘　要　史料是我们赖以还原历史、描述历史和评价历史的重要依据，史料辨析是史学研究的基础工程之一。本文关于安徽"责任田"问题的讨论，其实也涉及史料辨析问题。1961 年的粮食产量数据，固然构成"责任田"评价的关键要素，但本文列举的大量事实表明，各种粮食数据的形成是一个极其复杂的问题。我们在运用这些数据时不仅要注意其来源，而且要留心其统计年度和统计目录，否则就有可能陷入"伪科学主义"的泥潭。

关键词　"责任田"　粮食数据　统计

安徽的"责任田"是否带来了粮食增产，历来存在两种不同的看法。一些当年参与"责任田"决策和施行工作的重要当事人认定 1961 年安徽省的粮食总产量达到 189 亿斤，较 1960 年有大幅增长。但有学者在 2010 年撰文指出，当年参与"责任田"工作的当事人在数据采择上存在很强的主观倾向性。他还通过大量的资料检索和交叉比对工作，认定 1961 年安徽省粮食总产量"比较可信"的数据是 125.8 亿斤，较 1960 年有所下降。[1]
笔者认为，统计数据确实是我们评价一项政策成败得失的重要标尺。然而
两种截然不同数据的出现，不能不引发我们的进一步思考。本文将就几种
权威数据的来源部门和统计口径加以梳理，以此说明在当代史研究中运用
数据时不可不慎、不可不察。

粮食数据应加以辨析

实行"责任田"后安徽省粮食产量是否增加，这是一个十分重要的问
题。推行"责任田"的重要当事人坚称其带来了增产，这是很自然的逻
辑。辨析这些"倾向性十分明显"的意见，是还原历史真相的重要途径。
我们要肯定一些学者已注意到这方面因素，并对过高的粮食产量提出了质
疑。他们认为，1961 年粮食产量"125.8 亿斤"这个数据比较可信。但笔
者有必要提醒的是，采信这一数据前至少应该注意以下三个问题，才能进
行客观、理性、公正的研究。

问题一，这个数据不足以辨析"责任田"的成败得失。相关学者的数
据来源，是国家统计局国民经济综合统计司《新中国五十年统计资料汇
编》（以下简称《资料汇编》）刊出的"安徽省主要农产品产量和大牲畜
饲养量"，含安徽 1949 年至 1998 年的粮食产量、棉花产量、油料产量、糖
料产量、水果产量等数据。这份材料显示，安徽省粮食产量 1960 年为
134.9 亿斤，1961 年是 125.8 亿斤。[2] 国家统计局的统计材料当然具有权
威性，但我们是否可以仅仅凭借这一数据来断定"责任田"的成败得
失呢？

我们知道，安徽的"责任田"并不是在 1961 年初就全面铺开的，而
是有一个发展过程。1961 年 3 月初，安徽省委总结合肥市南新庄"包产到
户"的经验后，整理出《关于包产到田责任到人问题（草稿）》。[3] 随后，

---

① 姚宏志：《有关安徽"责任田"一则问题的辨析》，《中共党史研究》2010 年第 2 期。

② 国家统计局国民经济综合统计司编《新中国五十年统计资料汇编》，中国统计出版社，
1999，第 427 页。

③ 《关于一九六一年上半年提出的试行"田间管理责任制加奖励办法"的情况和问题》
（1962 年 2 月 4 日），安徽省档案馆藏档案，档案号：3 - 5 - 207。

省委常委到各地传达部署。3 月 15 日，安徽省委第一书记曾希圣向毛泽东汇报试行责任田一事。毛泽东表示支持："你们试验嘛。"但在广州会议上，由于反对者甚众，毛泽东的态度随即转变，指示只能"小范围内试验"。① 3 月 20 日，安徽省委第一书记曾希圣下令停止推行。此时，安徽有 39.2% 的生产队采用该办法。直至 4 月下旬，这一比例仍未有变化。7 月 8 日，毛泽东与曾希圣谈话时表示"可以普遍推广"。② 7 月 24 日，安徽省委向中共中央、华东局汇报，"夏收以后"有不少生产队"自动采用这个办法"，实行责任田的生产队已增至 66.5%。③ 到 1961 年秋末，有 85.4% 的生产队实行"责任田"。④

　　梳理"责任田"的时间节点，结合农作物的生长周期，我们再作进一步的分析。在安徽，为了保证双季晚稻的产量，早稻的播种时间一般在清明节前后，南部地区还要提前一些。⑤ 1961 年清明节是 4 月 5 日。直至 4 月下旬，全省只有 39.2% 的生产队实行"责任田"。由此可知，早稻播种时安徽省 60% 以上的生产队并未实行"责任田"。安徽省统计局编的《安徽四十年》公布的早稻产量数据显示：1960 年总产量为 18.8 亿斤，1961 年则为 9.36 亿斤（见表 1）。

表 1　1960 年、1961 年安徽粮食总产量和早稻产量

单位：亿斤

	粮食总产量	早稻产量
1960 年	134.9	18.8
1961 年	125.8	9.36
减产数	9.1	9.44

资料来源：安徽省统计局编《安徽四十年》，中国统计出版社，1989，第 102、104 页。

---

① 《曾希圣同志传达广州会议精神》（1961 年 3 月 28 日），载安徽省农村经济委员会、安徽省档案局编《安徽责任田资料选编》，内部资料，1987，第 137 页。
② 《曾希圣同志传达主席讲话要点》（1961 年 7 月 8 日），载安徽省农村经济委员会、安徽省档案局编《安徽任田资料选编》，内部资料，1987，第 138～139 页。
③ 《中共安徽省委关于试行田间管理责任制加奖励办法的报告》，1961 年 7 月 24 日。
④ 李葆华、李丰平：《关于改正"责任田"情况的报告》，1962 年 8 月 16 日。
⑤ 李成荃主编《安徽稻作学》，中国农业出版社，2008，第 15 页。

这两组数据可以说明：（1）即使采信"125.8亿斤"这个数据，1961年粮食减产，主要是因为早稻减产，除早稻外的其他粮食产量还略有上升；（2）早稻播种时，大部分生产队并未实行"责任田"，因此不能把减产的板子打在"责任田"的身上。由此可见，我们必须根据事物性质来选择合适的数据，不能拿一套数据衡量所有的东西。粮食总产量减产与"责任田"关系不大，不宜用于直接评判"责任田"是否减产。

问题二，所有已公开的统计数据，都或多或少受到一些主观因素的干扰。因此在引用这些数据时，我们首先应该了解各种数据产生的指导思想和统计口径，否则我们的历史评价就很难做到公正客观。相关学者在其文章中征引了很多文献，包括《资料汇编》、《安徽四十年》和《安徽省志·粮食志》（以下简称《粮食志》）。可见相关学者为了确保数据的真实性也作了种种努力。但对这几套材料确实需要仔细辨析。下面让我们来分析一下这三本文献。

《资料汇编》和《安徽四十年》是统计部门编著的。《资料汇编》公布了安徽省1949年至1998年的粮食总产量，《安徽四十年》则公布了全省1949年至1988年的粮食总产量。粮食部门的粮食数据，刊载于《粮食志》，该书公布了1949年至1985年的全省粮食总产量。从数字上来看，三套数据的重合部分（1949年至1985年）是一致的，只是在小数点后作四舍五入的处理时有细微差别。也许有人要说，数值相同反映出这些统计资料既完全吻合又互相印证，完全是可以信任的数据。但仔细研读这些资料不难发现，统计部门和粮食部门的统计口径并不相同。《资料汇编》的"编者说明"指出："我们对指标口径进行了统一规范，使资料在横向和纵向两个方面都更具有可比性。"①《安徽四十年》的"编辑说明"指出："对于工、农业总产值等因历史上口径、方法不同而不可比的统计指标数字，已经按照现行统计口径和计算方法统一进行了调整。"根据上述说明，并结合《资料汇编》《安徽四十年》公布的数据，可以知道这两份材料的统计口径是"日历年度"。此外，《资料汇编》将粮食产量与棉花、油料、

---

① 国家统计局国民经济综合统计司编《新中国五十年统计资料汇编》，中国统计出版社，1999，第3页。

糖料、水果等产量作横向比较，更加证明其口径是日历年度。所谓日历年度，是以一年起讫时间计算的年度，即从每年 1 月 1 日起到 12 月 31 日止。换言之，统计部门统计的，是当年收获的粮食的总产量。当年种植的粮食作物如在次年才收获的（如冬小麦），则计入次年的粮食产量。而粮食部门的统计口径是"粮食年度"。对此《粮食志》有明确说明："1953—1983 为生产年度（自六月起至次年五月止）、1984 年起改为全国统一的粮食年度（自四月起至次年三月止）。"① 也就是说，《粮食志》公布的 1961 年的粮食总产量，是 1961 年 6 月至 1962 年 5 月粮食作物的总产量。

统计部门和粮食部门统计口径不同，得出的数据却一样，这是值得注意的。如何解释这个现象，本身就是一个值得深入探讨的议题。事实上，在 1962 年 2 月的"七千人大会"上，"责任田"被判定犯了"方向性错误"。改组后的安徽省委很快宣布改正"责任田"。此后"责任田"受到极大的干扰，无法保障政策的延续性。1961 年 6 月至 1962 年 5 月间的粮食总产量，当然不能用来"辨析"1961 年"责任田"政策的得失。相关学者在其文章中论证了"189 亿斤"这一数据不可采信，同时认定"125.8 亿斤"比较可信，却没有对这两个数据之间可能存在的差异加以考证和说明。这样，其实他和他所批评的那些肯定"责任田"的当事人一样，在数据采择上带有很强的主观倾向性。因为采用后一个数据，可以直接推导出他所需要的结论。

问题三，有更多的材料证明，125.8 亿斤并非当年粮食的真实产量。1962 年 2 月，安徽省委第一书记曾希圣调离安徽，华东局第三书记李葆华被派往安徽，担任省委第一书记。李葆华上任伊始，便肩负着改正"责任田"的重任。1962 年 3 月 20 日，安徽省委常委会议讨论通过了《关于改正"责任田"办法的决议》，批判"责任田""引导农民走向单干，其结果必然削弱和瓦解集体经济，走资本主义道路。这个办法在方向上是错误的，是不符合广大农民的根本利益的，必须坚决地把它改正过来"。② 由此

---

① 安徽省地方志编纂委员会编《安徽省志·粮食志》，安徽人民出版社，1991，第 7 页。
② 《中共安徽省委关于贯彻执行"省委关于改正责任田办法的决议"的通知》，1962 年 3 月 20 日。

可见李葆华在"责任田"问题上的倾向性。作为省委主要领导人,他掌握的粮食数据应该具有真实性和权威性。

1962年8月16日,李葆华向中共中央和华东局领导人作《关于改正"责任田"情况的报告》。报告提到,1961年"全省粮食实产(包括自留地)估计大约为一百四十亿斤(各县报省的产量是一百二十五亿斤)";报告同时指出,"一九六一年以来,安徽的农业生产有所回升,群众的生活有所改善"。[①]这份报告披露的两组数据可以说明:125亿斤是由各县上报数据汇总而来的。李葆华之所以没有采信这个数据,是因为他知道各县在粮食产量上作了保留。至于作保留的原因,要联系当时的形势。安徽省从1957年后就面临"高征购"的压力,"大跃进"掀起的"浮夸风"愈演愈烈。1957年,是高征购的第一年,全省37%的粮食(77亿斤)被征购。1958年,安徽省上报粮食产量320.39亿斤(实际只有176.9亿斤),结果征购了69.68亿斤,约占实际产量的39.4%。1959年安徽上报粮食产量350.04亿斤(实际只有140.2亿斤),结果征购了70.93亿斤,50%以上的粮食被征购。有16个县的征购比例,竟然超过了60%,其中宣城县高达82%。[②]1961年,曾希圣认识到问题严峻,不得不搬出包产到户式的"责任田"。安徽"左"的局面有所改观后,很多基层干部出于种种原因,不再虚报粮食产量,以休养生息、顺应民心。到1961年底,基层干部保境安民的心态,甚至引起了安徽省委的注意。1961年12月17日,安徽省委书记处常务书记桂林栖在全省组织工作会议、全省监察工作会议上强调,不要有"只顾农民一头的倾向":

> 省委中级党校开学一个多月了。学员刚来的时候,有的检查思想还说要接受教训,(应该)顾农民一头;其实情况已经变化了,出现了只顾农民一头的倾向。这次我到县里去,和县里干部谈话。现在干部有这样一种情绪,认为当干部左右为难……现在的问题是有余粮不

---

① 李葆华、李丰平:《关于改正"责任田"情况的报告》,1962年8月16日。
② 安徽省地方志编纂委员会编《安徽省志·粮食志》,安徽人民出版社,1991,第21页。

肯卖给国家，不照顾城市的困难。①

多报粮食产量就要多征购，基层干部不愿意继续高征购，就会故意少报粮食产量，所以只上报"125 亿斤"。粮食总产"125 亿斤"是"上报数据"而非"实际数据"。

我们在评估"责任田"的效果时，一定要分析、考证粮食数据，才能避免陷入轻信的泥淖。如果要用粮食产量辨析"责任田"，至少需要掌握1961 年 3 月以后各县的粮食产量数据。因为即使在安徽省委强力推行"责任田"时，怀远、定远由于当地县委的坚持而未大规模实行"责任田"。获取分县数据后，还要重新进行严格的、专业的分析，才有可能得出比较准确的结论。这一切的前提，是相关档案、资料的开放。目前，这项工作的完成还有较大的难度。在没有其他数据来源的情况下，如要对"责任田"作总体估价，认真分析"责任田"推行后种植的单季晚稻、双季晚稻、玉米等产量的变化，也许是一个可行的办法。这些数据，在《安徽四十年》中并不难查阅。当然，对数据要进行分析和验证，还有一些问题要加以注意。

运用粮食数据的注意事项

对于在当代史研究中如何运用数据，不少学者有很精妙的理论阐述和实际操作。② 这里笔者结合自己的研究经历，谈谈粮食数据运用过程中应该注意的问题。

首先，要注意粮食统计年度问题。粮食部门统计粮食产量，有"日历年度"和"粮食年度"之分。面对粮食数据时，首先就要注意二者的差别。笔者已在前面对"日历年度"作了简要的介绍。而"粮食年度"，又分为"全国粮食年度"和"地方粮食年度"。之所以有全国粮食年度，是因为中华人民共和国成立后，各地和中央统计时间不一致，有的地方粮食

---

① 《桂林栖同志在全省第十次组织工作会议、全省监察工作会议上的讲话》，1961 年 12 月 17 日。
② 曹树基、廖礼莹：《国家、农民与"余粮"》，《新史学》2011 年第 3 期。

购销相差 2 亿至 2.5 亿公斤。为了统一口径，1953 年中央财经会议确定：全国统一以当年 7 月至次年 6 月为一个粮食年度，中央和地方都以此为标准，提供统计资料。[①] 采用这个时间段，在正常的年景没有太大问题，但在"三年困难时期"弊端凸显。由于其与粮食征购时间不一致，导致征购时一次性拿走了当年秋粮征购数和次年夏粮征购数，加剧了困难局面的蔓延。有鉴于此，从 1963 年开始全国粮食年度调整为"当年 4 月 1 日至次年 3 月 31 日"。[②] 由于中国地域辽阔，各地粮食作物播种、收割时间差异很大，一些省、自治区、直辖市依照当地的具体情况又规定了地方粮食年度。东北三省、内蒙古、甘肃等地，以当年 10 月至次年 9 月为粮食年度。[③] 《粮食志》公布的粮食数据，采用的便是安徽地方粮食年度。《粮食志》显示：安徽地方粮食年度，在 1953 年至 1983 年的起讫时间为当年 6 月 1 日至次年的 5 月 31 日，1984 年后才跟全国粮食年度保持一致。[④] 为统一口径，各省、自治区、直辖市向中央上报粮食数据时，要使用全国统一的粮食年度，地方粮食年度只在本辖区内使用。[⑤] 所以，我们拿到各地的粮食数据时，不仅要注意地方粮食年度的起讫时间，还要注意其是否已调整为全国粮食年度或日历年度。只有这样，才能正确地使用统计数据。比如，1961 年的安徽粮食产量，《资料汇编》和《安徽四十年》的数据是"日历年度"的粮食总产；《粮食志》的数据则是 1961 年 6 月 1 日至 1962 年 5 月 31 日间的"原粮"总产量。

其次，要注意统计目录。粮食产量数据，主要统计的是小麦、稻谷、薯类、玉米、高粱、谷子、大豆等。计算粮食总产量时，一般要将其换算为"原粮"，即收割、打场后未经碾磨加工和不需要加工便能直接食用的粮食，包括小麦、稻谷、大豆、高粱、谷子、玉米、蚕豆、豌豆、大麦、

---

① 当代中国粮食工作编辑部编《当代中国粮食工作史料》下卷，内部资料，1989，第 1441 页。

② 当代中国粮食工作编辑部编《当代中国粮食工作史料》下卷，内部资料，1989，第 1438 页。

③ 赵发生：《当代中国的粮食工作》，中国社会科学出版社，1988，第 403 页。

④ 安徽省地方志编纂委员会编《安徽省志·粮食志》，安徽人民出版社，1991，第 7 页。

⑤ 当代中国粮食工作编辑部编《当代中国粮食工作史料》下卷，内部资料，1989，第 1442 页。

薯干等。已加工为面粉、大米的，要按照规定的折合率换算为原粮。① 蚕豆、薯干等粮食作物，也以一定的比例折算为原粮。② 胡萝卜等是蔬菜，不能算作粮食。但在 1959 年，安徽把胡萝卜产量算作粮食产量，大刮浮夸风。③ 1959 年安徽上报粮食产量 350.04 亿斤，除了人为浮夸外，其中可能也掺杂了胡萝卜的产量。所以"350.04 亿斤"这个数据，虽然不能被确认为 1959 年的粮食真实产量，但用于佐证"大跃进"时期的"浮夸风"倒是能够"数尽其用"的。拿到粮食数据后，我们还要注意其将哪些粮食作物列入目录。比如，《粮食志》明确说明其统计的是"原粮"；《资料汇编》和《安徽四十年》则未作说明，严格来说是不够理想的。

再次，要注意数据来源。各地粮食产量至少有三套数据，分别由统计部门、粮食部门和农业部门掌握。湖南省统计局原副局长张绍慎曾在一篇文章中提到，"因为要求不一样"，三个部门的数字也就不同，且指出"凡统计部门已有的数字，应一律以统计部门的数字为准；统计部门没有的，应该以该项业务主管单位的计划统计部门的数字为准"。④ 这种说法明确指出了粮食数据不一的现象，可是没有作进一步的分析说明，所提出的要求也不甚合理。粮食部门、农业部门和统计部门都有自己的工作职责，他们各自掌握的粮食数据，在指导思想和统计口径上有所不同，同时反映了各个部门的不同政策偏好。比如，20 世纪 80 年代至 90 年代，国家粮食购销政策几次调整，某农业大省的粮食部门和农业部门就多次打"数据战"。粮食部门想多收或者少收粮食，往往会"用数据说话"。而农业部门为了保障农业工作开展，避免谷贱伤农、影响粮食生产，往往也会"据数力争"。⑤ 姑且不论农业部门、粮食部门孰是孰非，这一现象足以说明各部门的本位利益会直接影响粮食数据。从史学研究的角度看，不同部门的粮食

---

① 赵发生：《当代中国的粮食工作》，中国社会科学出版社，1988，第 404 页。
② 李嘉树对宁乃庄的采访笔记，2017 年 11 月 14 日。宁乃庄系安徽省粮食局原高级工程师、《安徽省志·粮食志》的撰稿人之一。
③ 《黄岩同志在中央扩大的工作会议安徽大组会上的自我检查（二）》，1962 年 2 月 9 日。
④ 张绍慎：《关于省志编写中如何准确地运用统计数字的问题》，《湖南地方志通讯》1982年第 5 期。
⑤ 李嘉树对吴昭仁的采访笔记，2018 年 4 月 7 日。吴昭仁时任安徽省农经委党组副书记。

数据是研究各部门相互博弈的重要材料。

不仅不同部门的统计数据存在差异，即使在统计部门内部，也可能存在几套不同数据。按照数据的管理层级，统计部门的数据可分为两套。一套由国家统计局掌握，我们姑且称其为"垂直管理数据"。鉴于"浮夸风"对统计事业的伤害，"大跃进"后中央政府开始重视统计工作的独立性。在此背景下，安徽省于 1963 年 2 月成立全国农产调查总队安徽分队。"文革"爆发后该队停止工作。1985 年，安徽重新组建副厅级的农调队，作为国家统计局的派出机构，受国家统计局和安徽省政府双重领导。省农调队的粮食数据可以不经过安徽省政府直接报送至国家统计局。① 另一套数据则由地方政府层层掌握，我们姑且将此称作"非垂直管理数据"。"文革"结束后，安徽省统计局于 1979 年 5 月 1 日正式对外办公，主要领导由安徽省委任命。② 粮食产量统计是安徽省统计局的主要工作内容之一。"垂直管理数据"和"非垂直管理数据"会出现不一致的原因，除了省农调队与省统计局的工作职责不同外（省农调队的工作任务之一，就是监督涉农数据是否准确），省农调队采用的抽样调查法也与省统计局不同。③ 鉴于一些省份农调队工作开展有一定的困难，国务院于 2015 年发布通知，要求在各省组建正厅级调查总队，作为国家统计局的派出机构。④ 省统计局、省农调队的管理体制，决定了他们有着本系统的、各自的粮食数据。张绍慎在其文章中提出，粮食数据"一律以统计部门的数字为准"，作为统计部门的工作纪律是可以的，但不能成为史学研究的圭臬。史学研究要注意辨析统计部门、粮食部门和农业部门的数据差异，并揭示产生差异的种种历史根源。

最后，让我们回到本文开头提到的问题。我们已经指出《资料汇编》、

---

① 李嘉树对金玉言的采访笔记，2018 年 4 月 7 日。金玉言在 1985 年 2 月至 1994 年 9 月，任安徽省农调队队长。
② 安徽省地方志编纂委员会编《安徽省志·计划统计志（统计）》，方志出版社，1996，第 6 页。
③ 李嘉树对金玉言的采访笔记，2018 年 4 月 7 日。
④ 《国家统计局安徽调查总队简介》，http://www.ahdc.gov.cn/dt2111111216.asp？DocID = 2111125812，最后访问日期：2018 年 4 月 7 日。

《粮食志》和《安徽四十年》等公布的粮食数据，都与"责任田"问题没有直接关联性，所以都不能用来评价"责任田"的得失。同时笔者认为，即便李葆华提到的 140 亿斤准确无误，也不能说明"责任田"带来了增产。实际上，要想搞清楚"责任田"与粮食产量的准确关系，只有在相关档案全部开放后，通过分析考证档案中的许多原始数据才有可能顺利完成。此外，笔者还想利用另一则数据来说明，我们运用粮食数据评估政策效果要尤为慎重。《粮食志》公布，1977 年安徽粮食产量（1977 年 6 月至 1978 年 5 月）是 300.09 亿斤，比上一年度减产了 36.74 亿斤。1978 年粮食产量，更是跌至 296.51 亿斤。① 而在这一段时间，主政安徽的是万里。1977 年 6 月，万里出任安徽省委第一书记。1977 年 11 月 20 日，安徽省委正式发布《关于当前农村经济政策几个问题的规定（试行草案）》（以下简称"省委六条"），拉开了农村改革的序幕。1978 年 2 月 3 日，《人民日报》刊发《一份省委文件的诞生》，表扬安徽省委"深入实际，注重调查研究，走群众路线，认真贯彻落实党的政策，是恢复和发扬党的优良传统和作风的一个好榜样"。② 历史已经证明，万里的农村改革实践相当成功。上面提到的粮食减产并不说明"省委六条"无效，而是反映了农业生产的复杂性——当时我国的农业生产总体上还是较为简单粗放的，气象等自然因素依然有着很大的影响。1978 年安徽粮食产量下跌，是因为当年全省旱灾"为近 200 年未遇，实为奇旱年"。③ 如果我们不考虑这个因素，把粮食数据的增减与政策的成败简单地画上等号，必然导致错误的结论。

历史研究十分注重逻辑分析的方法，充分运用统计数据，是现代史学的一个重要特色。④ 这反映出社会科学的理论与方法对史学研究的积极影响。中国是农业大国，当代史研究中不可避免地要涉及粮食数据。不过我们在运用粮食数据时，一定要注意其统计口径、数据来源，更要对不

① 安徽省地方志编纂委员会编《安徽省志·粮食志》，安徽人民出版社，1991，第 7 页。
② 田文喜、姚力文：《一份省委文件的诞生》，《人民日报》1978 年 2 月 3 日，第 1 版。
③ 温克刚主编《中国气象灾害大典·安徽卷》，气象出版社，2007，第 66 页。
④ 李良玉：《当代史研究的价值与四种历史判断的方法》，《江苏大学学报》（社会科学版）2018 年第 1 期。

同数据产生的历史背景和政策背景作出严密的分析和考证。只有如此，我们才能对相关历史问题作出正确的判断，避免陷入"伪科学主义"的泥潭。

原作发表于《中共党史研究》2018 年第 8 期

参考文献

一　档案资料

安徽省档案馆藏档案，档案号：3 – 8 – 452。

肥西县档案馆藏档案，档案号：X1 – 1 – 383，X1 – 1 – 388，X1 – 1 – 395，X43 – 1 – 37。

肥西县小井庄中国包产到户纪念馆藏档案。

凤阳县档案馆藏档案，档案号：J1 – Y – 1979 – 14，J1 – C – 1979 – 7，J1 – C – 1980 – 14。

二　报刊文章

安徽省农委政策研究室：《从山南区半年突变看政策威力》，《政策研究》第 17 期，1979 年 7 月 17 日。

安徽省气象台情报组：《我省历史上几次大旱和今年旱情资料》，《安徽日报》1978 年 11 月 1 日，第 3 版。

《包产到户：中国改革的最早突破》，《光明日报》1998 年 11 月 5 日，第 7 版。

陈晓、常广春、袁季勇：《山东东明"大包干"始末》，《中国档案》2019 年第 1 期。

常振英：《政策落实，五业俱兴——英雄大队开展多种经营情况的调查》，《安徽日报》1978 年 8 月 24 日，第 2 版。

陈永贵:《彻底批判"四人帮",掀起普及大寨县运动的新高潮》,《人民日报》1976 年 12 月 24 日,第 1 版。

《池州落实农村经济政策出现的问题》,《情况反映》1978 年 7 月 19 日。

《发挥集体经济优越性,因地制宜实行计酬办法》,《人民日报》1979 年 3 月 30 日,第 1 版。

《肥西县今年小麦又获丰收》,《安徽日报》1980 年 6 月 20 日,第 1 版。

《肥西午季粮油大丰收》,《安徽日报》1980 年 10 月 3 日,第 1 版。

《肥西县积极开展扶贫工作》,《安徽日报》1981 年 9 月 12 日,第 3 版。

《肥西县金牛公社包产到户情况》,《政策研究》第 9 期,1979 年 4 月 4 日。

高王凌:《"包产到户"起始点考据》,《华夏时报》2013 年 12 月 26 日,第 18 版。

《管理得法、有章可循——肥西县制定包产到户经营管理试行办法》,《安徽日报》1981 年 4 月 8 日,第 2 版。

郭崇毅:《故乡探访》,《安徽日报》1981 年 11 月 30 日,第 2 版。

郭宏杰:《加强党的领导,加快普及大寨县步伐》,《人民日报》1976 年 12 月 19 日,第 3 版。

《华主席视察农业机械化展览》,《人民日报》1977 年 12 月 25 日,第 1 版。

《揭穿"包产到户"的真面目》,《人民日报》1959 年 11 月 2 日,第 4 版。

《进一步加强和完善农业生产责任制》,《安徽日报》1980 年 10 月 17 日,第 1 版。

《纠正作业组为核算单位的错误作法》,《人民日报》1979 年 3 月 15 日,第 1 版。

《来信摘要——省内外干群对联系产量责任制的反映》,《政策研究》第 11 期,1979 年 5 月 3 日。

刘必坚:《包产到户是否坚持了公有制和按劳分配?》,《农村工作通讯》1980 年第 3 期。

鲁献启:《生产队这个基础不能动摇》,《人民日报》1979 年 3 月 30 日,第 1 版。

陆学艺、贾信德、李兰亭:《包产到户应当重新研究》,《未定稿》增刊,1979 年 11 月 8 日。

《"三级所有,队为基础"应该稳定》,《人民日报》1979 年 3 月 15 日,第 1 版。

田文喜、姚力文:《一份省委文件的诞生》,《人民日报》1978 年 2 月 3 日,第 1 版。

万里:《认真落实党的农村经济政策》,《红旗》1978 年第 3 期。

汪言海:《关于肥西县山南区包产到户的调查》,《情况汇编》1979 年 9 月 6 日。

《我省抗旱种麦任务基本完成》,《安徽日报》1978 年 11 月 12 日,第 1 版。

吴象、张广友:《联系产量责任制好处多》,《人民日报》1980 年 4 月 9 日,第 2 版。

辛生、卢家丰:《正确看待联系产量的责任制》,《人民日报》1979 年 3 月 30 日,第 1 版。

印存栋:《分田单干必须纠正》,《农村工作通讯》1980 年第 2 期。

《右派分子郭崇毅原形毕露》,《安徽日报》1957 年 7 月 9 日,第 2 版。

张广友、黄正根:《多年来农村工作就吃亏在一个"左"字上》,《安徽日报》1979 年 1 月 17 日,第 1 版。

《值得注意的一个问题》,《安徽日报》1979 年 3 月 16 日,第 1 版。

《中共阜阳地委派家在农村的机关干部回家"探亲"作调查,掌握了大量的农村的较为真实的材料》,《情况反映》1978 年 7 月 11 日。

《中国共产党中央委员会主席华国锋同志在第二次全国农业学大寨会议上的讲话》,《红旗》1977 年第 1 期。

三　专著与文献

安徽省地方志编纂委员会编《安徽省志·计划统计志(统计)》,方志出版社，1996 年。

安徽省地方志编纂委员会编《安徽省志·粮食志》，安徽人民出版社，1991 年。

安徽省经济文化研究中心、安徽省政协文史资料委员会编《1961 年推行"责任田"纪实》，中国文史出版社，1990 年。

安徽省统计局编《安徽四十年》，中国统计出版社，1989 年。

安徽省政协文史资料委员会编《农村改革的兴起》，中国文史出版社，1993 年。

陈一谘：《陈一谘回忆录》，新世纪出版社，2013 年。

《陈云文集》第三卷，中央文献出版社，2005。

邓力群：《十二个春秋》，博智出版社，2006 年。

《邓小平文选》第二卷，人民出版社，1994 年。

〔美〕狄·约翰、王笑然主编《气候改变历史》，王笑然译，金城出版社，2014 年。

《第三次全国农业机械化会议文件和材料汇编》，人民出版社，1978 年。

丁育民：《郭崇毅传奇人生》，光明日报出版社，2015 年。

杜润生：《杜润生自述：中国农村体制变革重大决策纪实》（修订版），人民出版社，2005 年。

杜润生编《中国农村改革决策纪事》，中央文献出版社，1999 年。

肥西县地方志编纂委员会编《肥西县志》，黄山书社，1994 年。

国家统计局编《中国统计年鉴 1989》，中国统计出版社，1989 年。

国家统计局国民经济综合统计司编《新中国五十年统计资料汇编》，中国统计出版社，1999 年。

胡绩伟：《报人生涯五十年》，卓越文化出版社，2006 年。

黄道霞、余展、王西玉主编《建国以来农业合作化史料汇编》，中共党史出版社，1992 年。

黄雅玲：《肥西：中国农村改革的发源地》，人民日报出版社，2008 年。

贾文平：《真理与命运：胡开明传略》，人民出版社，1995。

李锦：《深度》，中国言实出版社，2015。

〔英〕罗纳德·哈里·科斯、王宁:《变革中国》,徐尧、李哲民译,中信出版社,2013年。

《毛泽东文集》第六卷,人民出版社,1999年。

《毛泽东文集》第七卷,人民出版社,1999年。

孟富林等:《农村改革创新亲历记》,安徽人民出版社,2008年。

《农村经济政策汇编1978—1981》上册,农村读物出版社,1982年。

全国人大常委会办公厅万里论著编辑组编《万里论农村改革与发展》,中国民主法制出版社,1996年。

苏桦、侯永主编《当代中国的安徽》,当代中国出版社,1992年。

孙方明:《潮聚潮散——记中国农村发展问题研究组》,大风出版社,2011。

《万里文选》,人民出版社,1995年。

王立新:《要吃米找万里:安徽农村改革实录》,北京图书馆出版社,2000年。

王小鲁:《改革之路——我们的四十年》,社会科学文献出版社,2019年。

王郁昭:《往事回眸与思考》,中国文史出版社,2012年。

温克刚主编《中国气象灾害大典·安徽卷》,气象出版社,2007年。

吴象:《伟大的历程》,浙江人民出版社,2019年。

许崇德:《中华人民共和国宪法史》,福建人民出版社,2003。

余国耀、吴镕、姬业成:《农村改革决策纪实》,珠海出版社,1999年。

余展、高文斌主编《我认识的杜润生》,山西经济出版社,2012年。

袁小荣编著《毛泽东离京巡视纪实》,人民日报出版社,2014年。

《曾希圣传》编纂委员会编《曾希圣传》,中共党史出版社,2004年。

张广友:《改革风云中的万里》,人民出版社,1995年。

张广友:《联产承包责任制的由来与发展》,河南人民出版社,1983年。

张劲夫编《嘤鸣·友声》,中国财政经济出版社,2004年。

张全有:《红崖湾的秘密:1978年陇西率先实行包产到户实录》,甘肃人民出版社,2010。

郑仲兵主编《胡耀邦年谱资料长编》,时代国际出版有限公司,2005年。

中共安徽省委党史研究室编《安徽农村改革口述史》，中共党史出版社，2006 年。

中共安徽省委党史研究室编《中国共产党安徽历史大事记（1978 年 12 月－2002 年 12 月）》，安徽人民出版社，2017。

中共肥西县委党史研究室编《中国共产党肥西地方史》第 1 卷，安徽人民出版社，2008 年。

中共中央办公厅编《中国农村的社会主义高潮》中册，人民出版社，1956 年。

中共中央党史研究室：《中国共产党的九十年》，中共党史出版社、党建读物出版社，2016 年。

《中共中央国务院关于"三农"工作的一号文件汇编（1982—2014）》，人民出版社，2014 年。

中共中央文献研究室编《陈云年谱》（修订本），中央文献出版社，2015 年。

中共中央文献研究室编《邓小平年谱 1975—1997》，中央文献出版社，2004 年。

中共中央文献研究室编《建国以来重要文献选编》第 15 册，中央文献出版社，1997 年。

中共中央文献研究室编《三中全会以来重要文献选编》，人民出版社，1982 年。

周曰礼：《农村改革理论与实践》，中共党史出版社，1998 年。

四　论文

曹树基、廖礼莹：《国家、农民与"余粮"》，《新史学》2011 年第 3 期。

陈一谘：《"农民卖粮难"的问题急待解决》，《农业经济问题》1980 年第 6 期。

洪绂曾：《以家庭联产承包为主的责任制写入〈宪法〉意义重大》，《农村合作经济经营管理》1993 年第 6 期。

李嘉树：《凤阳"大包干"：从地方政策到改革典型》，《中共党史研究》2020 年第 3 期。

李良玉：《当代史研究的价值与四种历史判断的方法》，《江苏大学学报》（社会科学版）2018 年第 1 期。

陆德生：《"责任田"兴衰的轨迹》，《江淮文史》1993 年第 1 期。

戚义明：《以"农业为基础、以工业为主导"方针的逐步形成和最终确立》，《毛泽东研究》2016 年第 4 期。

姚宏志：《有关安徽"责任田"一则问题的辨析》，《中共党史研究》2010 年第 2 期。

姚中秋：《中国何以发生边缘革命》，《学术界》2014 年第 1 期。

张广友、韩钢：《万里谈农村改革是怎么搞起来的》，《百年潮》1998 年第 3 期。

张绍慎：《关于省志编写中如何准确地运用统计数字的问题》，《湖南地方志通讯》1982 年第 5 期。

张曙光：《对科斯和王宁著〈变革中国〉的几点评论》，《学术界》2014 年第 1 期。

五 其他资料

安徽省农村经济委员会、安徽省档案局编《安徽责任田资料选编》，内部资料，1987 年。

当代中国的粮食工作编辑部编《当代中国粮食工作史料》下卷，内部资料，1989 年。

肥西县地名委员会编《安徽省肥西县地名录》，内部资料，1986 年。

李嘉树对金玉言的采访笔记，2018 年 4 月 7 日。

李嘉树对宁乃庄的采访笔记，2017 年 11 月 14 日。

李嘉树对吴昭仁的采访笔记，2017 年 9 月 21 日、2018 年 4 月 23 日。

李友九：《李友九回忆录》，内部资料，2004 年。

汪言海：《艰辛的"第一步"》，未刊书稿。

吴昭仁：《党的领导与人民意愿的紧密结合》，未刊文稿。

吴昭仁：《吴昭仁发言录音整理稿》，未刊文稿。

中共安徽省委：《关于当前农村政策几个问题的规定（试行草案)》，1977 年 11 月 20 日。

中共安徽省委：《中共安徽省委关于传达贯彻中央两个农业文件的情况报告》，1979 年 3 月 4 日。

中共安徽省委：《中共安徽省委转发万里、王光宇同志在全省农业会议上的讲话的通知》，1980 年 1 月 12 日。

中共安徽省委：《转发部分地、县委关于贯彻中央 75 号文件情况汇报材料的通知》，1980 年 11 月 22 日。

中共安徽省委：《转发阜南县委关于部分社队出现资本主义自发倾向的通报》，1978 年 5 月 5 日。

《中共安徽省委、安徽省革委会代电》，1979 年 3 月 12 日。

中共安徽省委办公厅：《转发一篇〈春节见闻〉》，1982 年 3 月 2 日。

中共安徽省委农村工作部编《安徽省农业生产责任制资料选编》，内部资料，1983 年。

中共肥西县委党史研究室编《中国农村改革发端》，内部资料。

后 记

2018 年 4 月 12 日，合肥市哲学社会科学规划办公室发布《关于合肥市 2018 年度哲学社会科学规划项目立项的通知》，确定我负责的"1978 年的小井庄：档案、文献、口述"为重点项目。

能够主持这个项目，我还是感到有些意外。此前，虽然做了一些有关安徽农村改革的资料搜集和口述访谈工作，但并没有任何项目给予资助。对此我不以为意，因为从事历史研究纯粹出于兴趣爱好而非外力驱动。看到课题指南后，我就试着写申报书。后来，我没有关心项目能否入选，而是继续自己的科研工作。一天早上，一位好友打来电话，说在网上看到项目结果的公示，向我表示祝贺。直到此时，我才知道自己一些微不足道的工作得到了合肥市哲学社会科学规划办公室的肯定。

合肥市委宣传部的潘丽华、何晓峰高度重视项目的开展。立项通知发布后，他们第一时间约我面谈工作。此后，他们还经常关心项目的进展情况。得知需多方查阅资料后，他们积极联系相关单位予以大力协助。我还依托该项目在《中共党史研究》《党史研究与教学》发表了学术论文。在项目即将完成之际，尤其要感谢他们的尽职尽责。

我看过几乎所有有关农村改革史的专著、论文，认为它们对农村改革的重要性、突破性有较深入的阐述，却对党政决策的曲折性、复杂性揭示不足。这与"为尊者讳"有一定关系，但主要原因还是相关史料的匮乏。在向一些知名的专家、学者求教时，我说自己的愿望是完成一部全新的农村改革史著作。为此，我开展了初步的研究，并得到了学术界的肯定。

2018 年 8 月 30 日，我应邀在香港中文大学作题为"中国农村改革的历史缘起"的学术报告。后来，我申报的课题先后获得国家社科基金、中国博士后科学基金的资助。我深知，并不是我的成果多么出色，而是这个选题极为重要，我们有责任将其研究透彻。

按照项目的规定，本书稿必须在很短的时间内完成。虽然马不停蹄地查阅史料、访谈人物、撰写书稿，但我仍然感觉力有不逮。最初的雄心壮志渐渐演变为如今的忐忑不安。我深深地知道，与波澜壮阔的中国农村改革相比，目前已书写的史实不过冰山一角。至于这部书稿，只是一部抛砖引玉之作。

书稿写作过程中，有幸得到李良玉、韩钢、张素华、王小鲁、董国强、朱正业等老师的指导。诸位先生对后学的勉励，激励我砥砺前行。

拙作得以付梓，有赖安徽大学创新发展战略研究院、淮河流域环境与经济社会发展研究中心提供帮助。

谨以此书，向为农村改革作出卓越贡献的先行者致敬！由衷地祝愿辛劳的农民朋友们生活越来越好！

李嘉树

2021 年 2 月 6 日

图书在版编目（CIP）数据

风起山南：安徽农村改革溯源 / 李嘉树著. -- 北
京：社会科学文献出版社，2021.8
ISBN 978 - 7 - 5201 - 7849 - 5

Ⅰ.①风… Ⅱ.①李… Ⅲ.①农村经济 - 经济体制改
革 - 史料 - 肥西县 Ⅳ.①F327.544

中国版本图书馆 CIP 数据核字（2021）第 021296 号

风起山南
——安徽农村改革溯源

著　　者 / 李嘉树

出 版 人 / 王利民
责任编辑 / 宋淑洁
文稿编辑 / 许文文

出　　版 / 社会科学文献出版社·经济与管理分社（010）59367226
　　　　　　地址：北京市北三环中路甲 29 号院华龙大厦　邮编：100029
　　　　　　网址：www.ssap.com.cn
发　　行 / 市场营销中心（010）59367081　59367083
印　　装 / 三河市龙林印务有限公司

规　　格 / 开　本：787mm × 1092mm　1/16
　　　　　　印　张：14.25　字　数：216 千字
版　　次 / 2021 年 8 月第 1 版　2021 年 8 月第 1 次印刷
书　　号 / ISBN 978 - 7 - 5201 - 7849 - 5
定　　价 / 89.00 元

本书如有印装质量问题，请与读者服务中心（010 - 59367028）联系